Albert Güldenpenning, Julius Ifland

Der Kaiser Theodosius der Große

Ein Beitrag zur Römischen Kaisergeschichte

Albert Güldenpenning, Julius Ifland

Der Kaiser Theodosius der Große
Ein Beitrag zur Römischen Kaisergeschichte

ISBN/EAN: 9783743445291

Hergestellt in Europa, USA, Kanada, Australien, Japan

Cover: Foto ©ninafisch / pixelio.de

Albert Güldenpenning, Julius Ifland

Der Kaiser Theodosius der Große

DER KAISER

THEODOSIUS DER GROSSE.

EIN BEITRAG

ZUR RÖMISCHEN KAISERGESCHICHTE

VON

Dr. A. GÜLDENPENNING und Dr. J. IFLAND.

———————

HALLE,

MAX NIEMEYER.

1878.

Vorwort.

—

Bei der Herausgabe der vorliegenden Arbeit, welche einen
in sich geschlossenen Abschnitt der römischen Kaisergeschichte
trotz getrennter Bearbeitung doch als ein Ganzes darbietet,
sind sich die Verfasser im Voraus bewusst, die Nachsicht der
Kritik in ausgedehntester Weise in Anspruch nehmen zu müssen
und zwar um so mehr, als die einzelnen Theile nicht in der
Absicht begonnen wurden, jemals zu einem Werke verbunden
der Oeffentlichkeit übergeben zu werden. Denn als sich der
Erstunterzeichnete behufs Erlangung der philosophischen Doctor-
würde Weihnachten 1876 entschloss, die Regierungszeit Theodosius des Grossen von 388 — 395, welche seit Gibbon keine
Bearbeitung erfahren hatte, einer Untersuchung zu unterziehen,
war für einen Bearbeiter des ersten Jahrzehnts der Regierung
des Theodosius noch nicht gesorgt. Erst etwa drei Monate
später begann sich der Letztunterzeichnete auf die Anregung
des Freundes hin mit den vorhandenen Bearbeitungen über
diesen Theil der römischen Kaisergeschichte näher bekannt zu
machen. Zwar schien ihm zunächst das Werk H. Richters:
*„Das weströmische Reich besonders unter den Kaisern Gratian,
Valentinian II. und Maximus"* der Arbeit über die zweite Hälfte
der Regierung des Theodosius unmittelbaren Anschluss zu gewähren, aber eine weitere Beschäftigung mit den Quellen führte
ihn zu der Ueberzeugung, dass dieses Werk, eine so vorzügliche Darstellung der weströmischen Verhältnisse es auch bietet,
doch, seiner besondern Anlage gemäss, die gleichzeitigen Vorgänge im Osten des Reiches nur, soweit sie im politischen Zu-
sammenhange mit Westrom stehen, behandelt habe und vor

allem für die erste Periode der Regierung des Theodosius ein
einheitliches und umfassendes Bild der Persönlichkeit und
Wirksamkeit dieses Kaisers vermissen lasse. Dem Vorschlage
des Freundes folgend und zu gleichem Endzwecke wie dieser
unternahm er es daher diese Periode zum geschichtlichen Vorwurf für seine Dissertation zu nehmen, obwohl er sich von
vornherein nicht verhehlen konnte, dass er bei dem Bestreben,
ein lückenloses und allseitig ausgeführtes Gesammtbild zu bieten,
einzelne Züge in seiner Darstellung wiederholen müsse, welche
bereits bei Richter (im 2. und 4. Kapitel des zweiten Buches
und im 1. und 2. Kapitel des dritten Buches) Beachtung gefunden hatten.

Erst durch ihren hochverehrten Lehrer Herrn Prof. Dr.
Dümmler wurde aber in den Verfassern, nach Verlauf fast
eines Jahres, der Gedanke angeregt beide Theile als ein Ganzes
im Druck erscheinen zu lassen. Da jedoch die von ihnen behandelte Zeit eine ungemeine Fülle von Quellen der verschiedensten Art und des verschiedensten Standpunktes darbietet,
so war noch eine Uebersicht und Kritik wünschenswerth, welcher
Forderung der Erstunterzeichnete in einem vorausgeschickten
Abschnitt gerecht zu werden sich bemüht hat.

So also ist dieses Buch entstanden, welches die Verfasser
zugleich der Theilnahme und der Nachsicht der Freunde und
Kenner der römischen Kaisergeschichte empfehlen.

Halle, im August 1878.

A. Güldenpenning, J. Ifland.

Inhalt.

Erster Theil.

Theodosius der Grosse bis zur Besiegung des Maximus.

Von Dr. Julius Ifland.

Erster Abschnitt.

Theodosius vor seiner Erhebung zum Kaiser.

Zweiter Abschnitt.

Theodosius während des ersten Jahrzehntes seiner Regierung.

Die Quellen

zur

Geschichte des Kaisers Theodosius des Grossen.

Von

Dr. Albert Güldenpenning.

Quellen-Uebersicht.

Der Darsteller der Regierungszeit Theodosius des Grossen darf sich über einen Mangel an Quellen nicht beklagen; sie fliessen äusserst reichhaltig, sind aber von dem verschiedensten Werthe. Vor allem zeichnen sie sich aus durch den entgegengesetzten Parteistandpunkt, in den der Zwiespalt zwischen Heiden- und Christenthum die Verfasser gedrängt hat.

Wir befinden uns in der Zeit des Verfalls des römischen Reichs. Noch hat es seine gewaltige Ausdehnung. Der Glaube an sein ewiges Fortbestehen, das Erbstück der echten Römer, war zu tief eingewurzelt und liess den Gedanken an einen etwaigen Untergang nicht auftauchen. So klar auch dem Vegetius das Schwinden der alten Kriegskunst und der alten Disciplin vor Augen getreten ist, wie scharf und aufrichtig er auch die damaligen Grundsätze der Tactik und Zucht geisselt, er hat doch noch die Hoffnung, dass sein theoretischer Hinweis genügen werde, um die alte Tüchtigkeit und Tapferkeit und damit die alten Erfolge der Römer von neuem hervorzuzaubern. [1] Noch unter Arcadius, als bereits die starke Hand des Theodosius von der Staatslenkung entfernt war, und die Symptome der nahen Auflösung immer klarer hätten bemerkt werden können, huldigt der Philosoph Synesius der Ansicht, dass wenn man nur ein rein national-römisches Heer aufbieten und die Barbaren dem Kriegsdienst fern halten möchte, es um die Sicherheit des Reiches viel besser

---

1) Epit. rei milit. I. 28. Neque enim degeneravit in hominibus Martius calor nec effetae sunt terrae, quae Lacedaemonios, quae Athenienses, quae Marsos, quae Samnites, quae Pelignos, quae ipsos progenuere Romanos.

1

stehen werde. [2]) Diese Auffassung war sicherlich im grossen und
ganzen die der gesammten heidnischen Welt. In diesem Gedanken
wuchs sie auf, an ihm hielt sie starr, hielt sie einseitig fest. Wir
dürfen uns daher nicht wundern, wenn wir überall bei den heidnischen Schriftstellern das Alterthum zu Vergleichen mit der an
wirklich grossen Thaten so armen Gegenwart herangezogen sehen,
während nach unserer heutigen Anschauung man doch besser das
unterlassen hätte, und wenn man mit Hülfe der Einbildungskraft
die eigenen Thaten übertreiben musste, um einen Vergleich mit
denen der Vorzeit zu Wege bringen zu können. Freilich ein Verfahren, das so recht die Gesunkenheit und Leere der damaligen
Römerwelt zeigt und uns nur ein mitleidiges Lächeln abnöthigt.
Andrerseits konnte man sich doch nicht so sehr der Wirklichkeit
und dem Nachdenken entziehen, dass man nicht aufmerksam wurde
auf die Niederlagen und Demüthigungen, welche die Römer von
Seiten der Barbaren erlitten, und auf die inneren socialen Schäden.
Da man sich aber nicht zu dem Versuche der Erkenntniss der
eigenen Schlechtigkeit aufraffen mochte, so griff man zu der scha-
manistischen Ausflucht: die Götter straften das gesammte römische
Volk, weil ein von Jahrzehnt zu Jahrzehnt sich mehrender Theil
desselben sich von ihnen abgewandt und der Lehre des Gekreu-
zigten sich zugewandt habe.

Dieser Gegensatz zwischen Heiden- und Christenthum trat
nicht erst in unserer Zeit zu Tage, aber keine, dünkt mich, zeigt
ihn deutlicher, hässlicher. Denn gerade die unsrige führte den
Hauptschlag gegen das Heidenthum. Nicht die geringste Perle in
der Krone, welche dem Theodosius von den christlichen Schriftstellern dargebracht wird, ist das Lob, das man ihm wegen seines
Vorgehens gegen das Heidenthum singt. Der Römerstolz tritt
nicht in demselben Grade wie in den heidnischen in den christlichen Quellen hervor; das Christenthum suchte seiner Tendenz
nach den tiefen Spalt zwischen Römern und Barbaren zu über-
brücken, predigte kosmopolitische Gesinnung, und die christlichen
Römer sahen in den christlichen Barbaren Brüder. Den Heiden
gegenüber aber zeichnet sie dieselbe Masslosigkeit im Ausdruck,
dieselbe Einseitigkeit im Urtheil aus. Die hervorragendsten zeitgenössischen Vertreter der Heiden predigen Duldung, bitten ihnen

---

2) Synes. περὶ βασιλείας.

das zu lassen, mit dem ihre Vorfahren gelebt und gestorben sind.
So spricht sich Symmachus in seiner Relation aus, so Libanius
in der Rede ὑπὲρ τῶν ἱερῶν, so hat Themistius in der Rede
de religionibus die characteristische Stelle: *Informavit deus omnium
mentes quamvis agrestium et babarorum notione sui: studiumque
pietatis ita omnibus insculpsit ut neque persuadendo neque cogendo
ex animis exui possit. Rationem vero et viam qua coli velit non
praescripsit, sed cujusque judicio et voluntati permisit.* Sie em-
pfanden offenbar die Nichtigkeit ihres Glaubens und ahnten seinen
Niedergang. Aus den Worten der Christen dagegen leuchtet überall
die heilige Ueberzeugung von der siegreichen Kraft ihres Bekenntnisses hervor. Gleichwohl glaubten sie sich doch gegen jenen
oben angedeuteten Vorwurf vertheidigen zu müssen, und diesem
Gedanken verdanken wir ein Werk, das nicht allein zeigen will,
wie zu allen Zeiten Leiden in der Welt vohanden waren, sondern
auch, dass gerade in dieser Zeit unter christlichen Herrschern die
Kriege fast ganz ohne Blutvergiessen beigelegt wurden.

Und in diesen unversöhnlichen Gegensatz nun wird derjenige
durch das Geschick geschleudert, dessen Leben und Thaten die
beiden folgenden Arbeiten zu schildern in Absicht haben, Theodosius. Da er sich mit Entschlossenheit auf die Seite seines
Glaubens stellte, so ist es natürlich, dass er demgemäss auch von
den Vertretern der beiden unvereinbaren Richtungen behandelt
und aufgefasst wurde, dass er von den Einen gerühmt, von den
Andern verdammt wird, so dass auch für ihn das Schillersche
Wort gilt:

    Von der Parteien Gunst und Hass verwirrt
    Schwankt sein Characterbild in der Geschichte.

Es ist desshalb gerade für eine Darstellung seiner Regierung dem
Historiker die Aufgabe gestellt, die Quellen nach ihrem Standpunkt
zu sichten und zu beurtheilen.

Um der Wahrheit die Ehre zu geben, muss schon hier gesagt
werden, dass doch nicht alle heidnischen Quellen so vollständig
von dem Zwiespalt der Religionen beherrscht werden, dass sie ihm
zu Liebe das Bild des grossen Kaisers entstellen. Freilich an die
zeitgenössischen Lob- und Gelegenheitsreden oder Gedichte darf
dabei weniger gedacht werden, da ihre Verfasser in zu naher
Beziehung mit dem Hofe standen und von ihm abhängig waren.

In der Sprache stimmen unsere Quellen überein, alle tragen

den Stempel geflissentlicher Ziererei oder der beginnenden grammatischen Verkümmerung. Doch tritt im Ausdruck der Gegensatz darin wieder zu Tage, dass die heidnischen alle nach der Reihe in ihren Citaten auf die Classiker zurückgehen, die christlichen dagegen Worte der heiligen Schrift zum Schmuck oder Beleg herbeiziehen.

Da die Thätigkeit des Kaisers eine zwiefache, eine militärische und eine der Verwaltung gewidmete, jene aber die schwierigere war, so kann ich die allgemeinen Bemerkungen nicht schliessen, ohne zu bedauern, dass wir eben bei dem Regierungsantritte des Theodosius von einem Schriftsteller, der selbst Militaer war, dem Ammianus Marcellinus, verlassen werden, der uns jedenfalls getreuer und genauer die Verhältnisse zu den Gothen und die sonstigen Kriegsereignisse geschildert haben würde. Wir hätten dann nicht nöthig zu versuchen, uns aus den verworrenen und dürftigen Notizen anderer mit Mühe ein einigermassen klares Bild davon zu verschaffen.

Es liegt wohl in der Natur der Sache, dass wir die heidnischen Quellen den Anfang machen lassen, da sie ja noch mit ihrem Ideenkreis im Alterthum wurzeln.

I.

Die heidnischen Quellen.

Eunapius [1] aus Sardes, geboren etwa 347 p. Chr., wurde
erzogen von Chrysanthius, einem Sophisten und heidnischen Theologen, der von Julian zum obersten Priester Lydiens ernannt
worden war. In einem Alter von 16 Jahren begab sich Eunap
nach Athen, um sich dort in der Schule des Sophisten Proaeresius
weiter auszubilden. Im fünften Jahre seines Aufenthalts daselbst
wurde er mit der neuplatonischen Lehre des Jamblich bekannt
gemacht und in die eleusinischen Mysterien eingeführt. Dann
kehrte er in sein Vaterland zurück und begann in der Redekunst
zu unterrichten. Dabei aber genoss er noch fortwährend die
Unterweisung des Chrysanthius. Auch mit Medicin beschäftigte
er sich und war mit Oribasius, dem berühmtesten Arzte seiner
Zeit und Begleiter des Julian, eng befreundet. Er muss ein hohes
Alter erreicht haben, denn er war noch 414 mit Schreiben beschäftigt.

Wer diesen Gang der Erziehung und des Lebens des Eunap
erwägt, den wird es nicht Wunder nehmen, dass Eunap zu den
eifrigsten Anhängern des alten Götterglaubens gehörte und ein
ebenso glühender Gegner des neuen christlichen war. Als ein
solcher erscheint er nämlich überall in seinen Werken. Wir be-

---

1) Die Belege für die Notizen über seinen Lebenslauf sind bei
Müller frgm. hist. Graec. IV. p. 7 seq. gesammelt, vgl. ausserdem Edm.
Vogt: „Die polit. Bestrebungen Stilichos während seiner Verwaltung
des weström. Reichs I. Einleitung und Quellen“ im Programm des kathol.
Gymnasiums an der Apostelkirche zu Köln 1870. p. 11—13. Endlich
Photius bibl. c. 77.

sitzen von ihm die *βίοι φιλοσόφων καὶ σοφιστῶν* und ausserdem *ἡ μετὰ Δέξιππον ἱστορία*. Das letztere kommt besonders für uns in Betracht. Eunap setzte in diesem Werke dort ein, wo Dexippus [2]) aufgehört hatte, nämlich bei der Regierung des Kaisers Claudius II. 270 p. Chr., und führte die Darstellung weiter bis zum Jahre 404. Im ersten Buche behandelte er compendiarisch die nächsten 85 Jahre, darauf in den folgenden dreizehn Büchern die Geschichte der Kaiser Julian, Valens, Theodosius und Arcadius. Vielleicht war es der Tod, der ihn an einem Zeitpunkte (404) Halt machen liess, der keinen besonderen Abschnitt in der Regierung des Arcadius bezeichnet. Photius berichtet,[3]) er habe selbst eine zweite Ausgabe seines Werkes veranstaltet. Es ist dagegen die Ansicht Niebuhrs,[4]) dass diese *νέα ἱστορίας ἔκδοσις* nichts weiter sei, als die von den Schmähungen gegen die Christen von einem christlichen Buchhändler gereinigte *ἱστορία ἡ μετὰ Δέξιππον*. Doch darüber später noch ein Wort. Auf uns selbst sind von diesem Werke nur Fragmente gekommen.[5])

Da Eunap Redner war, so kann es nicht befremden, wenn seine Sprache reich ist an Gemeinplätzen, Bildern und beissender Ironie.[6]) Indess, wenn auch diese Art zu schreiben sich nicht für den Historiker schickt, so kann sie der Glaubwürdigkeit doch nur geringeren Eintrag thun. Gefährlicher dagegen ist es, wenn Eunap ganz offen selbst erklärt, dass er die Chronologie als Rahmen und Richtschnur für die Geschichtserzählung als unnütz betrachte und Rechnungsführern und Astronomen überlasse.[7])

Vor allem aber muss er desswegen mit der grössten Vorsicht geprüft werden, weil er in dem Zeitraum, den er behandelt, den unversöhnlichen Gegensatz zwischen Heiden- und Christenthum zu berühren hatte, und ihm doch nach seinem ganzen Bildungsgang und seiner Lebensanschauung unmöglich unparteiisch gegenüberstehen konnte. An dieser Klippe ist er gescheitert; denn so

---

2) Dexipp blühte im 3. Jahrh. unter Valerian. Phot. bibl. c. 82. *ἀνεγνώσθη δὲ αὐτοῦ καὶ ἕτερον σύντομον ἱστορικὸν μέχρι τῆς Κλαυδίου ἐπιτρέχον τὰς κεφαλαιώδεις πράξεις βασιλείας*.

3) ibid. c. 77.

4) Script. hist. Byz. p. 19.

5) Zuletzt edirt von L. Dindorf in den Hist. Graeci Min. 1870.

6) vgl. Vogt a. a. O.

7) Frg. 1.

gering auch die erhaltenen Fragmente an Zahl sind, sie lassen uns deutlich erkennen, dass Eunap einseitig vom Parteistandpunkte aus geurtheilt und geschrieben hat. Photius, der noch das ganze Werk in Händen hatte, äussert sich entsprechend: τοὺς μὲν εὐσεβείᾳ τὴν βασιλείαν κοσμήσαντας παντὶ τρόπῳ, καὶ ἀνέδην κακίζων διασύρει καὶ μάλιστά γε τὸν μέγαν Κωνσταντῖνον, ἐξαίρει δὲ τοὺς δυσσεβεῖς καὶ τῶν ἄλλων πλέον Ἰουλιανὸν τὸν παραβάτην καὶ σχεδόν τι τὸ τῆς ἱστορίας αὐτῷ εἰς τὸ ἐκείνου ἐγκώμιον συντεθὲν ἐξεπονήθη. [8])

Auch die Fragmente 48—61, welche sich auf die Regierungszeit des Theodosius beziehen, zeigen die Tendenz des Eunap, „die frommen Kaiser" nach jeder Seite hin zu schmähen und herabzustellen. Man denke, in diesen dreizehn grösseren und kleineren Bruchstücken findet sich kein einziges, in dem irgend eine lobende Bemerkung über Theodosius vorkäme. Wohl aber sind sie voll von offen und versteckt tadelnden Bemerkungen über diesen Kaiser: Wie mit Julians Regierung sofort ein Wechsel zum guten eintritt, so wird von Theodosius gleich nach seinem Regierungsantritte jede Art von κακία und ἀκολασία erprobt, um den gemeinsamen Untergang des Reichs herbeizuführen. [9]) Sehen wir genauer zu, was Eunap darunter versteht, so ist es das Laster der Verschwendung gepaart mit Habsucht. [10]) Wieder aus anderen Stellen lässt sich folgern, dass Theodosius einen hinterlistigen und jeder höheren Regung baaren Charakter besessen habe. Denn was anderes als Hinterlist wäre es, wenn er sich herbeigelassen hätte, Tatian und Proclus goldene Berge zu versprechen, nur um sie zu verderben? [11]) und wen anders als Theodosius soll die allgemeine Bemerkung am Schlusse des Frgm. 58 treffen: αἱ βασιλεῖαι τὸ θνητὸν σκοποῦσαι πρὸς τὸ ἡδὺ καταφέρονται, τὸ τῆς δόξης ἀθάνατον οὐκ ἐξετάζουσαι καὶ παρεκλέγουσαι? Dass Theodosius den Hang zu Ausschweifungen besessen, findet sich allerdings nicht in den uns erhaltenen Bruchstücken direct ausgesprochen, dass Eunap aber diesen nicht übergangen habe, ist eine Folgerung, die bei der Besprechung des Zosimus sich von selbst ergeben wird. Ist nun aber Theodosius ein so verschwenderischer und habsüchtiger Mensch, so sind es natürlich in seiner Nachahmung die Beamten erst recht. „Sie sind den Einwohnern

---

8) bibl. c. 77.   9) Frg. 48.   10) Frg. 48 u. 49.   11) Frg. 89.

feindlicher als die Feinde selbst," [12]) und eine Folge dieses Benehmens ist es, dass eine vollständige Theuerung eintritt, so dass
„die Esel theurer als die Pferde, ja als die Elephanten sind, [13])
und der Tag den gedrückten Unterthanen als ein Freudentag
erschien, an dem die Feinde einen Sieg über ihre Peiniger davon-
trugen! [14])" So wird der einseitige Hass des Eunap alles begeifert
haben, was Christ hiess, denn auch die Mönche gehen nicht leer
aus. [15]) Alles dagegen, was Heide war, wird er mit den Eigenschaften der Mannhaftigkeit, Sittenreinheit, Unbestechlichkeit ausgestattet haben. Denn in solcher Umhüllung treten bei Eunap
Männer wie Arbogast und Fravitta hervor. [16])

Aus dieser Betrachtung lässt sich leicht abnehmen, wie grosses
Misstrauen man Eunap, wo es auf psychologische Motivirung und
Darstellung der Reichszustände ankommt, entgegentragen muss.
Diese parteiliche Trübung seines Urtheils ist aber um so mehr
zu bedauern, als sein Werk nach den Fragmenten und einem
Vergleich mit Zosimus zu urtheilen die Verhältnisse des römischen
Reichs, speciell des Ostreichs, sehr eingehend behandelte.

Zosimus war fiskalischer Beamter in Constantinopel und
lebte wahrscheinlich zu Anfang des sechsten Jahrhunderts. [17])
Sein Werk führte den Titel Ζωσίμου κόμητος καὶ φίσκου συνη-
γόρου ἱστορία und giebt in den sechs erhaltenen Büchern eine
mit zunehmender Genauigkeit fortschreitende Geschichte von den
ältesten Zeiten bis zum Jahre 410 p. Chr. Da sich Zosimus aber
als eigentliche Aufgabe gestellt hatte, wie Polybius die Entwickelung

12) Frg. 49.   13) Frg. 56.   14) Frg. 49.
15) Frg. 55 vgl. vita Aedes. p. 45.
16) Frg. 53 u. 60.
17) Reitemeier in der disquisitio in Zosimum ejusque fidem,
die er seiner Ausgabe des Zos. vorangestellt hat, nimmt an, dass er ungefähr zur Zeit des Untergangs des Westreichs lebte, Martin in seiner
Dissertation de fontibus Zos. Berol. 1866, dass er am Anfang des 6. Jahrb.
schrieb, Vogt hält ihn für einen Zeitgenossen des jüngeren Theodosius.
Eine Benutzung des Zos. durch Marcellinus Comes ist höchst zweifelhaft,
und desshalb daraus kein Schluss für die Zeit des Zos. zu ziehen. Neues
Arch. d. Ges. für ält. deutsche Gesch. II. p. 102. 1877. Wenn aber
Holder-Egger p. 103 A. 1. „nicht weiss, ob schon von Jemand eine
Stelle des Cedren I. 622 (ed. Bonn.) angeführt ist, wonach ein Rhetor
Zos. aus Gaza vom Kaiser Zeno getödtet wird" so muss bemerkt werden,
dass der fleissige Tillemont sie nicht übersehen hat. Hist. des Emp.
Rom. VI. p. 595. — vgl. Phot. bibl. c. 98.

des römischen Reichs zum Weltreich, so umgekehrt den Verfall dieses Weltreichs zu schildern, [18]) so behandelt er erst vom Tode des Theodosius ab die Verhältnisse desselben genauer. Unser Zeitraum also ist der letzte, dem er noch geringere Aufmerksamkeit schenkt. R. C. Martin hat zuletzt eine Untersuchung über die Quellen des Zosimus veranstaltet und hat in derselben nur bestätigt, was Reitemeier bereits früher ausgesprochen, dass nämlich Zosimus die Werke des Dexippus, Eunap und Olympiodor und zwar nur diese benutzt hat. Den ersten 46 Cap. des I. Buchs liegt Dexipps Darstellung zu Grunde, dem folgenden Theil bis V. 25 Eunap, von da ab bis zum Schluss das Werk Olympiodors. [19]) Vogt bezeichnet, nachdem er die günstigeren Urtheile Reitemeiers, v. Wietersheims und Pallmann's bekämpft hat, das ganze Werk als „eine trübe, auch sachlich durchaus verworrene Reproduction verschiedener Quellen von verschiedenem Werthe und den wechselnden Werth der Mittheilungen als bedingt durch die wechselnden Quellen und die verschiedenen Grade der Confusion des Verfassers."

Unser Zosimus ist entschieden nicht der bei Cedren I. 622 erwähnte Rhetor aus Gaza, denn seine Sprache entbehrt der Gewandheit des Ausdrucks [20]) und jeglicher rednerischen Wendungen und Ausschmückungen, ausser wo er sie aus seinen Quellen mit hinüber genommen hat. Ihm fehlen die Sentenzen, Gleichnisse, Reflexionen, welche wir an Eunap tadelten. Seine Erzählung schreitet im Allgemeinen ruhig fort und macht nur bei gewissen stets gleichartigen Vorkommnissen einer leidenschaftlichen Erörterung Platz.

Diese letztere Eigenthümlichkeit lässt sich aber auf gar einfache Weise erklären. Zosimus war Heide und theilte die Anschauung aller seiner Glaubensgenossen, dass alles Unheil, welches das römische Reich in den letzten Jahrhunderten betroffen und

---

18) lib. I. 57. vgl. I. I.

19) Olympiodor schrieb 22 λόγοι ἱστορικοί, welche die Zeit von 407—425 umfassten. Phot. bibl. c. 80.

20) vgl. die den Arbogast characterisirenden Worte in IV. 53, 54, 55:

κατάλληλος ὀφθείς διά τε τὴν ἀνδρείαν καὶ πολεμικὴν ἐπιστήμην καὶ χρημάτων ὑπεροψίαν.

διά τε τοῦ ἀνδρὸς τὸ ἀξίωμα καὶ τὴν ἐν πολέμοις ἀνδρείαν καὶ ... διὰ τὸ χρημάτων ὑπερορᾶν.

διά τε τὴν Ἀρβογάστου θρασύτητι μεμιγμένην ἀνδρείαν.

in seinen Grundvesten hatte erzittern lassen, einzig und allein
darauf zurückzuführen sei, dass man den alten Glauben verlassen
und sich dem christlichen zugewandt habe. Zudem lag ihm auch
für unsere Zeit noch Eunap vor, dessen Parteistellung wir bereits
im Vorangehenden hinreichend gekennzeichnet haben. So dürfen
wir uns denn durchaus nicht wundern, wenn auch bei ihm Theodosius in gleicher Weise wie in seiner Vorlage — dem Eunap —
characterisirt wird.

In nicht weniger als 12 von den 35 Kapiteln, [1]) welche
die Regierung des Theodosius behandeln, werden bald in längeren
Erörterungen, bald in kurzen Bemerkungen Theodosius und die
Zustände des Reichs unter ihm gegeisselt. Fast drei ganze Ka-
pitel [22]) sind voll von Betrachtungen über die Unsittlichkeit,
Schwachheit und Schlaffheit des Kaisers, und einen ähnlichen
Raum [23]) nimmt die Besprechung der Steuern und des allgemeinen
Elends ein. Es zeigt sich überhaupt, dass der Verfasser mit der
vorgefassten Meinung an Theodosius Regierung heranging, dass
sie den Keim zu der gänzlichen Auflösung des Reichs gelegt
habe. Denn den Anfang der Regierung macht Theodosius nach
Zosimus mit der τρυφή und ἐκμέλεια [24]) und gleich in den ersten
Kapiteln spricht Zosimus davon, dass aus dem üppigen Hofleben
des Theodosius das spätere Unheil abzuleiten sei. [25]) Wie ein
rother Faden zieht sich dazu die Klage über die Aufhebung des
alten Cultes durch die Erzählung hindurch und schliesst dramatisch
im 59. Kapitel, dem Ende des IV. Buchs, mit der Bemerkung,
dass nachdem Theodosius die Immunität der Priesterkollegien und
die Zuschüsse der Staatskasse beseitigt habe, [26]) nunmehr das Reich
stückweise allmählich auseinander zu fallen begann. Auch bei
Zosimus sind die Beamten die Blutsauger des Volks, auch bei ihm
ersehnen die Unterthanen die Hülfe der Barbaren. Das Zeugniss
des Ambrosius und Anderer, die Thatsache des Blutbades von
Thessalonich, die Hinrichtung des Proclus beweisen unzweifelhaft,
dass Theodosius ein leicht erregbares Gemüth besass und gern
den ersten Aufwallungen seines Gefühls zu folgen pflegte; es
wäre daher nicht unmöglich, dass er gegen die Schönheit einer

---

21) lib. IV. 24—59.   22) c. 28, 33, 50.   23) c. 29, 32.
24) c. 27.   25) c. 28.
26) vgl. J. H. Stuffken dissertatio de Theodosii Magni in rem
christianam meritis. Lugd.-Bat. 1828, p. 49.

Hofdame oder die Reize einer Tänzerin nicht unempfindlich geblieben sei.[27]) Indess der hl. Ambrosius würde, ebenso wie er nicht anstand, dem Kaiser wegen seines Vergehens gegen die Bewohner von Thessalonich entgegenzutreten, so es nicht unterlassen haben, wenn Theodosius arge sinnliche Excesse begangen hätte. Doch da wir diese Angriffe auf die Sittlichkeit des Theodosius nur bei heidnischen Eiferern, wie Eunap und Zosimus es sind, und bei dem Arianer Philostorg [28]) finden, nicht aber in anderen heidnischen Quellen, so muss man annehmen, dass Zosimus einfach auf Grund des Eunap den reinen Charakter des Kaisers hämisch verunglimpft hat.

Um so klarer aber tritt uns die Parteilichkeit des Eunap-Zosimus vor Augen, wenn wir der Fülle der heftigen und dabei stets allgemein gehaltenen Angriffe das geringe, kühle Lob gegenüberstellen, das Zosimus dem Theodosius zollt: IV. 24 nennt er ihn kriegserfahren, 26 scheint Theodosius gütig und leutselig zu sein, 47 muss er ihm Dankbarkeit zugestehen und 48 seinen persönlichen Muth hervortreten lassen. Das ist Alles, was wir von lobenden Bemerkungen im Zosimus finden. Allein diese Andeutungen genügen, um uns zu zeigen, nach welcher Seite . hin wir die guten Eigenschaften des Theodosius der Wahrheit gemäss zu suchen haben, und wenn wir sie mit den anderen Berichten vergleichen, welche ihm wohlgesinnt sind, so finden wir, dass sie nur dasselbe an ihm preisen: Sein Feldherrntalent, seine Tapferkeit und seine Milde. Wahrlich eines schlagenderen Beweises für die Parteilichkeit des Eunap-Zosimus bedürfen wir nicht!

Was dagegen das Lob zu bedeuten habe, das Eunap-Zosimus heidnischen, hervorragenden Männern spendet, so verräth es durch seine Gleichartigkeit und Allgemeinheit, dass man es mit Vorsicht aufzunehmen habe. Denn Tatian und Proclus wie Modar und Arbogast wird das beigelegt, dessen Gegentheil damals die römische Beamtenwelt schändete, Unbestechlichkeit und Uneigennützigkeit.

Ein so gleicher Standpunkt und eine so gleichartige Behandlung des Stoffes bei Eunap und Zosimus kann natürlich nur daher rühren, dass Zosimus den Eunap kräftig benutzt hat. Man

---

27) ibid. p. 11: Hoc. tamen veri subesse videtur Zosimi criminationibus quod nimium temporis desidiae tribuerit Theodosius deliciasque nimis amaverit.

28) lib. XI. 2.

wird sich von der Richtigkeit dieser Behauptung leicht überzeugen, wenn man nur vergleicht: Eunap' frgm. 49_2 mit Zosimus IV. 28.

3 u. 4	„	32.
51	„	25.
52	„	26.
53	„	53, 54, 55.
55	„	34 (?) [29])
58	„	45.
59	„	52.
60	„	56.
61	„	57.

Um aber zu zeigen, wie Zosimus mit dem Werke des Eunap umgegangen ist, will ich auf eine nähere Vergleichung des frgm. 60 des Eunap und Zos. IV. 56 eingehen und zwar desswegen, weil das dort erzählte Ereigniss vollständig bei Eunap erhalten ist. Beide gehen davon aus, dass im Anfange der Regierung des Theodosius Barbaren mitsammt ihren Führern von Theodosius aufgenommen und sehr gütig von ihm behandelt wurden, dass trotzdem aber eine Spaltung unter ihnen entstanden sei wegen der Eidschwüre, die sie sich oder den Römern geleistet hätten. Hier ist eine Abweichung der beiden nicht zu übersehen. Eunap redet von Schwüren, die die Barbaren in ihrer Heimath unter sich geschworen, Zosimus von solchen, die sie beim Uebertritt aufs römische Gebiet dem Theodosius geschworen hätten. Woher diese Abweichung? Ich bin mit Martin [30]) der Ansicht, dass Zosimus einfach seine Vorlage zu flüchtig gelassen hat. In der weiteren Erzählung tritt eine zweite Differenz noch darin hervor, dass wir bei Eunap als die Namen der beiden Parteiführer $\Phi\rho\dot\alpha$-$\beta\iota\vartheta\sigma\varsigma$ und $\text{'}E\rho\iota\sigma\upsilon\lambda\varphi\sigma\varsigma$ lesen, bei Zosimus $\Phi\rho\alpha\sigma\dot\upsilon\sigma\tau\iota\sigma\varsigma$ und $\Pi\rho\iota\sigma\upsilon\lambda\varphi\sigma\varsigma$. Wir können sie wohl mit Martin als einen „lapsus memoriae" des Zosimus betrachten. Sonst aber ist der Verlauf

---

29) Bei Eunap ist die Rede von Stämmen, die über die Ister setzten, ohne dass man sie hinderte, und er sagt auch, dass man sich bestechen liess. Bei Zosimus nun ist es Gratian, der um die Barbaren von seinem Reiche abzuwenden, ihnen die Ister freigiebt. Es waren, wie ein Vergleich mit Jordan. de reb. Get. c. 27 (ed. Closs) ergiebt, Gothen. Die Zeit könnte ebenfalls stimmen, vgl. Müller IV. p. 39 und Sievers Studien z. Gesch. d. röm. Kais. p. 298 und 299.

30) p. 21.

des Ereignisses derselbe; nur die lange Characteristik des Φράβιθος bei Eunap und dessen rhetorische Wendungen sind von Zosimus bei Seite gelassen. Nehmen wir zu dieser Vergleichung hinzu, dass wir bei Zosimus von dem, was Eunap in frgm. 50, 54 erzählt, überhaupt keine, was in frgm. 55, kaum eine Spur finden, so erkennen wir, dass Zosimus das ausführlichere Werk des Eunap nur excerpirt, dabei häufig Episoden des Eunap gänzlich übergangen und bei dieser Benutzung nicht immer die nöthige Aufmerksamkeit auf seine Vorlage verwandt hat.

Bedenkt man nun, was Zosimus hätte geben können, stellt man ihm die übrigen Nachrichten über unsere Zeit gegenüber, so ergiebt sich, dass er voller Unrichtigkeiten und Ungenauigkeiten steckt. Dazu kommt sein einseitig gefärbtes Urtheil. Alles zusammen nöthigt uns, diese Quelle, welche allein eine zusammenhängende profane Geschichte der Regierung des Theodosius giebt, mit der grössten Vorsicht zu behandeln. Weil sie aber eben die einzige derartige Darstellung ist, so muss sie doch den äusseren Rahmen hergeben, wenn man ein Bild von der Regentschaft des Theodosius entwerfen will.

Man könnte vielleicht vermuthen wollen, dass der Tadel und das Urtheil, das so eben über Zosimus ausgesprochen ist, auch vollständig für Eunap gelten soll, da ja doch Zosimus ihn nur excerpirt habe. Allein nach dem, was wir oben von der Art und Weise, wie Zosimus den Eunap benutzt hat, gesagt haben, ist das schon unmöglich. Ausserdem können wir gar nicht wissen, ob die Unterlassungssünden des Zosimus dem Eunap in die Schuhe geschoben werden dürfen. Es wird ganz richtig sein, wenn wir behaupten, dass Eunap besser über den Orient unterrichtet war als über die Ereignisse, welche das Westreich betrafen.[31] Gleichwohl kann ich mich nicht entschliessen zu glauben, Eunap habe wie Zosimus die ganze Zeit des Aufenthalts des Theodosius in Italien nach der Besiegung des Maximus — d. h. fast volle drei Jahre — auch nicht mit einem Worte berührt. Warum aber Zosimus nicht davon spricht, lässt sich leicht daraus erklären, dass ihm die friedliche und für Rom wie Italien recht erspriessliche Thätigkeit des Kaisers in seine Absicht, den Verfall des Reiches zu schildern, nicht passte. Eine andere Sache dagegen ist es

---

31) vgl. frg. 74.

mit dem Blutbad von Thessalonich. Dieses Ereigniss lag dem
Eunap ganz nahe zu beschreiben, einmal, weil es im Ostreich
selbst sich zutrug und zu grässlich war, als dass nicht das Gerücht
davon sich durch das ganze Reich verbreitet hätte, dann aber
besonders, weil es ihm ja neue Gelegenheit gegeben hätte, dem
Character des Theodosius einen neuen Makel anzuhängen und
diesmal mit vollem Recht. Es ist desshalb nicht möglich anzunehmen, Eunap habe über das Ereigniss in seinem Werke nicht
gesprochen. [32] Man könnte dagegen bemerken, selbst der Kirchenhistoriker Socrates schweige darüber. Aber dieser hat es desswegen sicherlich nicht berichtet, weil es ihm in die Kirchengeschichte
nicht zu gehören schien. Unbekannt war es ihm nicht, da er
Rufin als Quelle benutzte, der darüber II. 18 spricht. Wesshalb
aber erwähnt Zosimus desselben mit keiner Silbe, während er doch
den Aufstand von Antiochien, wenn auch kurz, schildert? Sicherlich
hat Zosimus nicht, wie Reitemeier meint, [33] absichtlich es unterlassen, um nicht den Christen zu vieles vorzuwerfen, sondern für
mich giebt es nur eine Erklärung, nämlich die, dass schon Zosimus
nicht die vollständige Ausgabe des Werkes des Eunap in den
Händen hatte, sondern bereits die von den Schmähungen gegen
die Christen gereinigte νέα ἔκδοσις. Dann aber war diese jedenfalls von Eunap selbst noch veranstaltet wie Photius berichtet und
nicht, wie Niebuhr meint, von einem christlichen Buchhändler.
Freilich wie es gekommen ist, dass Zosimus das ganze Werk nicht
vor Augen hatte, während Photius es noch sah, vermag ich nicht
zu erklären.

Dieser dem Theodosius so feindlichen Quelle, die so ganz
aus dem in der Einleitung angedeuteten Gegensatz der Religionen
heraus geschrieben ist, stellen wir die einzige erzählende gegenüber,
welche den Kaiser in ganz entgegengesetztem Lichte erscheinen
lässt. Es ist dies die Epitome des S. Aurelius Victor, den Bähr [34]
einen Zeitgenossen des Orosius nennt und von dem Sievers sagt, [35]

---

32) Stuffken a. a. O. p. 12 theilt meine Verwunderung.

33) Darauf beziehe ich wenigstens die Worte disq. in Z. p. 32:
omissionis fraudulentae culpam a Zosimo abesse eo probatur, quod
Christianorum virtutes et praeclare facta non praeterit et quae ad reprehensionem idonea erant, consilio nonnumquam omisisse videtur.

34) Röm. Litteraturg. II. p. 298 seq. vgl. Teuffel p. 968 seq.

35) Sievers a. a. O. p. 284.

alles führe darauf hin, dass der Verfasser der epitome noch der
Zeitgenosse des Theodosius gewesen sei. Leider zeichnet sich
diese Quelle, ihrer Natur nach, durch bedauernswerthe Kürze der
Ueberlieferung aus. Gleichwohl giebt sie uns von Gratian wie
von Theodosius ein anderes Bild als Eunap-Zosimus. Die Wahr-
heitsliebe steht ihr an der Stirn geschrieben, denn sie vergisst
nicht, auch ihre Schwächen aufzuzählen. Von Gratian heisst es:
cunctisque fuisset plenus bonis, si ad cognoscendam reipublicae
gerendae scientiam animum intendisset, a qua prope alienus non
modo voluntate, sed etiam exercitio fuit. Erschien Theodosius
bei Eunap-Zosimus als der Vernichter des Staats, so heisst dem
Victor Theodosius *propagator reipublicae atque defensor eximius.*
Er reinigt ihn von dem Vorwurf der Ueppigkeit und Schlaffheit,
welchen jene dem Theodosius machten: *Exercebatur neque ad ille-*
cebras neque ad lassitudinem. [36]) Gleichwohl verschweigt er nicht,
dass Theodosius nur eine mittelmässige Bildung besass, dass er sich
leicht zum Zorn hinreissen liess. So giebt uns Victor in der That
eine Characteristik des grossen Kaisers, welche derjenigen, zu der
wir auf Grund der sonstigen Quellen gelangt sind, sehr ähnlich ist.
Doch nimmt es Wunder, dass diese sonst so anmuthende Quelle
über die Familienverhältnisse des Theodosius nicht richtig unterrichtet war. Sie nennt nämlich den Vater des Theodosius auf-
fälligerweise Honorius und bringt sein Geschlecht fälschlich mit
dem des Trajan zusammen.

Um mit den erzählenden heidnischen Schriftstellern hier abzu-
schliessen, soll noch gleich ein Wort über Sulpicius Alexander,[37]
der der Zeit der letzten Kaiser angehört zu haben scheint, gesagt
werden. Von dieser sonst verschollenen Quelle besitzen wir einige
Bruchstücke, welche uns in dem zweiten Buche (c. 9) der
Frankengeschichte Gregors von Tours aufbewahrt sind.
Sie giebt uns Kenntniss von den Verhältnissen am Rhein während
der Abwesenheit des Maximus in Italien und ist dann besonders
wichtig wegen der Notizen über die Verhältnisse, welche am Hofe
Valentinians II. in Vienne kurz vor seiner Ermordung obwalteten,
Verhältnisse, deren Dunkelheit überhaupt nur spärlich durch unsere
Quellen erhellt werden.

36) vgl. dazu Cod. Th. XV. 7, 10. XV. 5, 2. XV. 9, 1.
37) Wattenbach Deutschl. Geschichtsquellen im Mittelalt. I. p. 78.

Den Reigen derer, welche nicht eigentliche geschichtliche
Darstellung geben, deren Werke aber, seien sie Reden, Briefe
oder sonstige Schriftstücke, mit als Quellen herangezogen werden
müssen, mag Q. Aurelius Symmachus [38]) eröffnen. Schon durch
seine grosse rednerische Fertigkeit, durch das hohe Ansehen, das
er nicht nur bei den Heiden, sondern auch bei den Christen
genoss und durch seine amtlichen Stellungen, die er zeitweise
einnahm, verdient, was uns von ihm hinterlassen ist, alle Beachtung.
Freilich sind die uns überkommenen Bruchstücke seiner Reden zu
gering, um eine ergiebige Quelle abzugeben. Dagegen ist uns
seine erhaltene Relation an Valentinian II. ein überaus schätzbares
Dokument für die Beziehungen zwischen dem heidnischen Senat
und dem christlichen Kaiser. Seine in zehn Büchern gesammelten
Briefe endlich sind, wenn sie auch zur Bereicherung unserer
Kenntniss von den hervorragendsten Ereignissen der Zeit nicht
sonderlich beitragen, doch für die Kulturgeschichte von hohem
Werth. Denn Symmachus stand mit einer grossen Anzahl der
bedeutendsten Männer im Briefwechsel, der allerdings mehr von
seiner Seite geführt wurde. Wir lernen aus seinen Briefen die
Flachheit und Schwachheit des senatorischen Kreises kennen, erfahren, dass auf Symmachus Lob oder Tadel über Zeitgenossen
nicht allzuviel zu geben ist, endlich giebt das zehnte Buch, welches
die officielle Correspondenz des Symmachus in seiner Eigenschaft
als Stadtpräfect von Rom (384) mit Valentinian und Theodosius
enthält, eine reiche Fundgrube ab für die amtliche Stellung dieses
magistratus und die Art und Weise der Kanzleisprache, während
die übrigen Bücher uns über den Umgangston der damaligen feinen
Welt belehren.

Die Reden der berühmtesten Rhetoren unserer Zeit des
Themistius [39]) und Libanius [40]) sind Gelegenheitsreden und
nach den Grundsätzen der derzeitigen Rhetorik abgefasst geben

---

38) Bachr II, 634 seq. Teuffel p. 996 seq. Zu der hier gesammelten
Litteratur über Symmachus ist noch hinzuzufügen: Otto Seeck, die
Reden des S. und ihre kritische Grundlage in den commentationes
Philologicae in honorem Th. Mommseni. 1877.

39) vgl. Nicolai Gesch. d. gr. Litt. p. 575. Themistii orationes
ex cod. Med. emend. a G. Dindorfio, Leipzig 1832.

40) Nicolai p. 574 seq. Libanii orationes et declamationes
ed. Reiske 1791—1797. vgl. Sievers, Leben des Libanius.

sie weniger neue Thatsachen als dass sie diese als bekannt voraussetzen. Nur die Reden des Libanius über den Antiochischen Aufstand machen davon eine Ausnahme. Dagegen sind sie äusserst wichtig für die inneren Zustände der orientalischen Provinzen. Besondere Beachtung verdienen in diesem Sinne des Libanius Reden πρὸς τὸν βασιλέα περὶ τῶν δεσμωτῶν, περὶ τῶν προστασιῶν, ὑπὲρ τῶν ἀγγαρειῶν, κατὰ τῶν προςεδρευόντων τοῖς ἄρχουσι und κατὰ τῶν εἰσιόντων, während die Rede ὑπὲρ τῶν ἱερῶν ein helles Licht auf die intolerante Gewaltthätigkeit wirft, mit der man im Orient gegen die Bekenner des heidnischen Glaubens von christlicher Seite vorging. Wir sind ausserdem so glücklich des Libanius sehr ausgedehnten Briefwechsel [41]) zu besitzen, der uns in derselben Weise für den Orient schätzbar ist wie der des Symmachus für den Occident.

Den Erzeugnissen dieser griechischen Redner schliesse ich gleich des lateinischen gallischen Redners Latinus Pacatus Drepanius [42]) Panegyricus auf den Kaiser Theodosius an. Von allen uns erhaltenen panegyrischen Reden der Kaiserzeit kommt sie der des jüngeren Plinius auf Trajan am nächsten. Wenn sie sich auch nicht dem Zuge der Zeit hat entziehen und von Uebertreibungen fern halten können, so ist sie doch besonders für die Zeit der Tyrannis des Maximus in Gallien und für die Schlachten, welche seinen Untergang herbeiführten, eine nicht genug zu schätzende Quelle, welche noch dadurch an Werth gewinnt, dass sie unmittelbar unter dem Eindruck der geschilderten Ereignisse geschrieben ist, und dass das rhetorische Flitterwerk sich mit leichter Mühe ablösen lässt. Endlich setzte auch die Gegenwart des Kaisers, vor dem sie bei seinem Aufenthalte in Rom 389 gehalten wurde, der Phantasie des Redners so feste Schranken, dass wir die Rede getrost den besten historischen Quellen unserer Zeit beireihen dürfen.

Cl. Claudianus [43]) war nach dem Zeugniss des hl. Augustin und des Orosius ein Heide, über sein Vaterland lässt sich nichts

---

41) ed. Wolf 1738.

42) XII. paneg. Lat. ed. Em. Baehrens Leipzig 1874.

43) Die Nachrichten über das Leben Claudians schöpfe ich aus Ludw. Jeeps praef. c. I. zu seiner neuen (noch nicht vollständig erschienenen) Ausgabe Leipz. 1876. Sämmtliche Gedichte Claudians edirte Joh. Matth. Gesner Leipzig 1759.

sicheres ermitteln. Man muss ihn von *Κλαυδιανός*, dem Verfasser
der Gigantomachia, unterscheiden. Im Jahre 395 kam er zum
ersten Male nach Rom, indem er wahrscheinlich den Stilicho auf
dem Zuge gegen Eugen begleitet hatte. Dort hielt er sich fortan
auf, ausser dass er ab und zu zum Kaiser gerufen wurde oder
auf Reisen war. Honorius ehrte in hoch. Eine Statue wurde ihm
errichtet, und er erhielt die Würde eines patricius, den Titel eines
tribunus und notarius. Ueber sein Lebensende steht nichts fest.
Vielleicht brachte auch ihm der Sturz des Stilicho den Tod.

Die Urtheile über den historischen Werth des Dichters haben
sich in neuster Zeit günstiger gestaltet. Joh. Herm. Ney [44]) und
Edmund Vogt [45]) stellen den Claudian den übrigen Quellen unserer
Periode ebenbürtig zur Seite, und auch Jeep, der praef. p. 70 seq.
seine Glaubwürdigkeit in Bezug auf die beiden *carmina in Eutropium*
prüft, kommt p. 76 zu dem Resultat: *Non est cur Claudiano fidem
non habeamus, ubi res gestas memorat, quas alibi non legimus.*
Die ungünstigen Urtheile älterer Forscher schreiben sich jedenfalls
von der unberechtigten Methode her, den Claudian vollständig
als jede andere erzählende Quelle zu behandeln und dieselben
Forderungen wie an diese auch an ihn zu stellen. Claudian aber
ist eine ganz besondere Art von historischer Ueberlieferung. Denn
seine eigentliche Absicht ist nicht, die Geschichte seiner Zeit der
Nachwelt aufzubewahren, sondern er benutzt die Thatsachen,
die er als bekannt voraussetzt, um sie zu Gelegenheits-
gedichten zu verwerthen. Das also muss man im Auge
behalten, wenn man den Werth des Dichters richtig schätzen will.
Ein anderer Factor, der bei seiner Beurtheilung mit ins Gewicht
fällt, ist der, dass Claudian, im Besitze einer grossartigen Phantasie
und über den gesammten Mythenschatz des Alterthums gebietend,
gar zu leicht in die Versuchung gerieth, seiner Einbildungskraft
die Zügel schiessen zu lassen und sie dort anzuwenden, wo die
Geringfügigkeit des Gegenstandes sie keineswegs erheischte. Auch
er leidet ja, wie natürlich, an der gemeinsamen Krankheit, welche
ein characteristisches Kennzeichen fast aller Vertreter unseres

---

44) Vindiciae Claudianeae Diss. Marb. 1865. Dort finden sich auch
die Urtheile älterer Gelehrten zusammengestellt.

45) De Cl. Claudiani carminum quae Stiliconem praedicant fide
historica. Diss. Bonnae 1863. vgl. das Programm des katholisch. Gymn.
u. s. w. p. 19—23.

Zeitraums ist, an der Sucht, unwichtiges durch einen möglichst grossartigen Aufwand von rhetorischen Floskeln zu ungemein wichtigem aufzubauschen. Dabei geräth seine Poesie in Gefahr unerträglich zu werden. Welch' ein hässliches Bild entwirft er uns von der Schlacht am Frigidus.[46] „Der Schnee der Alpen (der nebenbeibemerkt in dieser Jahreszeit auf dem Karst noch nicht vorhanden ist) hat sich im Kampfe durch die Gefallenen geröthet, der Frigidus selbst raucht vom warmen Herzblut der in ihm verwundeten und getödteten, und die Menge der Leichname würde ihn aufgestaut haben, wenn nicht das Blut selbst die Fluthen unterstützt hätte!" Ein Lächeln andrerseits nöthigt der Dichter uns ab, wenn er so redet, als ob das römische Kaiserreich noch immer das alte überall gebietende *Imperium Romanum* sei. Noch immer spukte in den Köpfen offenbar die Idee eines Partherkriegs, den Claudians ausgelassene Phantasie selbst über dieses Ziel hinaus[47] den Spuren eines Alexander des Grossen bis zum Hydaspes, ja Ganges folgen lässt. Dass die wirkliche, einzige Aufgabe der Kaiser nicht nach dieser Seite der Eroberung, sondern vielmehr nach der der Vertheidigung gegen die von Norden anstürmenden Germanen zu richten sei, das scheint seinem in Römerstolz befangenen Sinne gar nicht aufgedämmert zu sein. Aus derselben dünkelhaften Uebertreibungssucht werden denn auch die Thaten der Gegenwart mit denen der Vorzeit verglichen, und mögen jene noch so sehr den Stempel der Geringfügigkeit an sich tragen, sie werden doch diesen mindestens gleich, wenn nicht vorangestellt.[48]

Die Sonne, welche Claudians Muse belebte, war die Gestalt Stilichos. Mit Recht scheint mir Vogt[49] geltend zu machen, dass Claudian im Gegensatz zu unseren anderen Quellen nicht wie diese von einem doctrinären Parteistandpunkte ausging, sondern

---

46) III. cons. Hon. v. 99 seq. Eine dichterisch schöne Stelle dagegen bietet die Rede des Theodosius IV. cons. Hon. v. 213 seq.

47) In Olybr. et Prob. v. 80. III. cons. Hon. v. 201 seq. vgl. IV. cons. Hon. 257 seq. 652 seq.

48) In Ruf. 1. v. 283 und 284 heisst es von Stilichos Bemühung, Rufins unheilvoller Verwaltung entgegenzutreten:

Taceat superata vetustas,
Herculeos conferre tuis jam desinat actus.

vgl. überhaupt die ganze Stelle von v. 273 ab.

49) Progr. u. s. w. p. 19.

2*

von der „Persönlichkeit" des Stilicho, doch darf daraus keineswegs gefolgert werden, dass nun alles, was Claudian in diesem Sinne uns überliefert, auch der Wahrheit gemäss sei. Grade wenn er das tugendglänzende Bild des Stilicho anderen dunklen gegenüberstellt, muss man bedenken, dass eben solche Gegenüberstellungen leicht zu Uebertreibungen — und wie Claudian dazu neigte, wissen wir bereits — Veranlassung geben. Dieses Bedenken ist zu *in Rufin.* I. v. 25 seq. zu äussern: Bevor Rufin, sagt Claudian, an den Hof und in einflussreiche Aemter gelangte, da herrschten glückliche Zustände im ganzen Reich, da schien die aurea aetas von neuem in die Welt gekommen. Aber mit Rufin trat ein plötzlicher Umschlag ein, so dass der Zustand des Reiches etwa dem entspricht, welchen Zosimus IV, 28 schildert. Allen Lastern und allem Unheil wird Thür und Thor geöffnet. Und ihm gegenüber wird Stilicho (v. 259 seq.) als derjenige bezeichnet, der die einzelnen wie das Reich vor seinen Angriffen schirmt, wird gradezu als der Hort des Landes hingestellt. Erinnert man sich aber, dass diese Worte geschrieben wurden nach dem Sturze Rufins, dass Rufin der erbittertste Gegner des Stilicho gewesen war, so nöthigen sie, der Antithese des Dichters das Gewand des übermässigen und übertriebenen abzustreifen. Allerdings giebt es einige Stellen bei Claudian, welche darauf hindeuten, dass Rufin den Kaiser zu täuschen wusste, und der Sturz des Tatian und Proclus bestätigt das, allein niemals werden wir uns. desshalb überzeugen lassen, dass Theodosius so vollständig im Gegensatz zur früheren Zeit sein offenes Auge für die Schäden des Landes und der Verwaltung eingebüsst, und Rufin so gänzlich „den spiritus des Kaisers dominirt" habe. Nicht unerklärlich aber ist die Schilderung des Claudian. Man erwäge nur, das Rufin ein Römer, Stilicho ein Germane, dass des Einen Waffe Gewandtheit und Schlauheit, des Anderen militärisches Talent und persönliche Tapferkeit war, dass Stilicho, als Rufin noch das Amt des magister officiorum bekleidete, bereits mit des Kaisers Nichte Serena vermählt war. Es ist daher nicht verwegen zu folgern, dass Stilicho dem Theodosius sehr nahe gestanden habe und sehr einflussreich gewesen sei. Nun aber gelingt es dem Rufin, die höchste Civilstellung im Staate zu erlangen und einen sich steigernden Einfluss auf Theodosius auszuüben. Was war natürlicher als eine heftige Eifersucht, welche anfangs persönlich, sich dann auch aufs politische Gebiet übertrug! Aus dieser Eifersucht heraus sind die Worte Claudians zu fassen und demgemäss ihrem Werthe nach zu würdigen.

Uebrigens kommt Stilicho für unsere Zeit noch weniger in Betracht. Claudian wird desshalb eine wichtigere Quelle für die Zeit nach dem Tode des Theodosius, in der ja auch fast sämmtliche Gedichte erst verfasst sind. Schätzbar ist er für die Regierungszeit des Theodosius ausserdem durch den Blick, den er bei der Characterisirung des Rufin in den Zustand des Reichs thun lässt, durch seine Nachrichten über die Familie des Kaisers, über den Kampf mit Maximus und mit Eugen, über die Gothen. Doch verläugnet er nirgends seine Natur als panegyrischer Gelegenheitsdichter: er setzt die Ereignisse als bekannt voraus.

Mehr zur Kennzeichnung des Standpunktes des Dichters hinzuzufügen halte ich nach Edm. Vogts Bemerkungen im Progr. des Kath. Gymn. zu Cöln für überflüssig, da ich mich seinem Gesammturtheil über den Dichter vollkommen anschliesse.

II.
Die christlichen Quellen.

Die drei Kirchenhistoriker Socrates, Sozomenus, Theodoret[1]) müssen zusammen behandelt werden, einmal, weil sie alle drei dort einsetzen, wo Eusebius aufhört, nämlich beim Be-

---

1) Die Notizen über das Leben der Drei sind entnommen aus Valesius De vita et scriptis Socratis atque Sozomeni in seiner Ausgabe des Socrates und Sozomenus 1677, aus der Vorrede des Valesius zu seiner Ausgabe des Theodoret, abgedruckt in der neusten Ausgabe dieses Werkes von Th. Gaisford Oxon. 1854 und aus Fr. Aug. Holzhausens commentatio de fontibus quibus Socrates, Sozomenus ac Theodoretus in scribenda historia sacra usi sunt. Götting. 1825.

ginn der Alleinherrschaft des Constantin und fast ein volles Jahrhundert (323—415) nebeneinander berichten, sodann weil gegen sie der Vorwurf gegenseitiger Benutzung erhoben, und diese Frage noch nicht genügend entschieden ist.

Socrates lebte in Constantinopel und wurde auch dort wahrscheinlich in den ersten Jahren der Regierung des Theodosius geboren. Die höhere Bildung verdankte er den in Folge der Zerstörung des Serapeums aus Alexandrien geflohenen heidnischen Philosophen Helladius und Ammonius. Ins practische Leben eintretend wählte er die Laufbahn des öffentlichen Sachwalters (scholasticus), dann wandte er sich von dieser Beschäftigung ab, um seine Kirchengeschichte zu schreiben. Das Werk reicht in 7 Büchern von 323— 439, dem Jahre des siebzehnten Consulats Theodosius II. Er war Katholik, trotzdem zeigt er sich massvoll im Urtheil über andersgläubige[2]). Seine Sprache ist einfach[3]), auf genaue Zeitangaben hat er Fleiss verwandt, sein Ziel ist die Wahrheit[4]), nur ist er ein zu gläubiger Christ, um sein eigenes Urtheil auch Wundergeschichten u. s. w. gegenüber aufrecht zu erhalten.

Sozomenus dagegen stammte aus Bethelia bei Gaza und wurde von Mönchen erzogen. Nachdem er sodann in Beryt, wo eine blühende Rechtsschule war, Jurisprudenz studirt hatte, wurde er Sachwalter in Constantinopel. Zu gleicher Zeit begann er seine Kirchengeschichte zu schreiben. Sie behandelt in 9 Büchern den Zeitraum von 323—415 und war dem Kaiser Theodosius II. gewidmet. Sein Ausdruck ist zwar gewandter als der des Socrates[5]), dagegen steht er an Einsicht und durch die Auswahl des Stoffes hinter ihm zurück. Denn er hält auch das für die Aufgabe des Kirchenhistorikers, das Leben und die Thaten der Mönche zu be-

---

2) z. B. über Nestorius VII. 32.

3) vgl. Phot. bibl. c. 25.

4) V. 19. Das prooem. des VI. Buchs giebt ein Zeugniss von dem Geiste des Socrates. Er ist im Begriff, die Ereignisse seiner Zeit aufzuzeichnen und da weiss er voraus, man wird mit seiner Erzählung nicht zufrieden sein, weil „die Wahrheit bitter" ist. Die eifrig-religiösen werden murren, dass er die Bischöfe nicht θεοφιλέστατοι oder ἁγιώτατοι nennt, andere, dass er die Kaiser nicht θειότατοι καὶ δέσποται oder mit anderen Titeln anredet, er aber kehrt sich nicht daran, sondern will nur die einfache Darstellung der Ereignisse geben.

5) vgl. Phot. bibl. c. 30.

schreiben, und seine Leichtgläubigkeit übersteigt bei weitem die des Socrates.

Theodoret endlich lebte stets im Kloster. Unter der Leitung des Johannes Chrysostomus und Theodor von Mopsuesta eignete er sich eine hohe Gelehrsamkeit an. Er wurde Bischof in Cyrrus im nördlichen Syrien. Seine Kirchengeschichte umfasst in 5 Büchern die Jahre 323—429. Er behandelt darin die anderen Secten vom eifrig katholischen Standpunkte aus. Die Wundergeschichten von Einsiedlern sind in diesem Werke fern geblieben, weil er sie in einem besonderen Buche gesammelt hatte. Seine Schreibart ist gefällig[6]), zuweilen aber gesucht und abgeschmackt. Das Werk ist schätzbar durch die mitgetheilten Originalien.

Der oben erwähnte Vorwurf eines Plagiators ist zuerst von Valesius gegen Sozomenus erhoben worden[7]). Valesius ist der Ansicht, dass Sozomenus den Socrates plagiatorisch — denn er nennt dessen Namen an keiner Stelle — benutzt habe, weil „beide über ebendieselben Dinge fast ebendasselbe geschrieben, beide mit demselben Zeitpunkt begonnen und aufgehört haben, Sozomenus endlich entschieden jünger und unbedeutender ist als Socrates". Gegen diese Ansicht des Valesius hat sich Holzhausen in einer längeren Dissertation[8]) gewandt, und nachdem er die Behauptungen des Valesius zu entkräften gesucht, kommt er schliesslich zu dem Urtheil des Antonius Pagi zurück, dass alle drei ganz unabhängig von einander gearbeitet haben, und stellt im zweiten Theile die Quellen zusammen, welche etwa allen dreien zugänglich sein und die bis weilen wunderbare Uebereinstimmung unter ihnen herbeiführen konnten.

Die Schwierigkeit der Frage wird erhöht durch den Umstand, dass man von Niemand der drei die Zeit der Abfassung ihrer Kirchengeschichte genau weiss, sondern nur ein Jahr angeben kann, nach dem sie geschrieben haben müssen, und dass die auf diese Weise gewonnene Bestimmung bei allen drei fast auf denselben Zeitraum hinausläuft. Socrates hat nach 439 geschrieben[9]),

---

6) ib. c. 31.
7) de vita et scriptis Socr. atque Soz.
8) vgl. Anm. 1.
9) Denn soweit reicht sein Werk. vgl. Clinton fasti Romani I. p. 533.

Sozomenus um 443 herum [10]), Theodoret in den Jahren
443—450. [11])

Ueberzeugende Beweise dafür vorzubringen, dass Theodoret
den Socrates oder Sozomenus benutzt habe, dürfte schwer sein.
Holzhausen hat sich daher ganz auf den Versuch beschränkt, die
Ansicht des Valesius in Bezug auf Socrates und Sozomenus zu widerlegen. Dabei ist mir aufgefallen, dass er den Valesius p. 24
tadelt, weil derselbe im Commentar zu Socr. I. 10 behaupte, die
von Sozomenus I. 22. gegebene Darstellung sei aus Socr. I. 10
einfach abgeschrieben. Allein ein Vergleich der beiden Stellen
beweist nur die Stichhaltigkeit der Behauptung des Valesius. Denn
wenn auch die näheren Details wie die Worte des Constantin von
Mund zu Mund sich fortpflanzen konnten, so zeigt doch die Einfüh-
rung der Erzählung bei beiden eine solche Uebereinstimmung, dass
Sozomenus den Socrates vor Augen gehabt haben muss:

Socrates sagt, die Zuneigung zu Constantin treibe ihn, noch
etwas zu erzählen, aus dem die Absicht des Kaisers den religiösen Frieden zu bringen hervorleuchte. Dann fährt er fort: τῆς
γὰρ ἐκκλησιαστικῆς ὁμονοίας πρόνοιαν ποιούμενος
κέκληκε πρὸς τὴν σύνοδον καὶ Ἀκέσιον. Sozomenus
dagegen beginnt sofort: λέγεται δὲ τὸν βασιλέα τῆς πάντων
χριστιανῶν ὁμονοίας προνοοῦντα καὶ Ἀκέσιον, ὃς
ἐπίσκοπος ἦν τῆς ναυατιανῶν ἐκκλησίας, ἐπὶ τὴν σύνοδον
καλέσαι. Die gleichartige Motivirung des Vorgehens des Constantin hindert anzunehmen — wie Holzh. will —, dass Sozomenus

---

10) In der Widmung seines Werkes an Theodosius II. im prooem.
des I. Buchs sagt Sozomenus: πρότιαι δέ μοι ἡ γραφὴ ἀπὸ τοῦ Κρίσπου
καὶ Κωνσταντίνου τῶν καισάρων τρίτης ὑπατείας μέχρι τῆς ἑπτακαιδε-
κάτης τῆς σῆς. So durfte Soz. nur sagen, wenn er einmal das 17. Consulat des Theodosius (a. 439) bereits erlebt hatte; andrerseits muss er
das procoemium aber vorher geschrieben haben, als er mit dem Werke
zu Ende war, denn dieses reicht nur bis 415. Das prooem. erwähnt
ferner einen Vorfall (p. 395), der a. 443 Statt fand. Da es aber nach dem
vorhergehenden nicht nach der Abfassung wenigstens des ganzen Werks
geschrieben sein kann, so folgt, dass Sozomenos seine Kirchengeschichte
um 443 verfasst hat. Damit stimmt auch die Stelle des prooem. p. 396
überein ὥστε μοι, πάντων ἕνεκεν ἀναγκαῖον καταφαίνεται ἐκκλησιαστικὴν
ἱστορίαν συγγράφοντί σοι προσφωνῆσαι. vgl. Clint. I. p. 629. Tillem. VI.
p. 613 seq.

11) Clint. I. p. 631.

die Erzählung durch das Gerücht überkommen habe. — „Sozomenus hat den Socrates nicht benutzt, denn er erwähnt ihn nie,
auch nicht versteckt", sagt Holzhausen p. 28 und führt als Beweis
Sozom. I, 20 an, wo Sozomenus das ganze Nicaenische Bekenntniss
mitzutheilen für Frevel haltend, nur einen Theil bringt, damit
nicht vielleicht das Mysterium der heil. Trinität den in die Sakra-
mente der katholischen Kirche nicht eingeweihten offenbar werde.
Socrates vero, fährt H. fort, *totum illud symbolum exponit licen-
ter. Quodsi rescivisset Sozomenus, haud dubie obliquam saltem ad-
didisset reprehensionem ... Sozomenus tamen de hac re ne vo-
culam quidem addidit.* Darin irrt sich nun aber Holzhausen, dass
Sozomenus auch nicht einmal einen versteckten Tadel hierbei gegen Socrates fallen lasse. Sozomenus sagt nämlich, auf den Rath
einiger frommer und sachverständiger Freunde habe er das mit
Stillschweigen übergangen, οἷα μύσταις καὶ μυσταγωγοῖς μόνοις
δέοντα λέγειν καὶ ἀκούειν d. h. die Lehre von der Trinität. Nun
aber war Socrates ein Laie, kein μύστης oder μυσταγωγός und
er hatte auch nicht angestanden, das von Sozomenus verschwie-
gene anzuführen. Sollte also in jenen Worten kein Seitenhieb auf
Socrates stecken?

Ueberhaupt kann ich nicht sagen, dass ich von den Gegenbe-
weisen Holzhausens überzeugt worden bin. Wie kommt es, frägt
man immer, dass Sozomenus im prooem. libri I. grade das Ziel
seiner Arbeit steckt, bis zu dem Socrates gelangt ist? und immer
drängen sich bei dem Einwurf: Aber Sozomenus erwähnt des Socrates doch mit keiner Silbe! die zahllosen Uebereinstimmungen in der
Zeitfolge, der Darstellung, ja Worten auf und zwingen im Verein
mit der Thatsache, dass Sozomenus auch den Olympiodor nicht
erwähnt, den er im IX. Buche benutzt hat[12]), eher zu der Ansicht
des Valesius zurück.

Eine nähere Vergleichung des V. Buches des Socrates und
des VII. des Sozomenus, welche die Kirchengeschichte der Zeit
des Theodosius enthalten, kann nur darin noch bestärken.

Gleich das erste Kapitel bei beiden

---

12) Forsch. zur deutsch. Gesch. B. I. Kritische Untersuchungen über
das Verhältniss zwischen Olympiodor, Zosimus und Sozomenus von
J. Rosenstein.

Socrates V.

1. Τοῦ δὴ βασιλέως Οὐάλεντος ἄδηλον ἐσχηκότος τὴν τελευτὴν οἱ βάρβαροι πάλιν ἕως τῶν τειχῶν τῆς Κωνσταντίνου πόλεως ἐλθόντες τὰ περὶ αὐτῆς ἐπόρθουν προάστεια· ἐφ᾽ οἷς ὁ δῆμος ἀγανακτῶν δι᾽ ἑαυτῶν τοῖς βαρβάροις ἀντεπεξῄεσαν ἕκαστος τὸ παρατυγχάνον ἀντὶ ὅπλου λαμβάνοντες· ἐδίδου δὲ τοῖς ἐξιοῦσιν εἰς τὸν πόλεμον ἡ τοῦ βασιλέως γυνὴ δομνίκα μισθὸν ἐκ τοῦ βασιλικοῦ ταμείου καθὰ καὶ τοῖς στρατιώταις ἐνενόμιστο. ἐπεβοήθουν δὲ αὐτοῖς ὀλίγοι Σαρακηνοὶ ὑπόσπονδοι παρὰ μανίας πεμφθέντες, ἧς καὶ ἀνωτέρω ἐμνημονεύσαμεν. Τοῦτον οὖν τὸν τρόπον τηνικαῦτα τοῦ δήμου ἀγωνισαμένου πόρρω τῆς πόλεως ἀπεχώρησαν οἱ βάρβαροι.

2. Γρατιανὸς δὲ ἅμα τῷ νέῳ Οὐαλεντινιανῷ τῆς βασιλείας ἐγκρατὴς γενόμενος καταγνούς τε τοῦ θείου Οὐάλεντος τῆς περὶ τοὺς χριστιανοὺς ὠμότητος, τοὺς μὴν ὑπ᾽ ἐκεῖνον ἐξορισθέντας ἀνεκάλει· νόμῳ τε ἐθέσπισε μετ᾽ ἀδείας ἑκάστην τῶν θρησκειῶν ἀδιορίστως ἐν τοῖς εὐκτηρίοις συνάγεσθαι.

Sozomenus VII.

1. Οὐάλεντι μὲν ὧδε θανεῖν ξυνηνέχθη. Οἱ δὲ βάρβαροι ἐπαρθέντες ἐπὶ τῇ νίκῃ πᾶσαν τὴν Θρᾴκην ἐδῄουν· καὶ τελευτῶντες τὰ προάστεια Κωνσταντινουπόλεως κατέτρεχον. Κινδυνεύουσι δὲ τότε τοῖς πράγμασι μέγα γεγόνασιν ὄφελος, ἐκ μὲν τῶν ὑποσπόνδων Σαρακηνῶν, ὀλίγοι παρὰ μανίας σταλέντες, πλεῖστοι δὲ ἀπὸ τοῦ δήμου· ῥητὸν γὰρ ἐκ τοῦ δημοσίου μισθὸν χορηγούσης αὐτοῖς δομνίκης τῆς Οὐάλεντος γαμετῆς, ὡς ἔτυχεν ἕκαστος ὁπλιζόμενος, ἀντεπεξῄεσαν, καὶ τοὺς πολεμίους ἀμυνόμενοι, πόρρω τῆς πόλεως ἀπεδίωκον.

Γρατιανὸς δὲ ἅμα τῷ ἀδελφῷ πᾶσαν τὴν Ῥωμαίων ἀρχὴν διέπων, οὐκ ἐπαινέσας τὸν θεῖον τῆς γνώμης, ἣν περὶ τοὺς ἑτέρως αὐτῷ δοξάζοντας διετέλεσεν ἔχων, πᾶσι τοῖς ἐπ᾽ ἐκεῖνου διὰ τὴν θρησκείαν φεύγειν καταδικασθεῖσι, τὴν κάθοδον ἀπέδωκε· καὶ νόμον ἔθετο μετ᾽ ἀδείας ἑκάστους θρησκεύειν ὡς βούλονται καὶ ἐκκλησιάζειν.

bringt doch offenbar das Vordringen der Gothen nach der Schlacht von Adrianopel und im unmittelbaren Anschluss daran (nur dass es bei Socrates in das 2. Kapitel gerückt ist) die Verordnung des Gratian in einer solchen Uebereinstimmung, dass man nicht gut die Ausflucht gebrauchen kann, auch Sozomenus habe über diesen Vorgang so von Leuten erfahren, wie ihn Socrates erzählt.

Ebenso fällt Socr. V. 2 und Soz. VII. 1. die gleichartige Characterisirung des Theodosius auf. Es ist nicht wunderbar, wenn beide sagen, er sei aus Spanien und habe vorher viele Kriegsthaten ausgeführt, wohl aber, wenn Socrates fortführt:

Socrates fortführt:	Sozomenus dagegen:
Καὶ διὰ τοῦτο ἄξιον τῆς βασιλείας ἤδη πάλαι καὶ πρὸ τῆς Γρατιανοῦ χειροτονίας ὑπὸ πάντων κριθέντα.	Ὡς καὶ πρὸ τῆς βασιλείας ἐν ταῖς τῶν ὑπηκόων γνώμαις ἐπιτήδειον αὐτὸν δόξαι πρὸς ἡγεμονίαν (vgl. Theod. V. 5).

Socrates.	Sozomenus.
c. 3. Bemerkungen über die Bischöfssitze zu Rom, Jerusalem, Antiochia, Alexandria.	fehlt.
4. Spaltung der Macedonianer.	2. (2. Theil). Dieser Abschnitt hat ebenfalls wörtliche Uebereinstimmungen mit Socr., abweichend ist nur, dass Socr. sagt: ἐν Ἀντιοχείᾳ τῆς Συρίας, Soz. τῆς Καρίας.
5. Streitigkeiten über den Bischofssitz in Antiochia.	3. stimmt vollständig, zum Theil wörtlich überein.
6. Gregor von Nazianz wird nach Constantinopel versetzt. Taufe des Theodosius in Thessalonich.	4. ebenso, nur dass Soz. zum Schluss noch das berühmte Edict des Theod. vom Jahre 380 (Cod. Th. XVI. 1, 2) bringt.
7. Vertreibung der Arianer aus Constantinopel.	5. stimmt überein, nur giebt Soz. einen neuen Beweis seines abergläubischen Sinnes.
Fehlt.	6. Ueber Eunomius und Amphilochus, dessen Name nicht genannt wird. vgl. Theod. V. 16.

c. 8. Concil zu Constantinopel, Wahl des Nectarius, allgemeine Beschlüsse.

7, 8, 9 stimmen im Ganzen überein, nur ist Soz. ausführlicher.

9. Uebertragung der Leiche des Paulus von Ancyra nach Constantinopel, der des Meletius nach Antiochia, Wahl des Flavian.

10, 11. Soz. giebt im 10 c. eine Erzählung über Martyrius, die dem Socr. fehlt.

10. Zweites Concil zu Constantinopel.

12. Vollständige Uebereinstimmung.

11. Die Erhebung des Maximus und die Bemerkungen über Ambrosius und Justina

13.

zeigen, wie an dem folgenden zu erkennen ist, zahlreiche wörtliche Uebereinstimmungen:

Ὑπὸ δὲ τοὺς αὐτοὺς χρόνους, καθ᾽ οὓς ἐν Κωνσταντίνου πόλει τὰ τῶν συνόδων ἐγίνετο, τάδε περὶ τὰ ἑσπέρια μέρη ἐγίνετο. Μάξιμος ἐκ τῶν περὶ τὰς Βρετανίας μερῶν ἐπανέστη τῇ Ῥωμαίων ἀρχῇ καὶ κάμνοντι Γρατιανῷ εἰς τὸν κατ᾽ Ἀλαμανῶν πόλεμον ἐπιτίθεται· ἐν δὲ τῇ Ἰταλίᾳ κομιδῇ νέου τυγχάνοντος Οὐαλεντινιανοῦ τὴν τῶν πραγμάτων εἶχε φροντίδα Πρόβος ἀπὸ ὑπάτων τὴν ὑπάρχων τότε χειρίζων ἀρχήν. Ἰουστίνα δὲ ἡ τοῦ βασιλέως Οὐαλεντινιανοῦ μήτηρ, τὰ Ἀρειανῶν φρονοῦσα, ζῶντος

Ὑπὸ δὲ τοῦτον τὸν χρόνον ἠσχολημένῳ Γρατιανῷ εἰς τὸν πρὸς Ἀλαμανοὺς πόλεμον ἐπανέστη Μάξιμος ἐκ τῆς Βρετανίας καὶ ὑφ᾽ ἑαυτὸν τὴν Ῥωμαίων ἀρχὴν ποιήσασθαι ἐσπούδαζεν. Ἐν Ἰταλίᾳ δὲ τότε διέτριβεν Οὐαλεντινιανὸς ἔτι νέος ὤν. Ἐπετέτραπτο δὲ τῶν τῇδε πραγμάτων τὴν διοίκησιν ὕπαρχος ὢν Πρόβος, ὑπατικὸς ἀνήρ· ἡνίκα δὴ Ἰουστίνα ἡ τοῦ βασιλέως μήτηρ, τὰ Ἀρείου φρονοῦσα, πράγματα παρεῖχεν Ἀμβροσίῳ ἐπισκόπῳ Μεδιολάνων καὶ τὰς ἐκκλησίας ἐτάραττεν.

μὲν τοῦ ἀνδρὸς οὐδὲν
εἶχε βλάπτειν τοὺς φρο-
νοῦντας τὸ ὁμοούσιον·
ἐπειδὴ δὲ κομιδῇ νέος
ἦν ὁ υἱός, καταλαμβά-
νουσα τὴν Μεδιολα-
νων ταραχὰς μεγί-
στας κατὰ τοῦ ἐπι-
σκόπου Ἀμβροσίου
ἐκίνησεν εἰς ἐξορίαν
αὐτὸν πεμφθῆναι κε-
λεύουσα.

Der Gang der folgenden Ereignisse ist derselbe; manche
wörtliche Uebereinstimmung, nur ist Soz. ungenauer. Er
sagt nicht, wo Gratian von Andragathius ermordet wurde.

12. Theodosius zieht gegen Maximus.	14. stimmt bisweilen wörtlich überein.

Während aber Socrates die Veränderungen auf den Bischöfs-
sitzen benutzt, um bei ihrer Aufzählung von 383—387 fort-
zuschreiten, bringt sie Sozomenus mit geringer Abweichung,
nachdem er erzählt hat, Theodosius sei ausgerückt.

13. Aufstand der Arianer in Constantinopel.	ibid. Soz. ganz kurz, aber nicht abweichend.
14. Der Sieg des Theodosius.	ibid. mit einigen wörtlichen

Uebereinstimmungen, wenn auch kürzer. Auffällig ist
der gleiche Gang der Erzählung und dieselbe falsche Notiz,
dass Andragathius in der Schlacht bei Aquileja zugegen
war und sich in den vorbeifliessenden Strom stürzte:

14. εἰς τὸν παρακείμενον πο- ταμὸν ῥίψας ἑαυτὸν ἀπε- πνίγη.	14. Ἀνδραγάθιος . . . εἰς ποτα- μὸν παραῤῥέοντα ἥλατο καὶ διεφθάρη.

Bei beiden sind mitten in diese Darstellung kirchengeschicht-
liche Notizen über Veränderungen auf Bischofssitzen einge-
schoben. Socr. 12. Soz. 14.

15. 16. 17.	15. In den Notizen über Flavian von Antiochia wörtliche Ueber- einstimmung. Der Kampf in Alexandrien ist bei Soz. genauer geschildert. vgl. Ruf. II. 22.

18.	Ueber den Aufenthalt des Theodosius in Rom äussert sich Soz. nicht.
19. Ueber den Presbyter poenitentiarius.	16. stimmt überein; bisweilen wörtlich.
20.) 23.} Ueber Eunomius, neue Spaltungen der Arianer 24.) und Theophronius.	17. ebenfalls.

Vgl. die Bemerkungen über Eunomius bei Socr. 20, Soz. 17.

20. πλὴν ὅτι τὸν εὐνόμιον ἐν κωνσταντίνου πόλει ἐπὶ οἰκίας συνάγοντα καὶ τοὶς συγγραφέντας αὐτῷ λόγους ἐπιδεικνύμενον ὡς ταῖς διδασκαλίαις πολλοὺς λυμαινόμενον εἰς ἐξορίαν πεμφθῆναι ἐκέλευσε.	17. ὁ δὲ βασιλεὺς ὑπεροφίαν φυγὴν ἐυνομίου τότε κατεδίκασεν· ἔτι γὰρ ἐν κωνσταντίνου πόλει ἐν προαστείοις διατρίβων ἢ ἐν οἰκίαις καθ᾽ ἑαυτὸν ἐκκλησίαζε καὶ τοὺς λόγους, οὓς συνεγράψατο, ἐπεδείκνυτο· καὶ πολλοὺς ἔπειθεν ὁμοίως φρονεῖν.
21.) 22.}	18.) 19.} Beide haben eine Digression über das Osterfest und kirchliche Ceremonien; es findet sich, wenn auch keine wörtliche, so doch im Ganzen stoffliche Uebereinstimmung.
fehlt.	20. Ueber das Wachsthum der Katholischen Kirche und die Ueberschwemmung des Nil.
fehlt.	21. Ueber den Fund des Hauptes Johannes des Täufers.
25. Die Ermordung des Valentinian.	22. Soz. ist ausführlicher: Anklänge an Philost. XI. und Ruf. II. 33.
fehlt.	23. Der Aufstand von Antiochien ist hier von Soz. ohne Rücksicht auf die Chronologie eingeschoben.
25. Zug gegen Eugen.	24.

In dem Berichte über die Ermordung des Valentinian und

die Besiegung des Eugen (Socr. 25. Soz. 22 u. 24) tritt
eine Benutzung des Socr. durch Soz. nicht hervor. Das ist
leicht erklärlich, denn der Verlauf dieses Krieges war
beiden aus ihrer eignen Jugendzeit erinnerlich, und ausserdem konnten hierbei die zahlreichen Gerüchte, die über
diese Vorgänge entstanden waren, auf sie einwirken. —
Sozomenus nennt den Ort der Schlacht nicht.

fehlt.	25. Das Blutbad von Thessalonich.
fehlt.	26—29. init. handeln von Hei-
	ligen, daran ist kurz ange-
	flickt ohne Zusammenhang
26.	29. der Tod des Theodosius in
	fast völliger Uebereinstim-
	mung, nur ist Sozomenus
	kürzer.

Das Resultat dieser Zusammenstellung läuft darauf hinaus, dass
der Gang der Darstellung bei beiden ein wunderbar gleicher ist.
Man bemerke besonders, dass Beide an derselben Stelle eine Di-
gression über das Osterfest und kirchliche Gebräuche einschieben.
Nur wenig ist es, was der Eine hat, dem Andern vollständig fehlt.
Man vermisst bei Socrates den Inhalt des c. 6, 23, 25, 26—29 init.
des Soz., bei Sozomenus hingegen die Beschreibung des Aufenthalts des Theodosius in Rom Socr. 18. Allein das von Sozomenus
mehr gegebene entpuppt sich bei näherer Betrachtung zum Theil
als unwichtig und überflüssig, zum Theil weist es durch seine ge-
zwungene Stellung ganz deutlich darauf hin, dass Socrates des
Sozomenus Vorlage war. Denn es muss einem Jeden sofort auf-
fallen, dass Sozomenus, nachdem er mit Socrates bis c. 24 zu-
sammengegangen ist, nun, wo ihn dieser Leiter verlässt, das, was
er noch mehr weiss und an den Mann bringen möchte, nämlich
den Verlauf des Blutbades in Thessalonich und Heiligengeschich-
ten, ohne inneren Zusammenhang zwischen die Schlacht am Frigidus und den Tod des Theodosius einschaltet. Selbst wenn man
einwenden wollte, die Uebereinstimmung liesse sich durch eine
Benutzung derselben Quellen erklären, so weist doch die fast
wörtliche Uebereinstimmung in den die profane Geschichte betreffenden Abschnitten unzweifelhaft darauf hin, dass Socrates Werk
dem Sozomenus nicht unbekannt sein konnte.

So bin ich denn überzeugt, dass Sozomenus ebenso wie er

des Olympiodor Namen, so den des Socrates verschwiegen, trotzdem aber seiner Arbeit die des Socrates zu Grunde gelegt hat.

Wenn wir nun das betrachten, was uns von Socrates im V. Buche für die Geschichte des Theodosius geboten ist, so müssen wir ihm vor allem für die fleissigen, zahlreichen chronologischen Notizen dankbar sein und mit Nachsicht über seinen Standpunkt hinwegsehen, dass die Erfolge des Kaisers in seiner Frömmigkeit wurzeln [13]), und über seine einseitige Beurtheilung des Arbogast [14]). Er berichtet weder den Aufstand in Antiochia noch das Blutbad in Thessalonich, wahrscheinlich, weil beide Ereignisse ihm nicht in eine Kirchengeschichte zu gehören schienen [15]). Sozomenus dagegen hat, wenn wir Socrates als seine Quelle betrachten, unsere Kenntniss über die profane Geschichte der Zeit von 379—395 nur wenig bereichert.

Ebensowenig wie Socrates - Sozomenus unterzieht Theodoret Buch V. c. 1—25 die Handlungsweise des Theodosius einer Kritik. Theodosius ist ihm ὁ ἄριστος στρατηγός, ὁ πιστότατος βασιλεύς, ὁ φιλόχριστος oder θεοφιλέστατος βασιλεύς. Die Chronologie liegt bei ihm sehr im Argen; dagegen liebt er von Visionen des Theodosius zu erzählen. Ueber den Ausgang der Ereignisse in Thessalonich berichtet er am ausführlichsten.

Rufinus [16]), Presbyter in Aquileja, etwas jünger als die vorangehenden, fügte seiner Uebersetzung der Kirchengeschichte des Eusebius Pamphili zwei Bücher hinzu, in denen er sie von Constantin dem Grossen bis zum Tode Theodosius I. fortführte. Er hatte Egypten, Syrien und Mesopotamien bereist. Man dürfte deshalb erwarten, dass sein Blick dadurch erweitert und sein Urtheil über Menschen und Einrichtungen geläutert worden wäre. Allein das ist durchaus nicht der Fall. Er gehört vielmehr zu den kurzsichtigsten und befangensten Schriftstellern unserer Periode. Ihm war es weniger um die Wahrheit der Dinge als um ihre Wunderbarkeit und Neuheit zu thun. Dazu war er ein überaus eifriger Katholik. Wir können uns daher nicht wundern, wenn die Arianer bei ihm übel wegkommen [17]), und Theodosius

---

13) c. 10.
14) c. 25.
15) vgl. den Abschnitt über Zosimus am Ende.
16) vgl. Holzhausen p. 55 seq. Clint. II. p. 452 seq.
17) vgl. II. 13 Valens *impietatis* suae poenas igni exustus dedit.

wegen der Verfolgung andersgläubiger gepriesen wird. Den Theodosius schildert er so, als ob es nie einen edleren, frömmeren Kaiser gegeben hätte. Nur die Dämonen können nach seiner Ansicht dem Theodosius einen so hässlichen Makel angehängt haben, wie ein solcher aus dem Blutbad von Thessalonich für Theodosius Character erwuchs [15]). Wollen wir ihm glauben, so bereitete sich der Kaiser zum Kampf mit Eugen mehr durch Beten und Fasten denn durch tüchtige Rüstungen vor, so zog er mit Priestern und dem Volk um alle Gebetsstätten herum, lag vor den Gräbern der Heiligen auf den Knieen und bat sie um Hülfe [19]). Eine so einseitig-mönchische Darstellung verdient daher nur geringe Beachtung. Schon dem Socrates galt Rufins Autorität wenig [20]), wenngleich er ihn benutzte.

Ganz von demselben streng-christlichen Standpunkte aus sind auch die kurzen Notizen des Hl. A u g u s t i n (354—430) D e c i v i t a t e D e i [21]) V. 26 geschrieben. Aehnlich wie Rufin äussert er sich über den Zug gegen Eugen: *Contra cujus robustissimum exercitum magis orando quam feriendo pugnavit* (sc. Theod.). Er rühmt des Theodosius Vorgehen gegen die Arianer, überhaupt seine christlichen Tugenden.

O r o s i u s [22]), ein spanischer Geistlicher und Freund des Hl. Augustin, schrieb auf dessen Wunsch H i s t o r i a r u m l i b r i V I I. a d v e r s u s p a g a n o s und zwar mit der Absicht zu zeigen, dass nicht erst durch das Christenthum, wie von den Heiden vorgeworfen wurde, das Elend und die Leiden in die Welt gekommen, sondern bereits immer vorhanden gewesen seien. Zu diesem Zweck stellte er alle Frevel und Unglücksfälle von Anbeginn der Welt bis auf seine Zeit zusammen und gelangte dabei bis zum Jahre 417. Im VII. Buche behandelt er die römische Kaisergeschichte, und in diesem sind daher die für unsere Zeit wichtigen Nachrichten zu finden. Nach der Tendenz seines Werkes berichtet er von

---

15. Justina, *Arianae haereseos* alumna, *impietatis* suae (Valentiniani) *venena*. 17. Valentiniani *impia* matre defuncta.

    18) II. 18.   19) II. 33.

    20) Socr. II. 1. 'Ρουφῖνος . . . περὶ τοὺς χρόνους ἐπλανήθη κ. τ. ἑ.

    21) ed. B. Dombart. 1863.

    22) Wattenbach Deutschl. Gesch. I. p. 67. Clint. I. p. 593. II. p. 466. Vogt a. a. O. p. 18. Ich benutzte die Ausgabe des Sigeb. Havercamp Leyden 1767.

der Regierungszeit des Theodosius nur die Kriege, und über die
inneren Verhältnisse erhalten wir von ihm keine Auskunft. Sein
Standpunkt ist ein streng orthodoxer. Desshalb gilt ihm Maximus,
den doch sonst die Geschichte als ein Scheusal zeichnet, als ein
*vir quidem strenuus et probus atque Augusto dignus, nisi contra
sacramenti fidem per tyrannidem emersisset* [23]). Er verzeiht ihm
also wegen seiner zur Schau getragenen Strenggläubigkeit alle
seine Unthaten. Aus dieser Anschauungsweise wird auch sein
Urtheil über Arbogast begreiflich: *vir barbarus animo consilio,
manu audacia potentiaque nimius.* Theodosius dagegen, der nicht
nur wie Maximus seine Frömmigkeit äusserlich zeigte, sondern ihr
auch durch die That Ausdruck verlieh, wird daher überaus günstig charakterisirt; doch leidet das Lob, das ihm gespendet wird,
dadurch, dass alle seine Erfolge einzig und allein auf die Wirkung der *fides* zurück geführt werden [24]). *Potentia dei, non fiducia
hominis* ist Theodosius stets Sieger geblieben. Von einer natürlichen Verknüpfung von ernst durchgeführtem Willen und dem
Ausgang der Ereignisse ist somit bei Orosius keine Rede. Die
Richtigkeit des von ihm überlieferten wird ausserdem dadurch
geschädigt, dass es dem Verfasser darauf ankommt zu zeigen,
*qualiter regibus et temporibus Christianis bella civilia cum vitari
nequeunt, transiguntur* d. h. dass unter Theodosius wie seinem
Nachfolger Honorius die inneren wie äusseren Kriege „entweder
ohne jegliches oder mit ganz geringem Blutvergiessen“ (*vel nullo
vel minimo sanguine*) beigelegt sind. Orosius weiss desshalb nichts
von den schweren Kämpfen, welche vor der Vernichtung des
Maximus an der Save stattfanden, vielmehr fand Theodosius *sola
fide major quam Maximus* den Uebergang über die Alpen „durch
die wunderbare Fügung Gottes“ (*ineffabili judicio Dei*) frei und
offen. Bei dem Bericht über die Schlacht am Frigidus freilich
wird es ihm schwer, jenen Gedanken durchzuführen, denn er
konnte die Vernichtung der zehn Tausend Gothen durch Arbogast
nun einmal nicht wegleugnen. Aber da hilft er sich, indem er in
einem aus Römerstolz und abgestumpften Menschlichkeitssinn ge-
mischten Gefühl kalt lächelnd hinzufügt: *quos utique perdidisse
lucrum et vinci vincere fuit.* Ihren Verlust achtet er offenbar

---

23) c. 31.
24) c. 35.

für nichts, denn er fährt fort, die Vertreter der anderen heidnischen Weltanschauung möchten ihm einen Krieg nennen, der so
glücklich beendet wurde wie dieser, „wo die Schlacht kein schwe-
res Blutbad gebracht habe." [25])

Trotz aller dieser Mängel ergiebt eine Vergleichung mit der
sonstigen Ueberlieferung, dass seine kurzen Angaben für unseren
Zeitraum von entschiedener Bedeutung sind.

Die Stimmen der bisher behandelten kirchlichen
Schriftsteller haben bei näherer Betrachtung alle ein
und denselben Grundton, nur dass der Eine ihn mehr hervortreten lässt, der andere ihn massvoll zurückdrängt, ich meine,
sie Alle fühlen sich als Katholiken von vornherein bei der Darstellung unserer Periode durch ihre Voreingenommenheit für so
fromme Fürsten wie Gratian, Valentinian und Theodosius gedrungen, nur gutes von ihnen zu berichten und ihre menschlichen
Schwächen mit dem Mantel christlicher Liebe zu bedecken. Und
gegenüber diesem Sextet vernehmen wir nur eine schwache
Stimme, welche uns ein anderes Urtheil aufdrängen will und welche
in der That vor unserem Ohr Berücksichtigung verdient, eben
weil sie die einzige ist, deren Grundton ganz verschieden von
jenem klingt. Das ist die epitome des Philostorg [26]), welche
uns nur durch den Fleiss des Photius erhalten ist. Wir besitzen
nämlich von seiner 12 Bücher umfassenden Kirchengeschichte nur
das Excerpt dieses Patriarchen. Das Werk selbst ist uns nicht
überkommen, wahrscheinlich, weil katholische Eiferer es überall
vernichtet haben. Im Gegensatz zur Darstellung des Socrates,
Sozomenus, Theodoret, Rufin behandelt Philostorg, ihr Zeitgenoss,
die Kirchengeschichte von 300—425 vom arianischen Standpunkte aus [27]). Denn Philostorg war Arianer, schon sein Vater
und seine Mutter gehörten dieser Secte an. Als Anhänger des

---

25) ibid. ubi nec pugna gravem caedem (nec victoria cruentam exe-
gerit ultionem.)

26) Ed. Valesius 1749. Eine eingehende Abhandlung über ihn
findet sich in den prolegomena in Phil., welche J. Gothofredus seiner
Ausgabe (Genf 1643) vorausgeschickt hat. vgl. Clint. I. p. 605. II. p. 470.

27) Phot. bibl. c. 40. ἱστορεῖ δὲ τἀναντία σχεδὸν ἅπασι τοῖς ἐκκλη-
σιαστικοῖς ἱστορικοῖς· ἐξαίρει τοὺς ἀρειανίζοντας ἅπαντας, λοιδορίαις
πλύνει τοὺς ὀρθοδόξους ὡς εἶναι τὴν ἱστορίαν αὑτοῦ μὴ ἱστορίαν μᾶλλον,
ἀλλ' ἐγκώμιον μὲν τῶν αἱρετικῶν, ψόγον δὲ γυμνὸν καὶ κατηγορίαν τῶν
ὀρθοδόξων.

Eunomius hat er zwar den Abscheu vor den Juden, Apostaten, Paganen mit den katholischen Schriftstellern gemein, dagegen knüpfte ihn kein Band der Pietät an jene genannten Kaiser, vor allem nicht an Theodosius, in dem er ja den gefährlichsten Feind seines Glaubens erblicken musste. Wie er denn überhaupt die Katholiken in seinem Werke schmäht und verleumdet, so spritzt er auch das Gift seines Glaubenshasses gegen Gratian, Valentinian II. und Theodosius. Den Gratian, dessen Milde auch sonst gepriesen wird, vergleicht er mit Nero[28]), dem Valentinian wirft er Leidenschaft für Thierkämpfe[29]) vor, dem Theodosius, obwohl er ihn für seinen Eifer gegen die Heiden rühmt, Hang zu sinnlichen Lüsten.[30])

Weit entfernt nun, dem Philostorg in solchen Dingen, wo die Parteileidenschaft sein Urtheil trüben musste, vollständig zu vertrauen, so ist es dennoch die Sache des Forschers, auch die entgegengesetzten extremen Nachrichten zu berücksichtigen, um durch gerechtes Abwägen zur Erkenntniss der Wahrheit zu gelangen. Wir müssen daher lebhaft bedauern, dass das Werk des Philostorg, der sich übrigens noch dadurch vor den zeitgenössischen katholischen Schriftstellern auszeichnet, dass er in Philosophie, Astronomie, Naturwissenschaften und Geographie wohl bewandert war, nicht selbst auf uns gekommen ist.

Die historiae sacrae libri duo des aquitanischen Presbyters und Zeitgenossen des Martin von Tours Sulpicius Severus[31]) enthalten eine gedrängte Uebersicht der Weltgeschichte seit Adam bis auf unsere Zeit, sind aber für diese nur durch die Darstellung der durch die Secte der Priscillianisten hervorgerufenen Wirren wichtig, da Maximus in sie eingriff. Ausserdem vgl Dialog. II. 6.

Auf diese kirchenhistorischen Werke lasse ich die übrigen Quellen folgen, welche theils anders geartet, theils von geringerer Bedeutung sind.

Für das Bedürfniss über den Ideenkreis, die Ziele des damaligen Clerus und die Mittel, sie zu erreichen, Aufschluss zu er-

---

28) X. 5.
29) XI. 1. vgl. Ambr. de obit. Val. 15.
30) XI. 2. vgl. die Characteristik des Arcadius XI. 3 u. 6.
31) Sulp. Severi libri qui supersunt ed. Carol. Halm Wien 1866. vgl. Wattenb. a. a. O. I. p. 53.

halten, ist glücklicherweise durch die Rettung der Schriften des Hl. Ambrosius am besten gesorgt. Denn er war ja der Vorkämpfer der mit dem Arianismus und Paganismus einerseits und dem Kaiserthum andrerseits streitenden Kirche. Ueber diese Verhältnisse in unserer Zeit verbreiten die von den Benedictinern in der prima classis gesammelten Briefe und die Erwiederung auf die Relation des Symmachus ein helles Licht. Nicht minder schätzbar sind die *oratio funebris de obitu Valentiniani* und *de obitu Theodosii*. Grade aber bei Ambrosius, der mit seinem leidenschaftlichen Temperament ebenso feurig liebte wie verdammte, je nach dem Bekenntniss des Gegenstandes, und sich in dieser Einseitigkeit als echtes Kind seiner Zeit zeigt, muss desshalb, wo er characterisirt, die grösste Vorsicht geübt werden. In den beiden Leichenreden rühmt er die Thätigkeit und Gesinnung der Monarchen hauptsächlich nach ihrer religiösen Seite; in der des Valentinian bedauern wir lebhaft, dass er auch nicht ein Wort über den dunklen Ausgang seines Geschickes sagt. Mancherlei Stellen darin entbehren noch des erläuternden Lichts, da es in der Natur solcher Reden liegt, dass sie die Beziehungen bei den Zuhörern als bekannt voraussetzen.

Zu den bedeutendsten Männern geistlichen Standes im Orient gehört Johannes Chrysostomus[32]). Wir besitzen von ihm die 21 Homilien, welche sich auf den Aufstand in Antiochia beziehen. Johannes, ursprünglich Heide und Schüler des Libanius, war zum Christenthum übergetreten und bekleidete zur Zeit der Empörung das Amt eines Presbyters in der Gemeinde zu Antiochia, später (398) wurde er Bischof von Constantinopel. Der Aufstand gab ihm Gelegenheit, in jenen Predigten die in Angst und Trauer befangene Bevölkerung der Stadt nicht nur an die bekannte Güte des Kaisers zu erinnern, sondern auch die Aufforderung zur Besserung ihres eigenen üppigen und sündigen Lebens daran zu knüpfen. Mitten aus den Tagen allgemeiner Aufregung und Ungewissheit heraus geschrieben bieten diese Homilien ein interessantes Seitenstück zu den entsprechenden Reden des Libanius. Sie geben sowohl genaue Beiträge zu der Darstellung des Aufstandes, als auch sind sie für die Kultur- und Sittengeschichte des Orients von hohem Werth. —

---

32) Nicolai p. 540. Clint. I. p. 711. Sievers Leb. des Lib. p. 176 seq. Joh. Chrysostomi opera edid. Benedict. Vened. 1734. Tom. II.

Die *oratio consolatoria in funere Pulcheriae* und die *oratio funebris de Placilla imperatrice* (Patrologiae curs. compl. ed. Migne B. 46) des G r e g o r i u s , Bischofs von N y s s a in Cappadocien (seit 372), sind Predigten angeknüpft an die beiden Todesfälle und geben nur eine ganz geringe Ausbeute.

Von bei weitem grösserer Bedeutung, namentlich für die kirchlichen Verhältnisse des Ostens während der ersten Jahre des Theodosius, dagegen ist der zweite grosse Cappadocier G r e g o r von N a z i a n z [33]), gewöhnlich der T h e o l o g e genannt. Seit Anfang 379 hatte er in Constantinopel gegen den übermächtigen Arianismus das orthodoxe Bekenntniss mit feuriger Begeisterung vertreten. Sodann seit Ende 380 durch den Machtspruch des Theodosius in den Besitz der kirchlichen Obergewalt der Metropole gesetzt wurde er schon um die Mitte des folgenden Jahres, hauptsächlich durch die Schuld seiner Leidenschaftlichkeit, genöthigt, von der höchsten geistlichen Würde des Ostreichs zurückzutreten. Wir besitzen seine griechisch geschriebenen Werke in zwei Foliobänden, welche sehr sorgfältig von den Benedictinern edirt sind [34]). Wichtiger als der erste Band, in welchem die Predigten Gregors zusammengestellt sind, ist für uns der zweite, welcher die Briefe und in einem zweiten Theil nicht ungeschickt in Hexametern verfasste Gedichte enthält. Zum Theil sind diese letzteren zwar rein theologischen Characters und bieten dem Historiker keine Ausbeute. In einem zweiten Abschnitt [35]) aber sind diejenigen gesammelt, in denen Gregor seine Lebensschicksale und die kirchlichen Verhältnisse des Ostens schildert. Obwohl in der unverkennbaren Absicht einer Selbstrechtfertigung geschrieben erstreben sie diesen Sonderzweck eher durch ein gelegentliches Verschweigen oder durch ein von der Wahrheit abweichendes Motiviren der Thatsachen als durch ein wirkliches Verfälschen derselben. Besonders schätzbar aber ist für uns die rückhaltslose Offenheit, mit welcher der leidenschaftliche und gekränkte Gregor die argen Missstände innerhalb der orthodoxen Glaubensgemeinschaft aufdeckt, wie sie in vielen ihrer Glieder

---

33) Nicolai p. 562. Dr. Carl U l l m a n n : Greg. v. Naz. der Theologe. Darmst. 1825.

34) Gregorii Naz. opera Tom. I. Paris 1798. Tom. II. 1840.

35) Lib. II. Poemata hist. Sectio I. De se ipso. Sectio II. quae spectant ad alios.

durch einen des geistlichen Amtes wenig würdigen Priesterstand hervorgerufen waren.

Paulinus, welchen die Ausgabe der Benedictiner den Notarius !des Hl. Ambrosius nennt, hat uns in lateinischer Sprache das Leben des Ambrosius hinterlassen, aufgefordert dazu von seinem Zeitgenossen, dem hl. Augustin. Wenn er in den einleitenden Worten zu überliefern verheisst, *ea, quae a probatissimis viris, qui illi (scil. Ambrosio) ante adstiterunt et maxime ab sorore ipsius venerabili Marcellina didici vel quae ipse vidi cum illi adstarem vel quae ab iis cognovi, qui illum in diversis provinciis post obitum ipsius se vidisse narrarunt*, so zeigt das einerseits, dass er sich alle Mühe gegeben hat, die Wahrheit zu erforschen, andrerseits verräth er zugleich den Standpunkt der Wundergläubigkeit [36]), auf dem bereits Rufin und Sozomenus zu Hause waren. So sind wir ihm denn für sein übrigens kurz gefasstes Leben des Ambrosius zum Danke verpflichtet; bedeutend bereichert er unsere Kenntniss allerdings nicht. Die Petition des Senats an Valentinian vom Jahre 384 und 391 wirft er unrichtig zusammen. Auch ist uns manches aus den Schriften des Ambrosius und anderen Quellen besser bekannt, als er es uns giebt.

Von den Schriften des christlichen Dichters Aurelius Prudentius [37]) Clemens kommen für uns nur die *Contra Symmachum libri duo* in Betracht, von denen das erste gegen das Heidenthum im Allgemeinen gerichtet ist, das zweite die einzelnen Behauptungen des Symmachus in seiner Relation bekämpft. Was sie für unsere Zeit bieten, ist äusserst geringfügig.

Für die Kenntniss des römischen Heerwesens im vierten Jahrhundert sind die IV. Bücher des Flavius Vegetius Renatus [38]) *epitoma rei militaris* [39]) durchaus unentbehrlich. Obgleich sich bestimmte Angaben über die Zeit des Vegetius weder in seinem

---

36) vgl. c. 21 u. 28.

37) vgl. Teuffel a. a. O. p. 1028 seq. Das Werk ist edirt von Ed. Alb. Dressel Lips. 1860.

38) Teuffel p. 1016 seq. Baehr III. p. 189. M. Planck der Verfall des römischen Kriegswesens am Ende des vierten Jahrh. p. Chr. in der Festschrift der Gymn. und Sem. Würtemb. zur vierten Säkularfeier der Univ. Tübingen. 1877.

39) ed. C. Lang.

Werke noch bei Andern finden, ist man doch allgemein der Ansicht, dass er der Zeitgenosse des Theodosius sci, und dass dieser
der *imperator invicte* ist, auf dessen Veranlassung er sich an die
Abfassung des Werkes machte und den er mehrfach anredet.
„Vegetius Werk erscheint als Nothruf eines wahren Patrioten, der
in der letzten Stunde es versucht, die Verirrten auf den rechten
Weg zurückzuführen."

Leider sind die Bemerkungen des Gothen J o r d a n i s [40]) über
Theodosius in seiner Gothengeschichte nur kurz. c. 27 und 28
(ed. Closs.) behandelt seine Regierungszeit; jedenfalls ist die Darstellung dem Theodosius günstig. Das kann nicht wunder nehmen, da „er nur in der friedlichen Einfügung des Gothenvolkes
in das römische Reich die Möglichkeit und Hoffnung einer ge-
deihlichen Zukunft für dieses erkennt" und Theodosius der erste
war, der diese Politik mit Bewusstsein anbahnte.

Bedauerlich ist es, dass die ἱστορία χρονική des J o h a n n e s
A n t i o c h e n u s [41]) von Adam bis zum Anfang des siebenten Jahrhunderts reichend, nicht vollständig auf uns gekommen ist. Er
lebte wahrscheinlich Mitte des siebenten Jahrhunderts. Die für
uns ·wichtigen Fragmente 186 und 187 zeigen, dass er nicht nur
den Socrates sehr genau benutzt und ausgeschrieben, sondern
auch noch das ganze Werk des Eunap in Händen gehabt hat.
Wenn nun aber Koecher p. 32 [42]) wegen einiger Ungenauigkeiten
m frg. 187 und der Erwähnung des Gebets des Theodosius vor
dem Entscheidungskampf mit Eugen vermuthet, dass Johannes
nicht die vollständige Ausgabe des Eunap, sondern die von einem
christlichen Buchhändler verstümmelte und interpolirte Editio vor
Augen gehabt habe, so kann mit besserem Rechte erwidert werden, dass jene Ungenauigkeiten und jene andere Stelle sehr gut
auf den Johannes selbst als den Urheber zurückgeführt werden
können. Denn schwerlich würde sich ein Interpolator mit so
kurzen Einschiebseln wie das vom Gebet des Theodosius begnügt
haben; vielmehr würde es ihm nahe gelegen haben, aus dem

---

40) Wattenbach a. a. O. p. 61.

41) Die Fragmente sind zuletzt edirt von Müller frgm. hist. Graec. IV.
vgl. dazu Jul. Wollenbergs excerpta ex Joanne Antiocheno im programme
du collège français Berl. 1861.

42) De Joannis Ant. aetate fontibus auctoritate diss. Bonnae 1871.

christlichen Autor, dem er jene Veränderung entnommen haben muss, den ganzen Schlachtbericht umzugestalten. Das hat er aber nicht gethan.

Aus noch späterer Zeit stammen die compilatorischen Werke des Theophanes[43]), Georgios Cedrenos[44]) und Nicephoros Callista (Xanthopylos)[45]), welche alle drei auf uns bekannten Quellen, dem Socrates, Sozomenus, Theodoret, Rufin, Philostorg beruhen. Theophanes behandelt in seiner von 284—813 reichenden Chronographie unsern Zeitraum am kürzesten. Cedrenos ist weit ausführlicher, aber er hat das grosse Material, das ihm zur Verfügung stand, nicht gehörig zu sichten verstanden und alles ungeordnet durch einander geworfen. Dahin gehört auch, dass er dasselbe Ereigniss doppelt erzählt und dass er sich selbst widerspricht, ohne Rücksicht auf die Chronologie hat er den immensen Stoff zurechtgeschnitten, denn des Maximus und Eugen Besiegung wirft er vollständig zusammen; ohne Kritik, denn er berichtet gläubig die Pilgerfahrt des Theodosius nach Jerusalem, indem er Verhältnisse seiner Zeit auf weit frühere überträgt. Nicephorus endlich giebt im 12. Buche seiner ἱστορία ἐκκλησιαστική die ausführlichste Darstellung. Selbständiges hat er nicht. Auch er hatte nur den auch uns bekannten Auszug des Philostorg in Photius Bibliothek vor Augen.

Die Chroniken des Prosper Aquitanus, des Spaniers Idacius[46]), des Marcellinus Comes[47]) und das chronicon paschale[48]) sind nicht nur für die Feststellung der Chronologie von Bedeu-

---

43) Nicolai Gesch. d. gr. Litt. p. 676. Er lebte im 9. Jahrh. vgl. Clint. I. p. 327.

44) Nicolai p. 677. Cedr. lebte im 11. Jahrh. Seine σύνοψις ἱστοριῶν ist ebenso wie des Teoph. χρονογραφία in der Sammlung der Byzant. Histor. von Niebuhr herausgegeben.

45) Nicolai p. 713. Clint. II. p. 149. p. 160. Er lebte crc. 1320. Seine ἱστ. ἐκκλησ. reichte in 18 Büchern bis 610. Ed. Fronto Ducaeus Paris 1630.

46) ed. Migne. vgl. Wattenbach I. p. 68. Sie sind an die Chronik des Hieronymus angeschlossen, der mit dem Jahre 379 endet. vgl. O. Holder-Egger im Neuen Arch. der Ges. für ält. deutsche Gesch. Untersuchungen über einige annalistische Quellen zur Gesch. des fünften und sechsten Jahrhunderts. 1876. I. 1.

47) vgl. ebendens. ebendort II. B. 1877.

48) vgl. Clint. II. p. 335; 209.

tung, sondern bieten auch manche guten Einzelheiten. Doch bringt das chronicon paschale mehrere völlig falsche Nachrichten.

Das *Theodosianische* Gesetzbuch — *codex Theodosianus* — wurde auf Veranlassung des oströmischen Kaisers Theodosius II. von zwei 429 und 432 eingesetzten Commissionen verfasst und 438 publicirt[49]). Es enthält alle seit Constantin dem Grossen von den Kaisern erlassenen Edicte und sonstige zur Nachachtung bestimmten Constitutionen in 16 Büchern, welche wieder stofflich in eine Reihe von Titeln zerfallen. Alle Verfügungen tragen vorn den Namen des Kaisers und den desjenigen, an den sie gerichtet sind, während am Ende das Datum, der Ort der Ausgabe und die Consuln des Jahres verzeichnet sind. In der Verfügung vom 21. Dec. 435[50]) heisst es zwar: *Quod ut (scil. jus) brevitate constrictum, claritate luceat aggressuris hoc opus et demendi supervacanea et adiicienda necessaria et mutandi ambigua et emendandi incongrua tribuimus potestatem* und wird somit der Commission die Erlaubniss ertheilt, überflüssiges zu beseitigen, anderes hinzuzufügen, überhaupt zu ändern, doch der hohe Werth, den der Codex als Rechts- und Geschichtsquelle hat, ist dadurch keineswegs gemindert. Mehr denn 500 Verfügungen der verschiedensten Art sind uns für die Zeit von 379—395 darin aufbewahrt und sind für uns um so wichtiger, als wir aus ihnen allein ganz gründlich die inneren Verhältnisse des zerfallenden Reichs erkennen können und an ihnen allein eine Wage haben, auf der wir die entgegengesetzten Urtheile der anderen Quellen abzuwägen vermögen. Nicht nur über das damalige Gerichtsverfahren geben sie Aufschluss, sondern vor allem werfen sie auf die derzeitige Verwaltung und Verfassung des röm. Reichs mit ihren unheilbaren Schäden ein grelles Licht. Sie zeigen die Bemühung des Theodosius überall helfend und schützend einzuwirken, wenngleich wir über das Mass der Möglichkeit ihrer Ausführung im Unklaren sind; sie zeigen zugleich die Politik des Theodosius in Religionsangelegenheiten, die schroffe Intoleranz des Jahrhunderts, welche sich sogar in den Worten ausdrückt. Endlich muss noch auf die sonderbare Sprache dieser Quelle aufmerksam gemacht werden, welche ihr so zu sagen eigenthümlich

---

49) vgl. Walter Gesch. d. röm. Rechts II. p. 35—37. Vogt p. 23.
50) L 1, 6.

ist: bald kurz befehlend, bald pathetisch und motivirend, bald, man möchte sagen, ironisch und an andern Orten wieder eine überraschende Humanität betonend [51]).

Um nun noch ein Wort von den älteren und jüngeren Bearbeitungen zu sagen, welche unsere Zeit behandeln oder in naher Beziehung zu ihr stehen, so hat Tillemont im V. Bande der *histoire des Emp. Rom.* und in den *mémoires pour servir à l'histoire ecclésiastique* eine mit dem emsigsten Fleiss zusammengetragene Stoffsammlung gegeben, deren Werth allerdings durch seine streng katholische Ueberzeugung beeinträchtigt wird. Trotzdem ist sie dem Forscher als Controlle unentbehrlich. Eine wirkliche Darstellung verdanken wir sodann dem Engländer Gibbon im VI. und VII. Bande seiner *Geschichte des Verfalls und Untergangs des römischen Reiches*, indess diese ist mehr künstlerisch als streng wissenschaftlich im heutigen Sinne. Ihn zog offenbar mehr als die Folge der Ereignisse der Geist der Zeit an, der Verfall des Heidenthums, die Entwickelung der Kirche. Ausserdem war, als er schrieb, zu einer Kritik der Quellen so gut wie Nichts gethan. Erst in den sechziger Jahren dieses Jahrhunderts erschien dann das (bereits im Vorwort besprochene) vortreffliche Werk H. Richters: *Das Weströmische Reich, besonders unter den Kaisern Gratian, Valentinian II. und Maximus.*

Was die übrige neuere Literatur betrifft, soweit sie auf den von uns behandelten Gegenstand näher eingeht, so ist besonders G. R. Sievers: *Studien zur römischen Kaisergeschichte* und derselbe: *Das Leben des Libanius* zu erwähnen. Das erstere Werk, welches wegen des Todes des Verfassers eine Vorarbeit bleiben musste, ist als Stoffsammlung mit Vortheil zu gebrauchen; nur ist eine gewisse Vorsicht bei seiner Benutzung nöthig, da sich wegen der mangelnden Ueberarbeitung zahlreiche Versehen, namentlich bei Anführung der Citate, finden. Des anderen Werkes dieses Verfassers ist hier Erwähnung zu thun wegen des XV. Abschnittes, in welchem der Aufstand von Antiochien ausführlich behandelt ist. Derselbe Gegenstand hatte schon vorher eine selbständige Darstellung erfahren durch A. Hug: *Antiochia und der Aufstand im J. 387 n. Chr. Winterthur* 1863. Trotzdem schien dieses Ereigniss zur Beleuchtung des Charakters des Theodosius zu wichtig, um in unserer Abhandlung ganz übergangen werden zu können.

Eingehender zu berücksichtigen war ferner E. v. Wietersheim: *Geschichte der Völkerwanderung* in 4 Bänden, deren letzter namentlich hier in Betracht kam, und das gleichbetitelte zweibändige Werk von Pallmann. Obgleich besonders der erstere Verfasser in seinem sehr weitläufig angelegten Werk, welches deshalb in der Darstellung einigermassen auseinanderfällt, die Regierung des Theodosius umfassender zu behandeln unternommen hat, so findet man bei ihm wie bei Pallmann, ihrer besonderen Aufgabe entsprechend, doch vorzüglich die Beziehungen des Kaisers zu den Gothen dargestellt, wobei der letztere in der Quellenforschung nicht immer gründlich genug erscheint.

Die reiche Literatur, welche wir über das Verhältniss des römischen Reiches zu den Germanen, ferner über Staats- und Privateinrichtungen desselben, zum Theil erst seit jüngster Zeit, von vorzüglichen Gelehrten besitzen, haben wir, soweit es uns möglich war, benutzt, um uns einen richtigen Einblick in die staatlichen Zustände des römischen Ostens in der von uns behandelten Zeit zu verschaffen.

In der Darstellung der kirchlichen Verhältnisse ist uns J. C. v. Hefele, *Conciliengeschichte* und A. F. Gfrörer, *Allgemeine Kirchengeschichte,* ebenso Schröcks und noch mehr Neanders *Allgemeine Kirchengeschichte* von Nutzen gewesen. Doch haben wir uns vielfach nur auf die Quellen gestützt, indem wir versuchten, von einem rein historischen und möglichst vorurtheilslosem Standpunkte den Kampf und die Führer der grossen religiösen Parteien dieser Zeit, sowie die Bedeutung des Theodosius nach dieser Seite hin zur Anschauung zu bringen.

Erster Theil.

Theodosius der Grosse bis zur Besiegung des Maximus.

Von

Dr. Julius Ifland.

Erster Abschnitt.

Theodosius vor seiner Erhebung zum Kaiser.

Erstes Kapitel.

Die Familie und Herkunft des Theodosius. — Das Jahr seiner Geburt. —
Seine Jugend. — Die ersten Kriegszüge. — Sein Sieg über die Sarmaten. —
Intrigue gegen ihn am Hofe. — Rückkehr nach Spanien. — Sein Leben als
Privatmann. — Seine erste Vermählung.

Unter den Kaisern Valentinian I. und Gratian war es
ein Spanier, der als General in römischen Diensten alle andern
Officiere überragte; schon äusserlich durch die Hoheit und Würde
seiner Erscheinung, noch mehr aber durch die Vorzüge seines
Charakters und durch seine ausgezeichnete militärische Begabung,
wie wir sie von nun an fast nur noch durch Germanen wie Bauto,
Arbogast, Richomer, Stilicho vertreten finden[1]).

Der Comes Theodosius war einer der letzten grossen Heer-
führer nicht germanischer Abkunft im römischen Reiche. Die
schwierigsten strategischen Aufgaben wurden seiner Umsicht und
Energie anvertraut. Er löste sie alle in der glücklichsten Weise.
Britannien eroberte er gegen die wilden Stämme der Pikten und
Skoten dem Reiche zurück. Die Piratenzüge der Sachsen beendete
er durch einen glücklichen Schlag wenigstens für einige Zeit. In
das alamanische Gebiet, welches immer neue Kriegsschwärme über
den Rhein sandte, gelang ihm ein erfolgreicher Einfall. Aber seine
glänzendste That wohl war die Niederwerfung der Empörung des
maurischen Vasallenkönigs Firmus, freilich mit einer Härte, die

---

[1] Pac. cap. VI. — Ammiani Marcellini rerum gestarum
liber XXVII, c. 8, 3 (ed. v. *Gardthausen*). Symm. epist. lib. X, 1 p. 385
(ed. J. Phil. *Pareus*).

nur durch den Geist jener Zeit entschuldigt wird, und mit der
uns allein die so umsichtige Verwaltung wieder aussöhnen kann,
wie sie Theodosius von Sitifis, der Hauptstadt des östlichen Mau-
retaniens aus, zur Wiederherstellung der Ordnung und zur Heilung der Wunden des gänzlich zerrütteten Landes in der Folge
ausübte [2]).

Aber gerade jetzt, während er die segensreichste Thätigkeit
für die Provinzen Afrika und Mauretanien entfaltete, ereilte ihn
sein Geschick. Theodosius hatte bald nach seiner Ankunft mit
unbestechlicher und schonungsloser Gerechtigkeitsliebe eines der
nichtswürdigsten Aussaugesysteme aufgedeckt, zu dem sich drei der
höchsten Vertreter der corrupten römischen Beamtenwelt zusam-
mengefunden hatten. Aber während zwei der Schuldigen, der
Comes officiorum Remigius und der Commissar Palladius, dem
ihnen drohenden schimpflichen Ende durch einen freiwilligen Tod
zuvorgekommen waren und so ihr Verbrechen gesühnt hatten, war
der schlimmste dieser Blutsauger, der Militärgouverneur von Afrika
Romanus, der verdienten Strafe entgangen. Dass dieser und
seine Partei am Hofe seitdem den Theodosius als Todfeind hasste
und im Bunde mit den Neidern, die ja einem vom Erfolg so be-
günstigten Feldherrn nicht fehlen konnten, dessen Sturz plante,
lässt sich schon der Natur der Sache nach mit grosser Wahrscheinlichkeit schliessen, wenn unsere Quellen hier auch nur einen
dürftigen Anhalt geben [3]). Ein Ausbruch seines furchtbaren Jähzornes bereitete bald dem Kaiser Valentinian zu Bregetio in
Pannonien (j. Comorn) ein jähes Ende (375). Seinem herben aber
geraden Charakter gegenüber hatte sich die Intrigue gegen den
verdientesten seiner Generale nicht hervorgewagt. Jetzt aber bot

---

2) Am glaubwürdigsten Amm. Marc. l. XXVII—XXIX; aber wichtig
auch Pac. V., dem Sievers: Studien z. röm. Kaisergesch. p. 286, wie
mir scheint, zu wenig Glauben beimisst. Claud. de III. consulatu Ho-
norii Aug. v. 52 ff. und de IV. cons. Hon. v. 24 ff. bestätigt zum Theil
dessen Angaben, obwohl seine Darstellung natürlich dichterisch ausge-
schmückt ist. Vgl. noch Pauli Orosii historia lib. VII c. 33 für den
Zug gegen Firmus und Symm. ep. X, 1 p. 355; X, 29 p. 400 und X, 64
p. 447. Die ausführl. Darstellung s. bei H. Richter: Das weströmische
Reich p. 369 ff.

3) Oros. VII c. 33 p. 551 sagt: *„instimulante et obrepente invidia"*.
cfr. Ambr. de ob. Theod. § 53.

ihr die Unselbständigkeit seines jugendlichen Sohnes und Nach-
folgers Gratian einen um so günstigeren Boden. Theodosius wurde
plötzlich verhaftet und eine Untersuchung gegen ihn eingeleitet.
Leider berichtet keine Quelle über die Ursachen und die Einzelheiten dieses Ereignisses. Wir kennen nur den tragischen Schluss
des Processes. Der Tod durch das Henkerbeil beendete noch in
voller Blüthe eines der ruhmvollsten Leben im römischen Reich.
Ein Anhänger des nicänischen Bekenntnisses hatte Theodosius
wie Constantin erst in den letzten Lebenstagen die sündentilgende
Taufe erhalten, und nach dem Glauben seiner Zeit dadurch der
ewigen Seligkeit versichert und seiner Unschuld sich bewusst, empfing er ruhig und gefasst den Todesstreich[4]).

Diesen wegen eines so schmählichen Endes eben so sehr be-
klagten, wie wegen der rühmlichen Thaten seines Lebens geprie-
senen General nun nennen uns die Geschichtsschreiber als den
Vater des Kaisers Theodosius des Grossen.[5]) Gegenüber den aus-
führlichen Nachrichten über denselben kennen wir dagegen von
der Mutter des Kaisers leider weiter nichts als den Namen Thermantia, der ausser durch Aur. Victor noch dadurch beglaubigt
wird, dass er in der Familie öfters wiederkehrt[6]).

Zum Theil noch dürftiger fliessen die Quellen über die Ge-
schwister des Kaisers. Es waren mehrere Brüder und eine
Schwester. Indes nur einer der Brüder ist uns etwas näher bekannt. Es ist Honorius, welcher mit einer Spanierin Maria aus
vornehmem Geschlechte vermählt war. Er starb noch vor dem
Regierungsantritte seines Bruders und hinterliess zwei Töchter
Thermantia und Serena. Ungleich berühmter als die ältere, die
sich einem nicht näher bekannten General vermählte, ist Serena,
welche von ihrem kaiserlichen Oheim adoptirt und nachher Ge-

---

4) Oros. VII c. 23.

5) Wenn in Victors epitome c. 48 angegeben ist, der Vater des
Theod. habe Honorius geheissen, so beweist ausser dem Zeugniss des
Pacatus, Symmachus, Orosius, Prosper noch unumstösslicher die
Inschrift bei Orelli: Inscript. Latin. num. 1126, dass diese ganz allein
stehende Abweichung sicher unrichtig ist. Die Vermuthungen, wie der
Epitomator zu seiner merkwürdigen Angabe gekommen sei, sind ebenso
vielartig wie unfruchtbar.

6) Vgl. Aur. Vict. c. 48. Eine Enkelin (Tochter des Honorius) und
eine Urenkelin von ihr (Tochter der Serena und des Stilicho) führen
gleichfalls diesen Namen.

mahlin des grossen Ministers und Feldherrn Stilicho wurde[7]). Auch die Schwester des Kaisers war vermählt, und es zeugt für die innige Liebe, welche Theodosius mit ihr verband, dass er, als sie starb, auch ihre verwaisten Kinder, wie die Töchter des Honorius zu sich nahm und wie seine eigenen erziehen liess[8]). Länger als diese, nämlich noch im Jahre 384, lebten einige ältere Brüder des Kaisers, denen Symmachus, der Stadtpräfekt von Rom, im Falle der kaiserlichen Erlaubniss das Decret zuzusenden beauftragt war, durch welches der Senat die Errichtung eines Reiterstandbildes ihres Vaters für dessen Verdienste um Britannien und Afrika angeordnet hatte[9]). Von sonstigen Verwandten des Kaisers, deren Aur. Victor gedenkt[10]), wird näher nur ein Oheim erwähnt, Namens Eucherius, ein Bruder seines Vaters, den Theodosius selbst wie seinen Vater ehrte und im J. 381 durch das Consulat, die höchste Würde nach der kaiserlichen, auszeichnete[11]).

Schon der Comes Theodosius, der Vater des Kaisers, war wahrscheinlich aus Cauca[12]). Wenigstens war er hier ansässig, und von seinem Sohne Theodosius berichten es Zosimus und Idacius[13]) bestimmt, dass diese kleine spanische Landstadt sein Ge-

---

7) Diese Angaben werden belegt durch Zosimus l. IV c. 57 u. l. V, 4. Claud. Laus Serenae v. 69; ibid. 104 ff.; ibid. 117 ff.; ibid. 186. Frg. Hist. Graec. ed. Müller IV. p. 58.

8) Aur. Vict. c. 48.

9) Symm. ep. X, 64 p. 447. Vielleicht waren es nur Halbbrüder des Theod. aus einer ersten Ehe seines Vaters, die auch nach 379 in Spanien blieben.

10) Auc. Vict. epit. c. 48.

11) Der Name folgt aus Themistii orat. XVI. p. 249 in Verbindung mit den Consularverzeichnissen für das J. 381 u. mit Zos. V, 2 wo θεῖος wohl für Gross-Oheim stehen kann. Ganz unbezweifelt ist die Schlussfolgerung allerdings nicht. Vgl. noch Aur. Vict. c. 48 und Pac. c. XLI. Der im Codex Theodosianus: L. X, 20, 9 (ed. G. Hänel Bonn. 1842) erwähnte Eucherius, der 380 wahrscheinlich Proconsul von Afrika war, könnte wohl mit dem genannten identisch sein.

12) Zos. IV, 24. Idac. chron. I. Damit stimmt überein, wenn Soz. l. VII c. 2 den Theod. aus der Nähe der Pyrenäen gebürtig nennt.

13) *Cauca* nach Zos. IV, 24 in Καλλέγια nach Idac. chron. in *Gallaecia* (inschriftl. auch *Callaecia* genannt, vgl. Corp. Inscript. Latin. Vol. II n. 2422) lag genauer bestimmt im Gau der Vaccäer (cfr. Plin. hist. nat. 3, 3, 26. Ptolem. 2, 6, 50. Appian. Iber. 51, 89) unfern von Segovia, am Eresma, einem linken Nebenflusse des Durius (j. Duero) und gehörte zum Gerichtsbezirk von Clunia. Heute wird seine Lage

burtsort war [14]). Das Geschlecht, dem er entstammte, gehörte zu den edelsten Spaniens [15]), dessen Ansehen besonders durch die ruhmvollen Thaten seines Vaters vermehrt wurde [16]). Wenn Themistius, Victor und Claudian [17]) den Stammbaum des Theodosius über drei Jahrhunderte hinweg an den seines Landsmannes, des grossen Ulpiauers Trajan anknüpfen, so beweist schon Pacatus [18]), welcher, obgleich Lobredner, bei diesem Punkte nichts anzugeben weiss, als dass Theodosius aus Spanien stamme, ebenso wie Trajan und Hadrian, dass dies auf Kosten der Wahrheit, um dem Kaiser zu schmeicheln, geschehen ist. Noch entscheidender widerlegen diese Angaben die Inschriften und Münzen aus der Zeit des Theodosius, bei denen sich niemals ein anderer Zusatz zu seinem Namen findet als Flavius, ein Beiname, der seit Constantin von den Kaisern wie eine Art Titel angenommen zu werden pflegte [19]).

Wenngleich es im Allgemeinen nicht von besonderem Belang sein mag, so ist es für die monographische Darstellung doch zu beklagen, dass sich der Tag, an welchem Theodosius geboren ist,

---

durch den unbedeutenden Ort Coca bezeichnet. Cfr. Geogr. Rav. 4, 44, p. 312. 21. — Itiner. p. 435, 4.

14) Diese Angabe verdient ungleich mehr Glauben als die in Marcellini comitis chronicon angeführte, der zufolge Theod. aus Italica bei Sevilla, der Geburtsstadt Trajans, sein soll. Denn einmal ist Idacius selbst Spanier und sogar ebenfalls aus Gallätien, aus der kleinen Stadt Lemica, nur etwa 30 Meilen von Cauca entfernt. Dann aber wäre es auch merkwürdig, dass sich die übrigen Geschichtsschreiber, besonders die Lobredner des Kaisers, eine derartige Beziehung zu Trajan hätten entgehen lassen, wenn sie nicht der Begründung entbehrte, da sie sonst mit einer gewissen Vorliebe Aehnlichkeiten zwischen Theodosius und Trajan aufzufinden bemüht sind. Vgl. z. B. Oros. VII, c. 34.

15) Sozom. VII, 2. Theodor. l. V. c. 5. — Pac. c. V u. c. XXXI.

16) Symm. ep. X, 29.

17) Them. or. XVI, p. 250. Ὁ σὸς πρόγονος; Id. or. XIX, p. 279 ἀλλ' οὐ Τραϊανόν γε οὐδὲ Μάρκον οὐδὲ Ἀντωνῖνον, τοὺς σοὺς πολίτας καὶ ἀρχηγέτας. — Aur. Vict. c. 48 originem a Trajano principe trahens. Claud. III. cons. Hon. v. 190. — IV. cons. Hon. v. 19. *Ulpia progenies.* VI. cons. Hon. v. 334.

18) Pac. c. IV. Haec (Hispania) Trajanum illum, haec deinceps Hadrianum misit imperio, huic te debet imperium.

19) Corp. inscript. Lat. Vol. II. n. 483; Vol. III n. 19; Vol. V. n. 3332 und n. 8058 (TEUD[O]SIO) etc. — Ferner: Vol. VI. n. 1165 und n. 1186 (FL. THEODOSIO). Für die Münzen vgl. H. Cohen. Descript. hist. des Monnais. Tom. VI p. 451 ff. Dazu Taf. XVI.

bisher in keiner Weise bestimmen lässt[20]). Selbst für das Jahr seiner Geburt sind wir einigermassen in Verlegenheit, da es nur durch Rückschlüsse aus Angaben über sein Alter festgesetzt werden kann. Indes ist die Annahme im Ganzen wohl gesichert, nach welcher Theodosius im J. 346 geboren ist[21]).

Seine Jugendjahre bis zum angehenden Jünglingsalter verlebte er in dem heimathlichen Spanien. Dass bei seiner Erziehung nicht gerade auf eine gelehrte Bildung gesehen wurde, erfahren wir von Aur. Victor. Ein gesunder Verstand aber

---

20) Den einzigen leider nicht genügenden Anhalt bieten Cod. Theod. VI, 29, 6 vom 3. Febr. 381, wo verordnet wird, dass die Abtheilungschefs des Corps der Feldjäger (principes officiorum agentium in rebus) und die kaiserlichen Visitationscommissäre (curiosi) am Geburtstage des Kaisers in die Provinzen auf 1 Jahr abgehen sollen, und Cod. Theod. XV, 5, 2 v. 20. Mai 386, durch welches den Richtern der Besuch der Theater und öffentlichen Spiele untersagt wird ausser am Tage der Geburt und des Regierungsantritts des Kaisers.

21) Diese Annahme stützt sich in erster Linie auf Aur. Vict. c. 48, welcher angibt, dass Theod. bei seinem Regierungsantritt 33 Jahre gewesen sei. Damit stimmt dann vollkommen, wenn ihn Rufin lib. II c. 14 im J. 379 virum annis maturum, Pac. c. III am Schl. cui aetas integra contigisset (Id. c. VII sagt: cum ductam esse rationem ipsorum etiam videamus annorum, näml. bei der Wahl des Theod.) Prosp. Aquit. chron. I probatae aetatis virum nennt. Ebenso steht im vollkommenen Einklange die zweite Angabe bei Vict. c. 48 a. Schl., wonach er annum agens quinquagesimum, starb (395). Denn Vict. theilt mit vielen andern Quellen die Ungenauigkeit, die Regierungsdauer des Theod. auf 17 statt auf 16 Jahre anzugeben. Wenn Amm. Marc. 29, 6, 15 den Theod. im J. 374 bei seinem ersten Siege noch einen Milchbart (prima etiam lanugine juvenis) nennt, so sehe ich darin nur einen Ausdruck, der ihm im Hinblick auf die eines alten erprobten Feldherrn würdige That entfällt und der in diesem Sinne im Munde des alten Soldaten recht wohl auch noch auf den 28jähr. Theod. passt, während an einen 17- oder 18jähr. Sarmatenbesieger gewiss nicht gedacht werden darf. Dagegen weichen direct von dieser Zeitbestimmung ab: Socr. V, 26; Sozom. VIII, 1, u. Philost. l. XI c. 2 (ed. W. Reading Cambridge. 1720), welche das Alter des Kaisers bei seinem Tode auf 60, der letztere sogar auf 65 Jahre angeben, wonach er also 335 oder schon 330 geboren wäre. Die histor. Unwahrscheinlichkeit dieser Angabe ergibt sich aus der Ueberlegung, dass dann der Kaiser sich im Alter von 53 oder gar 58 Jahren noch einmal vermählt hätte und dass der Vater desselben bei seiner Hinrichtung bereits ein Greis von nahezu oder über 70 Jahren gewesen sein müsste.

und Interesse auch an geistigen Dingen war ihm nicht versagt[22]).
Unter den günstigsten Bedingungen indes war es dem jungen vornehmen Spanier vergönnt, sich zu seinem eigentlichen Lebensberuf,
zu dem des Soldaten auszubilden. Hier hatte er in der Person seines eigenen Vaters den vorzüglichsten Lehrer, und wir
finden in der That schon 367 auf jener Expedition des Comes
Theodosius gegen die Pikten und Skoten den jugendlichen Sohn
als tapfern Mitkämpfer desselben[23]). Unter Fellzelten zugebrachte
Winter, heisse Kriegssommer, im Kampf und auf Wache verlebte
Tage und Nächte, zu Land und zu Wasser durchgemachte schwere
Kämpfe füllten nach der Schilderung des Pacatus die folgenden
Jahre des Theodosius aus[24]) und gaben ihm Gelegenheit, seine
kriegerische Ausbildung zu vervollständigen.

Eine auffallend rasche Beförderung kann nicht Wunder nehmen, wo neben persönlicher Tüchtigkeit und einer glänzenden Erscheinung[25]) die hohe Stellung seines Vaters und die Gunst, in
welcher dieser bei Valentinian I. stand, dem jungen Offizier zur
vorzüglichen Empfehlung gereichten. So finden wir denn schon
um das Jahr 374 den noch nicht Dreissigjährigen mit dem selbständigen Commando von Obermösien betraut. Indes er rechtfertigte sehr bald das kaiserliche Vertrauen aufs glänzendste und
zeigte, dass er trotz seiner Jugend nicht unverdient einen so wichtigen Posten bekleidete.

Nicht lange vorher war von Marcellian, dem Commandeur in
der pannonischen Uferlandschaft, eines jener Verbrechen verübt
worden, von denen man nicht weiss, ob sie mehr wegen der
grenzenlosen Kurzsichtigkeit oder wegen der abscheulichen Ehrlosigkeit, die sich in ihnen offenbart, verachtet werden müssen. Der
Quadenkönig Gabinius, welcher arglos einer Einladung des treulosen Römers über die Donau gefolgt war, war meuchlerisch an
dessen Tafel ermordet worden, während die Provinz wegen der
afrikanischen Expedition gegen Firmus von Truppen fast entblöst
war. Die Folge war natürlich einer jener verheerenden Barbaren-

---

22) vgl. Aur. Vict. c. 48.
23) Pac. c. VIII.
24) Ibid. Der Lobredner schmückt natürlich die Thatsachen aus.
Die Kriegstüchtigkeit aber, die allgemein an Theod. als Kaiser gerühmt
wird, hat er sich sicher nicht im trägen Garnisonsleben erworben.
25) Pac. c. III; Them. XIV, 222. Id. XIX p. 283—84.

einfälle, unter denen die römischen Grenzprovinzen so unendlich litten, in diesem Falle doppelt schrecklich wegen der Wuth des aufs äusserste erbitterten Quadenvolkes und wegen der Feigheit, mit welcher nun Marcellian die unglücklichen Provinzialen ihrem Geschick überliess.

Die Hoffnung eines ähnlichen Erfolges reizte damals auch die Sarmaten zu Einfällen, und während einer ihrer Stämme sich den in Pannonien hausenden Quaden anschloss, brachen andere, welche Ammian „*die Freien*“ nennt, in Mösien ein, um dieser Provinz ein gleiches Schicksal zu bereiten. — Theodosius hatte nur eine geringe Truppenmacht zur Verfügung, aber er besass die militärischen Eigenschaften, um auch mit geringen Mitteln viel auszurichten; Umsicht und Entschlossenheit. Wiederholt warf er die sarmatischen Kriegsschwärme zurück und brachte ihnen grosse Verluste bei. Ein Zug, welcher so oft hervortritt, wo rohe Völker sich unerwartet einer überlegenen Intelligenz gegenübersehen, war auch die Folge dieser glücklichen Treffen. Die stürmische Tapferkeit der wilden Schaaren schlug plötzlich um. Ein nicht zu überwindendes Gefühl der Unsicherheit und Verzagtheit legte sich mit einemmale auf diese sonst so furchtlosen Gemüther. Sie liessen, und ebenso die Quaden, bei denen die gleiche Stimmung Platz gegriffen zu haben scheint, nicht nur von jedem weiteren Angriff ab, sondern baten auch, als der Kaiser Valentinian im Frühjahr 375 selbst in Pannonien ankam, in mehr als demüthiger Weise um Frieden [26]).

Doppelt glänzend trat dieser ausgezeichnete Erfolg des Dux von Mösien gegenüber der elenden Haltung des Gouverneurs von Pannonien hervor und diente dazu, seinen Namen allgemein bekannt und beliebt zu machen.

Wie indes der Regierungswechsel, welchen der kurz darauf eintretende Tod Valentinians I. veranlasste, für das Schicksal seines Vaters so verhängnissvoll wurde, so hatte er auch für Theodosius selbst die nachtheiligsten Folgen. Auch auf seinen aufblühenden Ruhm sah die Partei, welche seinen Vater gestürzt hatte, mit scheelen Augen. Nachdem der Comes Theodosius aus

---

26) Vgl. Amm. XXIX, 6, 15. Kürzer auch Zos. IV, 16 und erwähnt bei Them. Or. XV, 242. Vgl. dazu H. Richter p. 400 ff. besonders auch für das Verhältniss der beiden sarmat. Stämme zu einander.

dem Wege geräumt war, sollte auch der Sohn in seinen Sturz
verwickelt werden, da er das Verbrechen des Vaters theilte, sich
vor allen übrigen auszeichnen zu wollen [27]). Theodosius bemerkte
noch zeitig genug die veränderte Stimmung gegen sich am Hofe.
Zwar konnte er mit ruhigem Gewissen einer Untersuchung entgegensehen, aber das Beispiel seines unglücklichen Vaters bewies
ihm aufs nachdrücklichste, ein wie unzureichender Schutz Unschuld allein der Verläumdung gegenüber sei. Deshalb zog er
es vor, freiwillig aus dem Staatsdienste zu scheiden und sich in
die Verborgenheit seiner Heimath zurückzuziehen, bis eine günsti-
gere Gelegenheit ihm wieder hervorzutreten erlaubte [28]).

So finden wir ihn um das Jahr 376 wieder in Spanien, wo
er als Privatmann abwechselnd auf seinen Gütern und in den benachbarten Städten lebte. Seine Zeit, so schildert Pacatus, füllte
er aus, indem er, der Meister in der Kriegskunst, nun auch in der
Civilverwaltung Erfahrungen sammelte. Seinen städtischen Aufenthalt, wahrscheinlich während der Winterszeit, benutzte er zugleich, sich Leute jedes Standes durch alle möglichen Wohlthaten
zu verbinden, während er, um Körper und Geist frisch zu erhalten, auf seinen Gütern das thätige Stillleben eines einfachen Grund-
besitzers führte [29]).

Diese regelmässige Thätigkeit, welcher er eine rasch zunehmende Beliebtheit auch bei seinen Landsleuten, wie eine Vermeh-
rung seiner Einkünfte verdankte, wurde auf kurze Zeit durch seine
Vermählung mit Aelia Flaccilla [30]) unterbrochen, der Tochter eines

---

27) Ambr. de obit. Theod. § 53 p. 1213 'quando insidiabantur ejus
saluti, qui patrem ejus triumphatorem occiderant'; Theod. V, 5 καὶ τούτου
χάριν (wegen seiner persönlichen Tüchtigkeit und seines Ruhmes) ὑπὸ
τοῦ φθόνου τῶν ὁμοτίμων βαλλόμενος. Nicephori histor. eccles. XII, 1
p. 222 b. und Ambros. vita graeca 8 sind nur aus Theodoret ausgeschrieben.

28) Pac. c. IX; Theodor. V, 5; Niceph. XII, 1 p. 222.

29) Pac. c. IX; Vgl. H. Richter p. 408.

30) So AELFLACCILLAAVG (Aelia Flaccilla Augusta) wird sie
stets auf den Münzen genannt cfr. Cohen. Tom. VI p. 462, Taf. XVI. Ebenso
nennen sie richtig: Ambr. de obit. Theod. § 40 p. 1209; Claud. de nupt.
Hon. et Mar. v. 43; Id. Laus Ser. v. 69 und v. 137. — Von den Griechen
ist der Name etwas für die griechische Zunge geändert in Φλακίλλα:
Chron. Alexandr. z. J. 385 oder Πλακίλλα: Socrat., Sozom., Theodor.,
Zosimus, Theophanes, Cedren, Nicephorus. Daneben findet sich, aber

vornehmen spanischen Geschlechtes und, wie er selbst und seine Vorfahren, der nicänischen Lehre eifrig zugethan [31]). Von ihrer Familie ist uns Niemand als ihr Vater Antonius bekannt, welchen der Schwiegersohn nachmals als Kaiser mit derselben Auszeichnung ehrte, wie seinen Oheim, indem er ihm für das Jahr 382 das Consulat übertrug [32]). Zwei Kinder wurden dem Theodosius von seiner Gemahlin in Spanien geboren [33]). Aber wohl nur den Erstgeborenen Arkadius konnte die Wärterin dem glücklichen Vater in die Arme legen. Als dagegen seine Tochter Pulcheria das Licht der Welt erblickte, weilte der tapfere Mann wahrscheinlich schon wieder im fernen Osten an den Ufern der Donau, um eine der furchtbarsten Gefahren zu beschwören, welche je das römische Reich bedroht hatten.

---

durchaus unrichtig, in späten Quellen Πλακίδια: Nicephori chronographia; Malal. Chronogr; wie es scheint in Verwechslung des Namens mit dem der geschichtlich viel bekannteren Γάλλα Πλακίδια, der Tochter des Theod. aus zweiter Ehe. Ob Flaccilla, wie der Zusatz AEL. anzudeuten scheint, aus der gens Aelia stammte, welcher Hadrian angehörte, lässt sich nicht näher nachweisen. Vielleicht erklärt sich durch diese Verbindung die angebliche Abstammung des Theodosius von Trajan und Hadrian. S. Anm. 17.

31) Wenn Socr. VI, 23 in seiner Angabe über das Alter des Arcadius genau ist, so muss die Vermählung noch Ende 376 oder wenigstens Anfang 377 stattgefunden haben. Dies ist auch am wahrscheinlichsten. Denn sie vor das Jahr 367 zu setzen, ist wegen des damals noch sehr jugendlichen Alters des Theodosius nicht thunlich. Da derselbe ferner zwischen den J. 367 und 376 jedenfalls nicht wieder in Spanien gewesen ist, kann man auch an diese Zeit nicht denken. Sie aber viel später zu setzen, verbietet Claud. Laus. Ser. v. 111—113 und Niceph. h. eccl. XI, 33.

32) Dies folgt aus derselben Stelle des Them. or. XVI p. 249, aus welcher sich schliessen lässt, dass Eucherius der Oheim des Theod. ist. S. Anmerk. 10 und vgl. Tillemont: hist. des Emp. Rom. Tom. V Note IV sur Théodose.

33) Aus Claud. Laus. v. 111 ff. folgt, dass Theod. bereits mehrere Kinder hatte, als er zur Regierung gelangte und dass er dieselben aus Spanien nachkommen liess. Die Verse lauten:

Denique cum rerum summas electus habenas
Susciperet, non ante suis impendit amorem
Pignoribus, quam te (Serenam) pariter fidamque sororem
Litus ad Eoum terris acciret Iberis.

Es können dies nur Arcadius und Pulcheria gewesen sein, da

Zweites Kapitel.

Die Folgen der Schlacht bei Hadrianopel. — Theodosius zurückberufen und
als Oberbefehlshaber gegen die Barbaren geschickt. — Er besiegt die Sarmaten.
Seine Ernennung durch Gratian zum Augustus.

Etwa um dieselbe Zeit oder noch etwas früher, als Theodosius das Loos einer freiwilligen Verbannung gewählt hatte, war
vom fernen Osten her der Sturm der hunnischen Wanderung gegen den Westen losgebrochen. Unaufhaltsam riss er die Völker,
auf die er stiess, in seinen Wirbeln mit fort, oder jagte sie vor
sich her, und von seiner unwiderstehlichen Gewalt getrieben bran-
dete die Völkerfluth in mächtigen Wanderzügen wie 'in gewaltigen
Wogen gegen die morschen Schranken des römischen Reiches.
Einem der mächtigsten dieser Völker, dem der Westgothen, hatten sich auf seine Bitten diese Schranken freiwillig geöffnet; und
wohl hätte die jugendfrische Naturkraft dieser Germanen als ein
tarker und sicherer Schutz dem altersschwachen Reiche zum
grössten Nutzen gereichen können. Allein auch hier war es die
Nichtswürdigkeit des römischen Beamtenthums, welche diese Hoffnung in das schlimmste Gegentheil verwandelt, die friedliche Gesinnung der Aufgenommenen in gährende Erbitterung verkehrt,
die besten Hüter des Reiches zu den furchtbarsten Angreifern gemacht hatte. Gegen die unerträglichen Bedrückungen 'dieser Blutsauger hatten plötzlich die Gothen wieder zu den treuen Waffen
gegriffen, welche ihre Schlauheit den von Habsucht verblendeten
Römern abgewonnen hatte. Mächtige Ostgothenschwärme hatten
sich jetzt mit ihnen vereinigt. Ihrem zum äussersten gereizten
Grimme war Valens, der Augustus des Orients, bei Hadrianopel
mit seiner Macht erlegen.

Ungehemmt hatte sich nun die mächtige Völkerwoge, die
Westgothen unter dem genialen Fritigernes, die Ostgothen unter
ihren Führern Alatheus und Safrax, über die östlichen Provinzen
ergossen. Bis zu den Thoren Constantinopels drangen in den
Tagen nach der Schlacht die truppweise herumschwärmenden und
plündernden Barbaren. Mehrere Ausfälle, zu denen Domnica, die
Gemahlin des gebliebenen Kaisers, die Bürger mit Hülfe von Sold-

---

Flaccilla ausserdem nur noch dem Honorius das Leben schenkte.
Greg. Nyss. de fun. Plac. oratio.

zahlungen bewog, vor allem aber die mit hunnischer Wildheit ausgeführten Reiterangriffe einer Schaar fast nackter Sarazenen, welche Valens aus dem Orient mitgebracht hatte, verscheuchte dann die kecken Feinde wenigstens aus der Nähe der Hauptstadt [1]). Schlimmer fast als diese auf dem platten Lande hausten unterdes die Reste des oströmischen Heeres in den festen Städten Thraciens und Macedoniens, hinter deren Mauern sie sich allein sicher fühlten. Gratian, der jugendliche Beherrscher Westroms, war herbeigeeilt. Aber er war zu spät gekommen, um durch seine Hülfe die gewaltige Katastrophe abwenden zu können. Nun stand er in Pannonien machtlos dem entfesselten Sturme gegenüber. Das Drangvolle seiner Lage wurde noch durch die Nachrichten aus dem Abendlande vermehrt, nach denen die Alamannen über den Rhein nach Gallien einzubrechen und so seinem Reichstheil dasselbe Schicksal zu bringen drohten, welches die Gothen jetzt den östlichen Ländern bereiteten [2]).

So war das Bild, welches der römische Osten in der zweiten Hälfte des Jahres 378 darbot, in seiner Trostlosigkeit die dunkeln Zeiten des römischen Kaiserthums unter Decius und seinen Nachfolgern noch überbietend. Inmitten dieser verzweiflungsvollen Zustände und unter dem Drange der Noth nun war es, wo keine jener Verdächtigungen, die einst der Neid erfunden hatte, den von allen Seiten bedrängten Gratian länger zurückzuhalten vermochte, dem Reiche die erprobte Kraft eines Mannes zurückzugeben, über dessen Verdienste und militärische Tüchtigkeit nur eine Stimme war. Theodosius wurde aus Spanien zurückberufen. Bereits in den letzten Monaten des Jahres 378 finden wir ihn wieder an der Donau, in der Nähe der Gegend seines ersten Sieges, im Felde. Gratian hatte ihm bei seiner Ankunft ein Zeichen seines völligen Vertrauens gegeben, indem er den Oberbefehl über die von ihm zusammengezogenen Truppen an ihn übertrug. Demgegenüber konnte Theodosius keinen andern Gedanken ha-

---

1) Amm. XXXI, 16, 5; Socr. VII, 1; Theophanis chronographia Bd. I p. 103.

2) Vgl. Soz. VII, 2; Niceph. hist. eccl. XII, 1; Pac. c. XI. Für die hier berührten Ereignisse im Allgemeinen vgl. Jordanis: de Getarum sive Gothorum origine et rebus gestis c. XXIV—XXVI. Zos. IV, c. 20—24. — Amm. XXXI, 3 ff. Ausführlich dargestellt bei H. Richter p. 453 ff.

ben, als so bald wie möglich zu zeigen, dass er dieses Vertrauens
würdig sei.

Es waren seine alten Gegner, die Sarmaten, welche ihm auch
jetzt wieder die erste Gelegenheit boten, seine Kriegstüchtigkeit
in glänzender Weise zu zeigen. Auch sie waren durch den von
Osten kommenden und sich immer weiter fortpflanzenden Stoss
der Völkerwanderung aus ihren alten Sitzen aufgescheucht worden[3]) und hatten, diesmal widerstandslos, die Donau überschrit-
ten, um, wie alle diese Völkerschaften, zunächst plündernd die
nächsten römischen Landschaften zu durchschweifen, bevor sie zu
dauernder Niederlassung von dem Boden selbst Besitz ergriffen.
Ihnen galt der unerwartete Angriff des Theodosius gegen Ende
des Jahres 378. Durch eine geschickte Aufstellung ersetzte er,
was ihm an Anzahl und Tüchtigkeit der Truppen abging. Sein
Beispiel feuerte auch den letzten Soldaten an. Die Sarmaten erlitten eine entscheidende Niederlage. Zusammengedrängt hieben
sie selbst aufeinander los. Eine grosse Zahl wurde niedergemacht. Der Rest suchte in bestürzter Flucht über die Donau zu
entkommen[4]).

So war ein Erfolg errungen, der zwar die Lage der Dinge
an sich nur wenig änderte, denn nach wie vor blieben die Gothen
und der Schwarm der kleineren Völker im ungestörten Besitz der

---

3) Nach Amm. XXI c. 4 durch den Ostgothenherzog Athanarich,
welcher in dem „Caucaland" genannten Theile des karpath. Hoch-
gebirges mit den Seinen Zuflucht suchte.

4) Ich bin mir sehr wohl bewusst, dass man gegen den sichern
Ton der Darstellung, soweit sie diesen Sarmatensieg betrifft, mit Recht
Einwendungen machen kann. Er stützt sich wesentlich nur auf Theod.
V, 4 und dessen späteren Ausschreiber Niceph. h. eccl. XII, 1, 222c.,
und Baronius in seinen Annalen z. J. 379, *Gibbon*: *Geschichte des
Verfalls und Untergangs des römischen Reiches. Th.* 6 p. 398 (übersetzt
von G. Schreiter 1790), v. Wietersheim IV p. 116 halten ihn in diesem
Jahre oder überhaupt für unhistorisch. H. Richter bekämpft zwar diese
Ansicht sehr energisch, s. B. II, c. 4 Note 26, deutet indes die schon
von dem sorgfältigen Tillem. Note XIII sur Grat. beigebrachten bezüglichen Stellen bei Themist. Or. XIV. p. 224 und Pac c. X, wie mir
scheint, doch zu sicher auf den von Theodosius erwähnten Sieg. Immerhin
können wenigstens die betreffenden Stellen, vgl. dazu noch: Synesius
de regno p. 5 (ed. Petavius 1633), in diesem Sinne bezogen werden,
und das Stillschweigen der übrigen Quellen kann bei der innern Glaubwürdigkeit des Ereignisses nicht massgebend sein.

occupierten Provinzen, der aber von grösster Bedeutung war als der erste Lichtblick in dem völligen Dunkel der damaligen römischen Zustände und vor allem als das entscheidende Moment für die Erwägungen und Entschlüsse Gratians. Theodosius verfolgte seinen Sieg vorläufig nicht weiter. Schon die Minderzahl seiner Truppen und die sehr vorgerückte Jahreszeit musste ihn von grösseren Operationen für jetzt abhalten. Er liess seine Truppen in den benachbarten Städten Winterquartiere beziehen. Er selbst aber versagte sich die Genugthuung nicht, in eigener Person dem Kaiser die Botschaft des von. ihm errungenen Sieges zu überbringen. Es zeugt von der völligen Hoffnungslosigkeit, in welcher man sich am kaiserlichen Hoflager zu Sirmium befand, dass Theodosius für seinen Siegesbericht hier zunächst keinen Glauben finden konnte. Vielmehr suchten seine Neider sogar den Argwohn zu erregen, er sei feige geflohen und habe sein Heer im Stich gelassen; ein Beweis, wessen der erbärmliche Sinn dieser Höflinge selbst fähig war. Aber diesmal hielt ihnen ihr Gegner unerschütterlich Stand. Entrüstet forderte er vom Kaiser, durch eine Commission an Ort und Stelle den Thatbestand feststellen zu lassen, während er selbst bis zu deren Zurückkunft im kaiserlichen Hoflager verblieb. Seine Rechtfertigung war so glänzend, wie er sie nur verlangen konnte. Die zurückkehrenden Boten erzählten von Tausenden erschlagener Barbaren, von deren Körpern und Waffen sie das Schlachtfeld bedeckt gefunden hätten [5]).

Da erkannte Gratian, dass in Theodosius ein Augustus für den römischen Orient gefunden sei, wie er ihn seit dem Tode seines Oheims Valens vergeblich gesucht hatte, um der zu schweren Bürde der Verwaltung und Vertheidigung des gesammten Reiches ledig zu werden. Er war edel genug, zum Besten des Reiches die persönliche Beschämung nicht zu scheuen, welche doch gewiss damit verbunden war, als er dem, welchen er bisher verkannt hatte, nun als dem Tüchtigsten und Würdigsten öffentlich zu Sirmium den kaiserlichen Purpur anbot [6]). Pacatus versichert uns, dass sich Theodosius lange und nicht blos zum Scheine ge-

---

· 5) Auch hier stützt sich unsere Darstellung auf die oben angeführten Stellen bei Theodor. und Niceph. und unterliegt daher derselben Entscheidung, die man über den Bericht von dem Siege des Theodosius fällen will.

6) Pac. c. XI *publice et in comitio.*

weigert habe, die schimmernde Würde anzunehmen, und begreiflich genug kann eine derartige Weigerung bei der damaligen Bedrängniss des Orients erscheinen, wo die Perlenbinde, das Abzeichen der Imperatoren, eher mit einer Dornenkrone zu vergleichen war als mit einem kaiserlichen Diadem [7]). Aber mag Theodosius auch wirklich ernstlich geschwankt haben, das Bewusstsein seiner Fähigkeiten, sein Kraftgefühl und sein hochstrebender Sinn konnten dieses Schwanken endlich doch nur nach einer Seite entscheiden und nach dieser entschieden sie es in der That.

Er nahm auf wiederholtes Bitten und Drängen Gratians die dargebotene Würde an.

Am 19. Januar 379 erfolgte zu Sirmium in Pannonien seine feierliche Proclamierung zum Augustus des Orients [8]). Der Senat von Constantinopel beeilte sich gleichfalls die Wahl des neuen Herrschers anzuerkennen [9]).

Die Theilung des Reiches beliess Gratian dem neuen Mitregenten gegenüber im wesentlichen so, wie sie bereits unter Valens bestanden hatte, indem Theodosius dessen ganzen Reichstheil, somit, ausser Aegypten und den Landschaften der mittelmeerischen Ostküste, ganz Kleinasien und in Europa die Diöcese Thracien (das

---

7) Ibid. . Vgl. auch Claud. IV. cons. Hon. v. 45—48; Ambros. de obit. Theod. p. 1213.

8) Tag und Ort bei Idac. Fast.; Marcell. chron. z. J. 379. Der Ort allein ausserdem bei Soz. VII, 2; Oros. VII, 34; Niceph. h. eccl. XII, 1, 224; die ausführliche Zeitangabe bei Socr. V, 2 weicht nur im Datum ab, indem hier der 16. Januar als der Tag der Ernennung bezeichnet wird. Diese Angabe lässt sich mit der ersteren recht wohl vereinigen, wenn man annimmt, dass am 16. Januar im Consistorium Gratians die officielle Ernennung vollzogen und urkundlich ausgefertigt wurde, welcher dann am 19. die grosse Ceremonie der Inthronisierung und die öffentliche Ausrufung folgte. Idac. Fast. z. J. 383 macht dies noch wahrscheinlicher, indem er für die Ernennung des Theodius den 19., für die des Arcadius (383) dagegen den 16. Januar angibt, welche letztere doch sicher zugleich mit der Feier des Regierungsantritts seines Vaters stattfand. Das für die Anfangsjahre des Theod. unzuverlässige Chron. Alex. setzt die Ernennung auf den 24. Nov. 378.

9) Dies geht aus Pac. c. VII. hervor. Auf diese einfache Formalität geht es jedenfalls auch zurück, wenn Malal. chronog. XIII, p. 344 von einer Ernennung des Theodosius durch den Senat und Cedr. Comp. hist. p. 550 von einer byzant. Gesandtschaft nach Pannonien spricht, um einen Kaiser zu fordern.

heutige Rumelien bis zum Karassu und Bulgarien) erhielt,
von den Römern als Präfektur des Orients zusammengefasst. Ausserdem überliess ihm Gratian von der zum Westreiche gehörigen
Präfektur Illyrien die Diöcesen Macedonien und Dacien (das heut.
Serbien und die Landschaften der griechischen Halbinsel), welche
für ihn unter den gegenwärtigen Verhältnissen ebenso unhaltbar, wie
für Theodosius als Ausgangspunkt aller Operationen unentbehrlich waren[10]).

So konnte also nun der geängstigte Orient wieder zu einem
geheiligten Oberhaupte aufschauen. Noch nicht sechs Monate
zwar waren seit dem Unglückstage verflossen, an dem Valens
im Getümmel der Schlacht verschwand; und doch, welches Mass
von Elend und Leiden für jene Länder umschloss diese kurze
Spanne Zeit.[11]) Wäre in solchem Drangsal auch ein dem Volke
völlig unbekannter Führer mit dem Purpur bekleidet worden, er
würde die Hoffnung belebt und ein ungeheucheltes Entgegenkommen
gefunden haben. Wie viel mehr aber dieser allbeliebte Spanier, von
dessen Thaten man sich im Volke mit Freude und Stolz erzählte,
dessen Vorzüge man schon vor Jahren der Krone würdig gehalten
hatte.[12])

Und wer damals den neuen Augustus sah, dem schien in der
That schon die äussere Erscheinung den Herrscher anzuzeigen.
Theodosius hatte von seinem Vater den hohen Wuchs geerbt,
welchen ein schönes Ebenmass der Glieder und eine edle würde-
volle Haltung zu imponierendster Geltung brachte. Dichtes blondes
Haar umrahmte ein Gesicht mit gewinnendem Ausdruck, dem aber

---

10) Theodor. V, 6; Philost. X, 17; Prosp. Aqu. chron.; Marc. chron.
Rufin. II, 14 p. 256; Jordan. de reb. G. c. XXVII. p. 104 sagen allgemein
nur: Theodosius bekam „den Reichstheil des Valens" oder „den
Orient". Zos. IV, 24 und Oros. VII, 34: „den Orient und Thracien".
Sozom. VII, 4: „Den Orient und Illyrien". Dass ein östliches und
westliches Illyrien von jetzt an unterschieden werden muss, beweist
zwar der wirkliche Besitzstand der nächsten Zeit; indes ebenso wenig
streng wie die Grenzen, lässt es sich bestimmen, ob eine dauernde und
völlige Abtrennung schon 379 im Sinne Gratians lag. Vgl. Tillem. sur
Grat. not. 14.

11) Vgl. Ambros. de officiis ministrorum l. II c. XV; Gregorii
Theologi (vulgo Nazianzeni) opera. Tom. I. Orat. XXII, 2^.

12) Socr. V, 2; Soz. VII, 2; Pac. c. VII.

ein mächtiges Augenpaar über einer feinen leichtgebogenen Nase zugleich das gebietende Ansehen des Herrschers verlieh.

Auf diesem Gesichte lag noch die gesunde Frische einer ungebrochenen Jugend, und die ganze Erscheinung hob sich in der ersten Vollkraft des Mannesalters. [13]).

Wohl konnte daher die Freude über die Erhebung desselben eine allgemeine sein [14]); und drängte sich vielleicht auch hin und wieder den Oströmern der Gedanke auf, dass mit diesem Kaiser auch der Christus der Nicäner in Constantinopel einziehen werde, so trat diese Besorgniss vor der augenblicklichen Noth doch völlig zurück, umsomehr da die Gedanken des homousianischen Kaisers für jetzt nicht auf die Reinigung der Kirche von Irrgläubigen, sondern allein auf die Reinigung seines irdischen Reiches von den Barbaren gerichtet sein konnten.

---

13) Vgl. Aur. Vict. c. 48 in Verbindung mit Cedr. Comp. hist. p. 552.

14) Aur. Vict. c. 47.

Zweiter Abschnitt.

Theodosius während des ersten Jahrzehntes seiner Regierung.

Erstes Capitel.

Theodosius bricht nach Thessalonika auf. — Seine Rüstungen. — Sein Vorgehen und seine Erfolge gegen die Gothen. — Rückkehr nach Thessalonika. Erkrankung. — Er empfängt die Taufe. — Erstes Glaubensedict. — Neue Einfälle der Gothen. — Gratian sendet Unterstützung. — Allmähliche Beruhigung der Gothen. — Theodosius zieht in Constantinopel ein. — Athanarichs Empfang und Tod. — Letzter Abschluss des Gothenkrieges.

Seit sich von den Tagen Diocletians an das römische Reich nur noch wie eine ungeheure Riesenfestung gegen die immer kühner anstürmenden Feinde zu vertheidigen vermochte, waren es besonders zwei Eigenthümlichkeiten der Angreifer, welche die Römer in die äusserste Bestürzung und Verzweiflung versetzten. Das war einmal die ihnen ganz unbegreifliche Menschenfülle dieser Völker, welche durch keine Niederlage vermindert zu werden schien, dann aber vor allem das Bestreben derselben, stets die eingenommenen Gebiete dauernd festzuhalten. Bei den Gothen, welche seit dem 9. August 378 ungehindert die Diöcesen Thracien und Macedonien überschwemmt hatten, müssen wir dieses Bestreben umsomehr voraussetzen, da sie ja aus ihren heimathlichen Gauen durch die Hunnen vertrieben worden waren, und ihr Uebertritt auf römischen Boden in der ausgesprochenen Absicht, neue Wohnsitze zu erhalten, erfolgt war. In der That berichten denn auch die römischen Geschichtsschreiber mit Entrüstung, dass diese Barbaren während des ganzen Winters von 378 zu 379 in Thracien, Scythien und Mösien wohnten und herumschweiften wie in ihrer Heimath.[1] Es ist dies bemerkenswerth, da es uns mit Sicherheit

---

1) So Aur. Vict. c. 47, p. 210. „*tamquam genitales terras*". Aehnlich Greg. Naz. or. XXII, 11 A.; u. Idac. Fast. z. J. 378.

schliessen lässt, dass die Gothen, als ihnen Theodosius gegenübertrat, nicht mehr eine grosse zusammengeschlossene Masse bildeten, wie am Tage von Hadrianopel, sondern sich bereits wieder in die grösseren und kleineren Bestandtheile des Volkes aufgelöst hatten, die es sich in den eroberten Sitzen, wo es jedem Schwarme gefiel, nach heimischer Weise bequem zu machen suchten.[2]) Dazwischen bildeten freilich die grossen Gefolgschaften der einzelnen Häupter wie Fritigerns, gewiss immer noch kriegsfertige geschlossene Schaaren, und um diese konnte sich schnell genug die übrige Masse von neuem vereinigen, wenn der Druck einer grossen äusseren Gefahr wieder die einigende Kraft ausübte, deren es neben der Macht einer hervorragenden Persönlichkeit zum engen Zusammenschluss von Völkerschaften stets bedurfte, bei denen die schrankenlose persönliche Freiheit des Einzelnen noch nicht gewohnt war sich in den nothwendigen Zwang eines grossen staatlichen Ganzen zu fügen.

Diese eigenthümlichen Verhältnisse sind an dieser Stelle zuvor behandelt worden, weil man nur mit Berücksichtigung derselben die Art der Kriegführung des Theodosius richtig darstellen und schätzen kann, während die dürftigen und ganz allgemein gehaltenen Nachrichten der Quellen für sich allein nicht nur ein undeutliches, sondern auch ein ganz schiefes Bild des nächsten Zeitraums liefern würden.

Wir gehen aber nun zur Darstellung dieser Ereignisse selbst über.

Im Frühjahr 379 erfolgte die Trennung beider Kaiser in Sirmium. Während Gratian noch längere Zeit in Pannonien seine Vorbereitungen zum Marsche nach dem Abendlande traf, galt des Theodosius nächstes Ziel Thessalonika, der Hauptstadt von Macedonien. Der neue Herrscher konnte für seine ausserordentliche Umsicht und für seinen Scharfblick in richtiger Erfassung der Sachlage keinen besseren Beweis geben, als es gleich durch diese erste militärische Bewegung geschah. Ihre Wichtigkeit erheischt es, kurz die Gründe darzulegen, aus denen sie zu erklären ist.

Der Reichstheil des Theodosius bestand, wie schon angegeben wurde, nur zum kleineren Theil aus europäischen Gebieten. Gegen-

---

2) Damit stimmt Amm. XXXI, 16,8 überein, indem er sagt „*digressi sunt effusorie.*"

wärtig, bei der Ueberschwemmung dieser Landschaften durch die
Feinde und bei ihrer gänzlichen Erschöpfung konnte sich eine
Unternehmung des Kaisers indes überhaupt nur auf die klein-
asiatischen Provinzen und auf Aegypten stützen. Die Verbindung
mit diesen Ländern herzustellen galt demnach als die nächste und
wichtigste Aufgabe, und dazu war in der That kein Ort geeigneter
als Thessalonika, noch heute nächst Constantinopel der beste
Hafen der ganzen Nordküste des ägäischen Meeres und der Propontis, während es zugleich im Scheitelpunkt des Winkels lag,
welchen die grosse von der Donau kommende Heerstrasse und
die von Constantinopel führende Via Egnatia bildet. Mit diesem
Vorzuge des Besitzes der besten Land- und Wasserverbindungen
verband diese Stadt zugleich den einer vorzüglich festen Lage,
welcher dieselbe selbst für ein geschlagenes Heer, besonders gegen
so belagerungsunkundige Gegner wie die Gothen, noch zum
sichersten Rückhalt machte. Endlich aber, wie ein kurzer Blick
auf die Karte zeigt, war Thessalonika der Punkt, von wo allein
die Gothen in Thracien mit Erfolg angegriffen und nach der Donau
zurückgedrängt werden konnten.[3]

So war in der That schon ein grosser Vortheil gewonnen,
als der Kaiser im Frühjahr 379[4]) diesen wichtigsten Stützpunkt
für alle seine weiteren Unternehmungen erreichte. Die Schwierigkeit, dass er seinen Marsch von Sirmium hierher[5]), ohne Widerstand

3) Die Gebirgswälle des Haemus, Orbelus und Rhodope (jetzt
Balcan und Despoto Dagh) im N. und W. der grossen thracischen Ebene
hätten zwar auch von Sirmium direct, auf der Strasse Naissus-Sar-
dica (jetzt Nisch-Sophia) durch die Trajanspforte (jetzt das eiserne Thor),
einen Zugang gestattet, aber gerade heute braucht man kein Wort über
die Schwierigkeit dieser Strasse zu verlieren, und selbst wenn Theodosius dieselbe ungehindert passiert hätte, zwang er im glücklichsten Falle
die Gothen zwar Thracien zu verlassen, aber nur, um sie in die Diöcese
Macedonien zu drängen, während ihm im Falle einer Niederlage das
Geschick des Valens bevorstand. Ueberdies konnte ein derartiger Vor-
stoss nur mit einer bedeutenden Truppenmacht unternommen werden,
welche Theodosius Anfang des J. 379 keineswegs zur Verfügung hatte.

4) Wir wissen bestimmt nur vor Mitte Juni, vgl. Cod. Theod. X, 1, 12.

5) Dieser folgte jedenfalls der einzigen in diesem gebirgigen Lande
gangbaren Strasse, welche von der Donau aus den Margus (jetzt Mo-
rawa) aufwärts begleitend zum Pass von Scupi (jetzt Uscub) und von
hier dem Thale des Axius (jetzt Vardar) folgend, nach Thessalonika führt.

zu finden, vollenden konnte, hebt sich, wenn wir erfahren, dass Macedonien damals von den Schwärmen der Barbaren geräumt war. Es war dies in Folge einer ansteckenden Krankheit geschehen, welche unter den Gothen während der fruchtlosen Berennung Thessalonikas wahrscheinlich im Spätsommer 378 ausbrach. Diesem unheimlichen Feinde gegenüber, der sich dem Schwerte nicht stellte, war den kecken Schaaren der gewohnte Muth geschwunden und sie hatten bestürzt und erschreckt die Landschaft verlassen.[6])

Dass sich mit der Ankunft des Kaisers in Thessalonika ein Bild rührigsten Lebens und eifrigster Thätigkeit entfaltete, lassen selbst die mehr als dürftigen Nachrichten noch erkennen, die uns einige wenige Quellen über diese Verhältnisse gönnen. Von allen Seiten strömten jetzt Huldigende, Gunst- und Bittsuchende zum kaiserlichen Palaste der macedonischen Hauptstadt zusammen. Die Römer, gewöhnt an die Hunderte von Eunuchen und sonstigen Höflingen, durch welche allein sonst der langwierige und kostspielige Weg zu der geheiligten Person des Herrschers gieng, waren überrascht und entzückt, wie leicht sie Zutritt zu diesem neuen Augustus erhielten.[7]) In öffentlichen und persönlichen Angelegenheiten suchte man Gewährung oder Hülfe von ihm zu erlangen, und es ist ein schönes Lob für Theodosius, wenn selbst Zosimus sagt, dass ein jeder der Bittenden erhielt, was recht war.[8]) Da-

---

6) Der h. Ambrosius, dem wir diese wichtige Nachricht verdanken, schreibt die Erregung dieser Pest der Gebetskraft des Elisa von Thessalonika, des frommen Bischofs Acholius zu, von dessen wunderbaren Gebetswirkungen er an dieser Stelle noch mehrere Beispiele gibt. Wir können ihm selbstverständlich in einer derartigen Begründung der an sich gewiss richtigen Thatsache keinen Glauben schenken. Die morastigen Niederungen des Axius und die vom strymon. Busen nach Thessalonika herüberziehenden Sümpfe, die noch sichtbaren Beweise der ehemaligen Inselnatur von Chalcidice, scheinen uns den Ursprung der Krankheit einfacher zu erklären. Die Stelle findet sich Ambr. Op. Tom. II. Class. I. ep. XV. Wenn hier von den Gothen gesagt wird, *regressi postea pacem rogaverunt*, so kann dies nur auf die Zeit nach der Schlacht bei Hadrianopel gehen, während die Bemerkung, dass Thessalonika bei dieser Belagerung ohne Soldaten war, auf die Monate vor der Ankunft des Theodosius hinweist.

7) Zos. IV, 27. Pac. c. 21. Rufin. II, 19. *accessu facilis et absque imperiali fastu ad colloquium se humilibus praebere.*

8) Zos. IV, 25.

mals erschien auch eine Gesandtschaft des Senates von Constantinopel, um im Namen der höchsten Körperschaft des Reiches den neuen Herrscher zu begrüssen und zugleich nach altem Brauche mit devoten Worten um eine oder die andere Vergünstigung zu bitten. Wir besitzen noch die zu dieser Begrüssung vorbereitete Prunkrede, welche jedoch erst einige Wochen später vor dem Kaiser in Thessalonika gehalten wurde, da der Sprecher der Gesandtschaft, der damals hochgefeierte Redner Themistius, durch Krankheit so lange zurückgehalten worden war.[9])

Bis hierher indes hat sich nur eine Seite des Bildes der kaiserlichen Wirksamkeit uns dargestellt.

Wir wenden uns jetzt der anderen, wichtigeren zu, welche uns die kriegerische Thätigkeit des Theodosius vor Augen führt. Wenn wir auch annehmen dürfen, was ausdrücklich nicht bezeugt ist, dass Gratian seinem Mitkaiser bei der Trennung beider einen Theil seiner Truppen abtrat, so kann diese Macht doch nur gering gewesen sein, da jenen selbst im Abendlande unruhige Zustände erwarteten. Es war demnach bei der Ankunft des Theodosius in Thessalonika die nächste Aufgabe desselben, sich selbst ein Heer zu schaffen; und zwar galt es diese Aufgabe in der schwierigsten Form zu lösen, nämlich die aus Sirmium mitgebrachten geringen Truppentheile mit den versprengten Resten des oströmischen Heeres und mit neu ausgehobenen Mannschaften zu einem Ganzen zu verschmelzen und dieser zusammengewürfelten Masse einen neuen kriegerischen Geist einzuhauchen. Dass Theodosius indes vollkommen die Fähigkeit hatte, diese Reorganisation durchzuführen, beweisen die ihm nachgerühmten Eigenschaften einer ausserordentlichen Leutseligkeit dem einzelnen Soldaten gegenüber und einer wohlüberlegten und zur rechten Zeit angewendeten Freigebigkeit, aber auch einer unnachsichtigen Strenge in Herstellung und Erhaltung der Kriegszucht.[10]) Durch diese glückliche Mischung von Strenge und Milde erwarb er sich bei den Truppen unbedingtes Ansehen und wirkliche Zuneigung, und der Anblick seiner rastlosen und umsichtigen Thätigkeit war ebenso geeignet, den Eifer derselben anzuspornen, wie ihr Zutrauen zu der Tüchtigkeit ihres

9) Themist. Or. XIV.
10) Jordan. c. XXVII p. 104.

Führers zu befestigen.[11]) Freiwillig strömten die Arbeiter aus den
Bergwerken und von den Landgütern unter diesen Führer zusammen, und ihre in harter Arbeit gestählten Arme lernten bald ebenso kräftig das Schwert führen, wie sonst Hammer und Hacke.[12])

Theodosius gab seiner Mannschaft bald Gelegenheit ihre Kräfte
dem Feinde gegenüber zu messen. Es war der sogenannte kleine
Krieg, durch welchen er zunächst mit ebensoviel Klugheit wie
Vorsicht die Römer wieder zu siegen gewöhnte. Stets auf Thessalonika gestützt schob er sein Lager und seine Posten allmählich
gegen Thracien vor.[13]) Er vermied noch jedes grössere Treffen,
aber die sorglos umherschweifenden Einzelschaaren der Feinde
lernten bald die Raschheit seiner Vorstösse fürchten.[14])

Auf diesem Punkte befanden sich die Verhältnisse, als Themistius sich in Thessalonika aufhielt, demnach noch ziemlich früh im
Jahre, etwa in den Monaten Mai oder Juni. Verliessen uns
nicht hier die Quellen vollständig, so würden wir erfahren, dass
Theodosius nach wie vor unablässig bemüht war seine Streitmacht
zu verstärken. Wir würden den Hafen von Thessalonika von zahlreichen Schiffen belebt sehen, welche aus Aegypten Getreide, aus
den asiatischen Provinzen Verstärkungsmannschaften herbeiführten.[15]) Wir würden vielleicht schon jetzt von Verhandlungen mit
einzelnen Stämmen Kunde bekommen, durch welche deren Schwert
der römischen Sache gewonnen wurde, allerdings für die Römer
selbst eine nicht ungefährliche Waffe.

Sehen wir aber auch ab von derartigen wenn auch wahrscheinlichen Vermuthungen, so bleibt doch so viel mit Bestimmtheit zu erkennen, dass Theodosius sich nach Stärke und Kriegs-

---

11) Pac. c. X sagt, sein Streben sei gewesen: *dux esse consilio,
miles exemplo.*

12) Them. Or. XIV p. 223. Von umfassenden Rüstungen im Allgemeinen spricht auch Zos. IV, 25.

13) Dieses Vorrücken geschah jedenfalls über Amphipolis und das
denkwürdige Philippi, längst der Via Egnatia bis zum Unterlaufe des
Hebrus (jetzt Maritza), von wo dessen Thal die bequemste Eingangspforte zu der Tiefebene von Hadrianopel bot.

14) Vgl. Them. Or. XIV; Jord. c. XXVII.

15) Erst aus dem J. 380 besitzen wir bezügliche Bestimmungen
betreffs Aushebungen etc. für den Umkreis der oriental. Präfektur und
für einzelne Provinzen im Cod. Theod. VII, 13, 9; VII, 18, 3; VII, 22, 9;
XII, 1, 83.

fertigkeit allmählich ein Heer geschaffen hatte, mit welchem er seit der zweiten Hälfte des Jahres 379 grössere Unternehmungen gegen die Barbaren wagen durfte. Etwa seit den ersten Tagen des Juli oder etwas früher beginnt auf den beiden grossen in Thessalonika zusammenstossenden Strassen ein gleichzeitiges Vorgehen gegen die Donauprovinzen Dacien, Mösien, Scythien und gegen Thracien. Theodosius selbst leitete die Bewegung gegen den Norden und wir finden ihn am 6. Juli in Scupi, an der nördlichen Pforte von Macedonien, von wo über Naissus und Sardica die Strassen nach Uferdacien und Untermösien führen. [16] Die gegen Thracien vorgeschobene Heeresabtheilung dagegen stand unter dem Commando des Modares oder Modarius, eines Gothen aus königlichem Stamme, welcher nicht lange vorher zu den Römern übergetreten war und sich durch treu geleistete Dienste, wie durch seine ausgezeichneten Fähigkeiten das kaiserliche Vertrauen erworben hatte. [17] Diesem befähigten Führer bot sich zunächst Gelegenheit zu einem Handstreiche in grösserem Massstabe.

Wir haben bereits am Anfang dieses Capitels auf die eingetretene Auflösung der mit alanischen und hunnischen Volkssplittern untermischten, zumeist indes aus gothischen Stämmen bestehenden grossen Barbarenmasse hingewiesen. Einen der grössten dieser Schwärme gelang es nun bei der geringen militärischen Disciplin und Vorsicht der Barbaren in völlig wehrlosem Zustande zu überraschen. Modares hatte seine Truppen hinter der Höhe eines wallartig verlaufenden Hügelzuges aufgestellt, unterhalb dessen sich eine weite von Dörfern und Feldern bedeckte Ebene ausdehnte. Hier plünderten nun die Barbaren nach Herzenslust, bis sie endlich schwer beladen wieder nach ihrem Lager zusammenströmten, um sich an der gemachten Beute, besonders an dem thracischen Weine gütlich zu thun; ahnungslos, dass sie von römischen Posten um-

---

16) Vgl. Cod. Theod. VI, 30, 2. Scupi zwischen Schar Dagh und Kurbetzkagebirge.

17) Zos. IV, 25 nennt ihn Μοδάρης. Der an ihn gerichtete Brief des Greg. Naz. Tom. II. ep. 136 trägt die Ueberschrift: Μοδαρίῳ στρατηλάτῃ. Die einflussreiche Stellung, welche er einnahm, lässt sich aus der Bitte Gregors schliessen, durch sein Ansehen auf den friedlichen Verlauf einer Bischofsversammlung einzuwirken. Auffallenderweise scheint er nicht Arianer, sondern ein Bekenner des Nicänums gewesen zu sein, was durch jene Bitte, wie durch die Worte Gregors „die εὐσέβεια verbindet dich uns", wahrscheinlich gemacht wird.

geben seien. Etwa um die ersten Nachmittagsstunden konnte es
sein, als Modares von seinen Kundschaftern die Meldung erhielt,
dass im feindlichen Lager alles im tiefen Schlafe liege. Sofort
liess er seine Mannschaft antreten, liess Harnisch und Gepäck ab-
legen und führte sie, nur mit Schild und Schwert bewaffnet, gegen
den feindlichen Lagerplatz. Der Ueberfall gelang vollständig.
Nur ein blutiges Morden war an diesem Tage nöthig. Die Meisten
der vom Weine Berauschten empfiengen ohne Bewusstsein den Todesstreich. Andere traf das feindliche Schwert, wenn sie eben im
Begriff waren emporzufahren, um nach den Waffen zu greifen.
In wenigen Stunden war das Blutbad beendet, und jetzt erst über-
sahen die Römer die reiche Beute, welche ihnen dieser leicht-
errungene Sieg brachte. Ausser den Waffen und Rüstungen der
Todten fielen 4000 Karren mit aller Habe der Besiegten und mit
deren Weibern und Kindern in ihre Hände. Es war die erste
Vergeltung für den Tag von Hadrianopel.[18])

Indes an sich wäre die Bedeutung dieses Erfolges der römischen Waffen der Gesammtzahl der Feinde gegenüber vielleicht
nicht so beträchtlich gewesen. Die grössere Wichtigkeit erhielt
er erst durch die moralische Wirkung, welche sein Bekanntwerden
bei den Barbaren wie bei den Römern zur Folge hatte. Wie er
hier den Muth und das Selbstvertrauen hob, musste er dort Bestürzung und Furcht hervorrufen. Modares konnte jetzt die Besatzungen der thracischen Städte, welche bis dahin ihre Mauern
nicht zu verlassen gewagt hatten, zu seiner Verstärkung heran-
ziehen. Das Uebergewicht, welches den Gegnern noch ihre grössere
Zahl gab, wurde durch den Mangel eines einheitlichen Zusammen-
wirkens mehr als ausgeglichen. Hatte sich bereits die Nachricht
von einem gleichzeitigen Vorrücken der Römer gegen die Donau
bis hierher verbreitet, so musste sie in den Barbaren die Furcht
erwecken, in dem von Gebirgen umgebenen Lande völlig einge-
schlossen zu werden. Es begann ein allmähliches Zurückziehen
und Abströmen der noch Uebrigen aus Thracien und zwar, wie
es die Natur des Landes allein gestattet haben kann, durch die

---

18) Ausführlich bei Zos. IV, 25. Greg. Naz. Tom. II ep. 136 erwähnt
im allgemeinen nur den hervorragenden Antheil des Modares an der glücklichen Kriegführung mit den Worten: ὥσπερ τὸν ἔξωθεν πόλεμον τῇ
σεαυτοῦ δεξιᾷ καὶ συνέσει καταλύεις.

Pässe des Hämus und der Trajanspforte nach Norden und Nord-
westen. [19])

Diese rückgängige Bewegung führt uns nun nach dem Schau-
platze, auf welchem sich die Ereignisse im letzten Theile des J.
379 abspielten, nach Dacien und Mösien. Hier ist es, wo wir
dem Kaiser Theodosius wieder in Person begegnen.

Wir hatten denselben am 6. Juli in Scupi verlassen. Ein
Gesetz vom 10. August belehrt uns, dass er an diesem Tage in
Vicus Augusti war. [20]) Leider kennen wir gerade die Lage
dieses Ortes nicht mit wünschenswerther Sicherheit. Erinnern wir
uns indes an die Richtung der beiden von Scupi ausgehenden
Strassen [21]), und erfahren wir, dass in der Richtung der über Naissus
führenden, da, wo sie die Donau erreicht, ein Ort Augusti oder
Augusta liegt [22]), so kann man wohl mit ziemlicher Wahrschein-
lichkeit annehmen, dass dieser Ort mit dem Vicus Augusti der
Gesetzsammlung identisch ist. Diese Annahme gewinnt dadurch
um so mehr Gewissheit, dass ein Aufenthalt des Kaisers an der
Donau um diese Zeit auch anderweitig bestätigt wird. [23])

Die Aufgabe, welche sich Theodosius hier für seine Person
vorbehalten hatte, war unstreitig die schwierigste des Feldzuges
dieses Jahres und bedurfte eines ebenso erfahrenen Feldherrn wie
Politikers. Die Gothen mit den Anhängseln von Alanen, Hunnen,
Taifalen befanden sich, wie wir wissen, seit Ende 378 im Besitz

19) Dieses Freiwerden Thraciens in Folge des Sieges des Modares
bezeugt Zos. IV, 25 a. Schl. — Damit stimmt auch Jord. c. XXVII. p.
105 überein, wenn er sagt: *ubi milites . . . . . fiduciam acceperunt, Gothos
impetere tentant eosque Thraciae finibus pellunt.* Einen bestimmten Sieg
bezeichnet er indes nicht. Ebenso nicht den Namen des Führers. —
Wenn Prosp. Aqu. chron. z. J. 379 die Vertreibung der Gothen aus
Thracien dem Theodosius selbst zuschreibt, so geschieht das nur nach
der gewöhnlichen Uebertragung aller Erfolge auf den kaiserlichen Namen.
Es kann hier natürlich nur die Provinz Thracien, nicht die gleichnamige
Diöcese gemeint sein.

20) Vgl. Cod. Theod. XII, 13, 4.

21) S. oben p. 28.

22) In dem Itin. Anton. 220 und in der Tab. Peuting. wird er *Augusta* bei Procop. de aedif. 4, 6 p. 293 Αὐγοῦστε genannt; bei dem
Geogr. Rav. IV, 7 dagegen *Augusti*, indem hier *Vico* wahrscheinlich nur
ausgelassen wurde, weil in der Aufzählung einer Reihe von Ortsnamen
Vico Bapeni unmittelbar vorausgeht.

23) Vgl. Soz. VII, 4.

von Scythien, Untermösien, Dacien und, seit Weggang der Kaiser von Sirmium, jedenfalls auch von Obermösien. Hier, zunächst der Donau und fast seit einem Jahre ungestört, konnten sie verhältnissmässig schon am festesten angesiedelt sein, als Theodosius erschien. Man wird es dem in seinen Handlungen bisher so umsichtigen Kaiser von vornherein nicht zutrauen dürfen, dass er an ein Zurückwerfen der Gothen über die Donau gedacht habe. Ein derartiges Unternehmen konnte dieselben nur zum Verzweiflungskampfe reizen, dessen Ausgang auch jetzt noch höchst zweifelhaft erscheinen musste. Aber auch wenn er für die Römer günstig ausfiel, beraubte er das Reich nur einer sehr nützlichen Grenzhut, jene menschenarmen Provinzen einer höchst brauchbaren Bevölkerung. Schon unter Valens war aus diesen beiden Gesichtspunkten den Gothen der Uebertritt auf römisches Gebiet gestattet worden. In Klein-Scythien, der heutigen Dobrudscha, waren schon seit 348 die sogenannten Mösogothen oder kleinen Gothen (G. minores) unter ihrem Bischof Wulfila als nützliche Colonisten angesiedelt.

Demnach gieng auch das Bestreben des Theodosius nur darauf aus, dem unruhigen Umherschweifen der Gothen ein Ziel zu setzen, sie in ein bestimmtes, wenn auch noch sehr lockeres Unterthauenverhältniss zum römischen Reiche zu bringen und zur Anerkennung seiner Oberhoheit zu bewegen. Dieses Ziel konnte indes nicht ohne Waffengewalt erreicht werden. Zunächst kam es einzelnen unruhigen Raubschaaren gegenüber an der Donau zu bedeutenden Kämpfen, welche um so hitziger und gefährlicher waren, als die Gegner durch ihre Siege Gelegenheit gefunden hatten, ihre rohe Ausrüstung mit trefflichen römischen Waffen zu vertauschen. [24]

Aber unter der Leitung ihres tüchtigen Führers war das Glück den Römern günstig. Die Barbaren wurden besiegt, und es ist sehr wohl möglich, dass von ihnen damals einzelne Haufen auf das jenseitige Ufer der Donau übertraten. [25] Die Mehrzahl der Stämme dagegen wurde durch den Eindruck dieser Erfolge des Theodosius bewogen, Gesandte an ihn zu schicken und die

---

24) Vgl. Oros. VII c. 34.

25) Zos. IV, 31 berichtet wenigstens, dass im J. 380 die Barbaren zu einem neuen Einfalle über die Donau gekommen wären. Derselbe scheint allerdings anzunehmen, dass die Gothen sich damals sämmtlich wieder jenseits des Stromes befunden hätten, was sicher unrichtig ist.

Freundschaft der Römer nachzusuchen. Damit begann für den Kaiser der diplomatische Theil seiner Aufgabe, und er zeigte sich in diesen Unterhandlungen so gewandt wie geschickt in der Kriegführung. Das Ergebniss war, dass die Gothen in ein Bundesverhältniss aufgenommen wurden, aber zur Sicherstellung ihrer Treue Geiseln stellen mussten.[26])

Am 17. Nov. geschah im Reiche die Bekanntmachung von Siegen über die Gothen, Alanen und Hunnen.[27]) Etwa mit Ende dieses Monats mochte der Zustand der Ruhe im Allgemeinen wieder hergestellt sein. Theodosius konnte jetzt daran denken, seine Truppen in die Winterquartiere zu führen und ihnen und sich selbst eine wohlverdiente Ruhe zu gönnen.

Nachdem er ein Siegeszeichen aufgerichtet hatte[28]), brach er auf, um zuerst nach Thessalonika zurückzumarschieren und sich sodann von hier aus, zum ersten Male als Kaiser, nach seiner Hauptstadt Constantinopel zu begeben.[29]) Indes wenigstens diese letztere Absicht zu verwirklichen sollte ihm erst nach einem ferneren Jahre schwerer Kämpfe möglich werden.

Gegen Mitte Januar des J. 380 finden wir ihn zuerst wieder in der Hauptstadt von Macedonien.[30]) Eine Reihe Gesetze gegen eingerissene Missbräuche im Civil- und Heerwesen bekunden eine eifrig ordnende Thätigkeit.[31])

---

26) Für diesen friedlichen Erfolg vgl. Soz. VII, 4. Die vielfachen siegreichen Kämpfe der Römer erwähnt ausser Soz. a. d. a. O. im allgemeinen noch Socr. V, 6; Aur. Vict. c. 48 p. 211. Idac. chron. I.; Idac. Fast. z. 379; Marc. chron. z. 379.; Prosp. Aqu. chron. p. 583. Hierher gehört wahrscheinlich auch die Nachricht bei Philost. IX, 19: Theodosius habe bei Sirmium die Barbaren besiegt; wohin er marschiert sei, sobald er das Reich erlangt habe.

27) Dieses berichtet Idac. Fast. z. 379: Es ist hier jedenfalls die amtliche Bekanntmachung durch einen besonderen kaiserlichen Courier (*gerulus*) gemeint, von welcher Cod. Theod. VIII, 11, 4 die Rede ist.

28) Vgl. Socr. V, 6.

29) Ibid. —

30) cfr. Cod. Theod. IX, 27, 1. Das Datum schwankt in den Codices zwischen dem 15., 17., 8., 19., Jan.

31) Vgl. Cod. Theod. X, 19, 2; VII, 13, 8; X, 10, 12; VIII, 2, 3. Das zwischen den am 26. u. 30. Jan. v. Thessalonika erlassenen Gesetzen stehende v. 29. Jan. ist in seiner Datierung v. Constantinopel sicher fehlerhaft, was allein die Entfernung beider Orte von einander (circa 70 Meil.) beweist.

Mit Anfang Februar jedoch bricht dieselbe plötzlich ab, um erst mit dem vorletzten Tage dieses Monats in einer ganz neuen Richtung aufgenommen zu werden. Einen Zeitraum von noch nicht vier Wochen begrenzen diese beiden Daten des 2. und 27. Februar, und doch liegt zwischen ihnen ein Ereigniss, welches in seinen Folgen zu den bedeutungsvollsten der Regierung dieses Kaisers zählt.

Es ist eine schwere Krankheit, von welcher damals Theodosius, jedenfalls in Folge der Anstrengungen des Feldzuges, befallen wurde.[32] Dieselbe wurde zunächst die Veranlassung, um den Kaiser nach der höchsten Tröstung der Kirche verlangen zu lassen. Denn Theodosius war zwar in der christlichen Religion erzogen und ein Anhänger des Nicänums, aber er war noch nicht getauft. Die Taufe galt nun einmal seiner Zeit als das unfehlbar wirkende Reinigungsbad der Seele, gleichviel, ob viel oder wenig Sünden abzuwaschen seien. Da aber ihr Gebrauch nur einmal gestattet war, verschob man sie gern bis zu den letzten Lebenstagen, um ohne Nachrechnung vor den himmlischen Richter treten zu können. Auch Theodosius hatte diese merkwürdige Vorsicht gebraucht. Jetzt aber, durch seinen Zustand ernstlich gemahnt, glaubte er mit der Anwendung des Gnadenmittels nicht länger zögern zu dürfen. Der Bischof von Thessalonika wurde an das Krankenbett des Kaisers berufen. Es war Acholius[33]), der nach des h. Ambrosius Zeugniss durch die Kraft seiner Gebete die Gothen von den Mauern Thessalonikas hinweggescheucht hatte. Glaubhafter erscheint die sonstige Schilderung, welche uns Ambrosius von ihm entwirft und nicht unwichtig wegen der Beziehungen, in welche dieser Priester zu Theodosius trat. Ein hochbetagter aber noch geistesstarker Greis, in strenger Mönchsaskese aufgewachsen, mit dem Verdienste die orthodoxe Lehre in Macedonien sicherer befestigt zu haben, eine Mauer des nicänischen Glaubens, dabei ein eifriger Freund des grossen mailändischen Kirchenfürsten und mit allen seinen Neigungen der abendländischen Kirche zugewendet, so erscheint uns der Prälat, welcher das Taufmysterium

---

32) Vgl. Socr. V, 6; Soz. VII, 4; Theoph. p. 106; Cedr. p. 552; Jord. c. XXVII p. 105. Prosp. Aqu. chron. z. J. 380.

33) *Acholius* nennt ihn sein Zeitgenosse Ambrosius ep. XV. und ebenso Ἀχόλιος Theoph. u. Niceph. h. eccles. — Dagegen: Ἀσχόλιος: Socr., Soz., Cedr. —

an dem kranken Augustus vollzog.[34]) Wohl lässt sich denken,
dass dieser erfreut war, einen Priester seines Glaubens in diesem
wichtigen Augenblicke bei sich zu haben, und nicht minder begreiflich ist es, dass er gerade in dieser Zeit, nachdem sich bald
nach der Taufe die Kraft der Krankheit brach, für religiöse Gedanken besonders empfänglich, über die kirchlichen Verhältnisse
seines Reiches Fragen an seinen Taufvater richtete.

Indes ebenso zweifellos ist es, dass der Bericht des Acholius,
welchen er auf diese Fragen erhielt, diese Verhältnisse durch
jenen hässlichen Fanatismus entstellt zeigte, ohne welchen die
Anhänger der damaligen kirchlichen Richtungen überhaupt nicht
von einander reden konnten. Der Kaiser hörte hier, wie die Kirchen Illyriens bis nach Macedonien in schöner Einigkeit an der
reinen Lehre festhielten, wie sie von den Aposteln überkommen
und auf dem Concil zu Nicäa bestätigt sei, wie aber weiter nach
Osten die Bevölkerung in ein Menge ruchloser gottesschänderi-
scher Sekten zerspalten sei, und wie sich besonders Constantinopel
mit diesem Greuel der Häresie befleckt habe.[35])

Allein durch derartigen priesterlichen Einfluss erklärt sich die
Entstehung des Getetzes, welches am 27. Febr. von Thessalonika
an das Volk von Constantinopel erlassen wurde. Der erst halb
genesene Augustus, welcher bis dahin, nach Verlauf eines zum
grösseren Theil in Thessalonika verbrachten Jahres, noch nicht
gewusst hatte, welchem Bekenntniss dessen Bischof angehöre[36]),
erklärte in demselben plötzlich, dass nach seinem Willen alle Völker, welche die Milde seiner Gnade regiere, in Zukunft die Religion haben sollten, welche der göttliche Apostel Petrus den Römern
überliefert habe, welcher der Pontifex Damasus und der Bischof
Petrus von Alexandria, gepriesener apostolischer Heiligkeit, folge.
Nämlich, so schliesst sogleich die dogmatische Erklärung an, dass
sie, gemäss der apostolischen Weisung und evangelischen Lehre
eine Gottheit des Vaters, des Sohnes und des heiligen Geistes,
unter einerlei Majestät und unter heiliger Dreieinigkeit bekennen
sollten. — Nur die, welche diesem Gesetze gehorchten, sollten den
Namen katholischer Christen führen. Die übrigen Sinn- und Ver-

---

34) Vgl. Ambr. ep. XV §. 12 u. ep. XVI §. 1. ausserdem s. die in
Anmerk. 32. angeführten Stellen.

35) Vgl. Socr. V, 6; Soz. VII, 4.

36) Ibid.

nunftlosen dagegen, welche den Lehrsätzen eines Häretikers glaubten, würden sich die Strafe der Infamie zuziehen. Ihre Versammlungsorte sollten nicht den Namen von Kirchen führen. Die göttliche Rache und der kaiserliche Zorn wurden ihnen angedroht.[37]

Wir meinen, dass die ganze Art der Abfassung dieses Ediktes die Einwirkung des orthodoxen abendländischen Clerus, dessen Vertreter Acholius war, genügend kennzeichnet. Mit Theodosius hatte der erste rechtgläubige Kaiser den Thron des römischen Orients, der alten Burg des Arianismus bestiegen. Persönlich zwar war dieser Kaiser, wenigstens damals noch, von religiösem Fanatismus frei.[38] Aber ein wirklich frommer und dem nicänischen Bekenntniss aufrichtig ergebener Sinn[39] bot der einseitigen Beeinflussung dennoch eine bequeme Handhabe, um durch ihn den gewaltigen Conflikt zwischen Arianern und Homousianern, der seit mehr als 50 Jahren die Kirche in zwei grosse Heerlager spaltete, in den letzten Abschnitt seiner Entwickelung zu führen, das heisst durch Hülfe der weltlichen Macht dem Arianismus das schnelle Ende zu bereiten, welches die geistigen Waffen der rechtgläubigen Kirche noch immer nicht hatten herbeiführen können. Kein Wunder daher, wenn die begeisterten Vorkämpfer des ewigen Christus von Nicäa die erste günstige Gelegenheit benutzten, um in diesem Sinne auf den Kaiser einzuwirken. Schien es ja dann auch ganz unausbleiblich, dass sich auf Rom und seinen Bischof, den unentwegten Verfechter der reinen apostolischen Lehre, ein besonderer Glanz herabsenken müsste.

Indes so glücklich gewählt auch der Zeitpunkt mit Rücksicht

---

37) Soz. VII, 4 a. Schl. u. Cod. Theod. XVI, 1, 2. — Ein Zusatzgesetz von demselben Tage, Cod. Theod. XVI, 2, 25 bezeichnet eine Verletzung oder Beleidigung der Heiligkeit des göttlichen Gesetzes aus Unwissenheit oder Vernachlässigung als Sacrilegium.

38) Das beklagt der h. Gregor v. Nazianz noch 10 Monate später, der freilich an das θάρσος ἢ θράσος des rechtgläubigen Herrschers ziemlich hohe Anforderungen stellt. Vgl. Op. Tom. II. de vita sua carm. XI v. 1278 ff. Es geht auch aus der späteren kirchenpolitischen Thätigkeit des Theodosius hervor. — Ich kann daher auch II. Richter p. 528 nicht beistimmen, welcher bei Anführung dieses Ediktes in übertriebenen Ausdrücken „von einem fast irrsinnigen Glaubensfanatismus auf dem Throne u. von fürstlicher Religionswuth" spricht. Die ruhigere Auffassung von Wietersheim IV c. 9. p. 148 scheint mir richtiger.

39) Man denke nur an seine Kirchenbusse.

auf den persönlichen Zustand des Theodosius erscheint, so ver-
früht war er hinsichtich der Lage, in welcher sich dieser damals
als Regent und Feldherr befand. Es muss schon als eine sehr
bedenkliche Massnahme erscheinen, in Abwesenheit, ja während
einer Krankheit des Machthabers ein Religionsedict, wie das vom
27. Febr. in eine Stadt zu schleudern, deren gewaltige Volkszahl
bis auf einen verschwindenden Bruchtheil dem Irrglauben anhing,
deren Bewohner wegen ihres heissen Blutes bekannt waren und
welche ausserdem einer militärischen Besatzung so gut wie ganz
entbehrte. Hierzu kam ein weiterer nunmehr zu erörternder Umstand, welcher jenes Gesetz damals geradezu zu einem grossen
Missgriff machte, und der es auch völlig wirkungslos verhallen
liess. [40])

Dieselbe Krankheit nämlich, deren sich nach Tillemont'scher [41])
Auffassung der Kirchenhistoriker Gott bediente, um den Kaiser
der Segnung des heiligen Bades theilhaftig werden zu lassen, hatten
leider auch die Gothen benutzt, um von neuem aus ihrem Verhältniss zum römischen Reiche, wie aus den ihnen gezogenen Grenzen herauszutreten, und von den Donauländern aus einen neuen
grossen Einfall gegen den Süden und Westen zu unternehmen.
Man muss bei diesem Gothenkriege des J. 380 eine dreifache Bewegung unterscheiden. Nämlich einmal eine westgothische unter
Fritigern. Ferner eine ostgothische unter den Führern Alatheus

---

40) Entweder theilte es mit so vielen kaiserlichen Gesetzen das
Geschick, wohl gegeben zu sein, aber nicht befolgt zu werden, weil
Niemand die Ausführung überwachte, oder, was mir wahrscheinlicher
scheint, es wurde von dem Präfekten, aus Besorgniss vor Tumulten,
gänzlich zurückgehalten, was in der römischen Verwaltung nicht so sehr
auffallend ist. — Wenigstens ist es sehr befremdend, dass Gregor v.
Naz. kein Wort der Freude für dieses Gesetz hat; und in den thatsächlichen kirchlichen Verhältnissen von Constantinopel hatte sich bei der
Ankunft des Kaisers daselbst noch durchaus nichts geändert. — Dasselbe indes nur „eine empfehlende Proclamation des Glaubens des Kaisers" zu nennen, wie von Wietersheim IV, p. 151. Anm. will, verbietet
doch die zugefügte Strafandrohung.

41) Es begegnet hier die Schattenseite des sonst so genauen Tillemont, seine rein theologische u. teleologische Geschichtsauffassung, durch
welche er sich, überall das Eingreifen Gottes zu sehen bemüht, an dieser
wie an andern Stellen verleiten lässt, dieses göttliche Eingreifen in die
Quellen hineinzutragen. Sehr oft hat er dies bei den christlichen Geschichts-
schreibern dieser Zeit allerdings nicht nöthig.

und Safrax; diese beiden feindlich gegen die Römer. Endlich eine von jenseits der Donau unter Athanarich ausgeführte; die letztere jedenfalls mit uns nicht bekannt gewordenen Völkerverschiebungen nördlich der Karpathen im Zusammenhang, erst später im Jahre und durch das feindliche Verhältniss zwischen Athanarich und Fritigern den Römern günstig. [42])

Die Hauptmasse der Westgothen ergoss sich unter Fritigerns Führung gegen Süden in die Landschaften Epirus, Thessalien und Achaia [43]), während die Ostgothen des Alathous und Safrax, welche bis dahin jedenfalls in der obermösischen und pannonischen Uferlandschaft gesessen hatten [44]), sich gegen das westliche Pannonien und die angrenzenden abendländischen Provinzen wendeten. [45])

Indes man darf nicht vergessen, dass wir es auch hier wieder nur mit den Hauptbestandtheilen des Volkes zu thun haben.

Einzelne Schwärme schweiften ausserdem auf eigne Faust umher und suchten ihr räuberisches Gelüste zu befriedigen, wo sie immer konnten.

Diesen schlimmen Zuständen gegenüber war für Theodosius vorläufig keine Zeit weiter, sich von dem h. Acholius die Abscheulichkeit der häretischen Irrlehren und das Verdienst, dieselben auszurotten, noch länger schildern zu lassen; um so weniger, da in Folge der jüngsten Bewegungen sowie seiner Krankheit schlimme Unordnung unter seinen Truppen eingerissen war.

Schon während der Vereinbarung von Abschlüssen mit den Gothen in den letzten Monaten des vorigen Jahres nämlich hatte sich Theodosius eines sehr wirksamen Mittels bedient, um sein immer noch nicht sehr zahlreiches Heer zu ergänzen und zu vermehren. Er hatte durch Werber die Barbaren auffordern lassen, bei ihm Dienste zu nehmen, und in grosser Anzahl waren Mann-

---

42) Ueber das Schicksal des westgoth. Oberherzogs (*judex*) Athanarich u. sein Verhältniss zu Fritigern s. H. Richter p. 444 ff; 452 fl.

43) Dass dieser Zug wirklich zur Ausführung kam u. nicht blos geplant wurde, wie v. Wietersheim IV, 522 will, folgt aus Ambros. Cl. I ep. XIV §. 6.

44) Vgl. Pac. c. XI. *perdidi infortunata Pannonias.*

45) Jord. c. XXVII p. 105.; Zos. IV, 34 erwähnt dieses doppelten Einfalls gleichfalls, aber in wunderlichster Verknüpfung ganz verschiedener Thatsachen, worauf wir noch unten zurückkommen werden.

schaften aus den westgothischen Stämmen, wie transistrianische
Absprenglinge der verschiedensten hierher verschlagenen Völker-
schaaren ihm zugeströmt. [46]) Aber zugleich hatte er auch erkannt,
wie misslich es sei, diese noch nicht an Kriegszucht gewöhnten
und dem römischen Wesen noch völlig fremd gegenüberstehenden
Barbaren ungetheilt in der Nähe ihrer kaum beruhigten Volksgenossen zu lassen. Bald nach seiner Ankunft in Macedonien war
daher an Hormisda, einen Perser, dessen gleichnamiger Vater den
Römern bereits unter Julian treue Dienste geleistet hatte, der
kaiserliche Befehl ergangen, eine Abtheilung der Neuangeworbe-
nen nach Aegypten zu führen, während zugleich ein Theil der dort
stationierten römischen Legionen Ordre zum Aufbruch nach Macedonien erhalten hatte. [47]) Bedenkt man den ungeheuren Marsch
von mehr als 400 Meilen, welchen diese Truppen zurückzulegen
hatten, so waren sicher schon mehrere Monate des J. 380 vergangen, als die ägyptischen Legionen in Macedonien eintrafen.

Hier nun fanden diese in Folge der fehlenden Oberleitung
und des aufregenden Gerüchts der neuen gothischen Erhebung
ein Bild schlimmer Verwirrung. Den angeworbenen Gothen war
bei ihrem Eintritt das Zugeständniss gemacht worden, stets gegen
Stellung eines Ersatzmannes den römischen Dienst wieder verlassen
zu dürfen. Viele machten jetzt, wohl gelockt durch die Aussicht
auf ein dem früheren gleiches ungebundenes Leben, von dieser
Bedingung Gebrauch.

Die durch die Vorsicht gebotene und bei längerer Ruhe gewiss
sehr nützliche Massregel des Theodosius, sie nicht in besondere
Hülfscorps zu vereinigen, sondern zwischen die römischen Legionäre vertheilt einzureihen, gereichte jetzt zum doppelten Nachtheil,
denn mit trefflichen Kräften gieng zugleich auch alle Ordnung bei
den Legionen verloren. Die als Ersatzleute Gestellten hatten keine
Ahnung von römischer Fechtweise. Ohne Ausrüstung in den Lagern umherlaufend, erhöhten sie nur noch die Verwirrung. [49])
Dazu kam die gegenseitige Eifersucht zwischen Romanen und Bar-

---

46) Zos. IV, 30 spricht nur von transistrian. Barbaren, welche
Dienste genommen hätten. Dies geschieht aber nur in dem Irrthume,
in dem er alle Angreifer im J. 380 wieder über die Donau kommen
lässt.

47) Vgl. Zos. IV c. 30.

48) Id. IV, 31.

baren, welche bereits zwischen den Truppen des Hormisda und den aus Aegypten kommenden Legionen zum offenen Ausbruch gelangt war.

In Philadelphia in Lydien waren diese beiden Abtheilungen einander begegnet. Die Barbaren, bisher gewöhnt, zu nehmen, was ihnen beliebte, mochten sich in der That gegen die Marktverkäufer keck und gewaltthätig betragen haben. An Versuchen derselben, die Fremdlinge zu übervortheilen, wird es gleichfalls nicht gefehlt haben. Indem nun römische Legionäre zu Gunsten der Händler eingeschritten waren, hatte sich eine grosse Soldatenschlägerei entwickelt, bei welcher mehr als 200 umgekommen waren. [49])

Derartige Zustände im römischen Reiche blieben aber den Barbaren selten unbekannt. Fast immer fanden sich Ueberläufer, oft auch nur ganz zufällige Gelegenheiten, welche die Kunde vermittelten. [50]) Im gegenwärtigen Falle kehrten in den die römischen Legionen verlassenden gothischen Söldnern ebensoviele Verkündiger der römischen Verhältnisse nach der Donau zurück. Die Wirkung ihrer Schilderungen liess nicht lange auf sich warten. Was noch an den Ufern der Donau von gothischen Schaaren streifte, drang jetzt in einem mächtigen Schwarme gegen Macedonien vor, welcher, von den Besatzungen der Städte wenig behelligt, in gewohnter Weise plündernd das Land durchzog. Theodosius hatte sich wieder zu dem Haupttheile seiner Truppen begeben. Allein die innere Unordnung, in welcher er dieselben vorfand, hielt ihn vorerst noch von allen Angriffsbewegungen zurück. Er beabsichtigte wohl erst wieder in kleineren Vorstössen und Ueberfällen den kriegerischen Geist und die Disciplin seiner Soldaten herzustellen, bevor er einen entscheidenden Schlag wagte. Indes diesmal kamen ihm die Barbaren zuvor. Durch Ueberläufer hatten sie sich Kenntniss von der römischen Lagerordnung verschafft. Ein mächtiges Wachtfeuer, welches sie Abends auflodern sahen, wurde ihnen, wie sie vermuthet hatten, als Zeichen für den Standort des kaiserlichen Zeltes angegeben. Mitten in der Nacht unternahmen sie auf diesen

---

49) Zos. IV, 30.

50) Vgl. bei Amm. XXXI, 10. den Anlass zu dem grossen Einfall der Lentienseu im Frühjahr 378 durch die absichtslosen Erzählungen eines in der römischen Garde dienenden und in die Heimath beurlaubten Volksgenossen.

Punkt einen Ueberfall. Die Ueberraschung der Römer gelang. Der Uebergang eines Theiles ihrer Volksgenossen in ihre Reihen erleichterte das schnelle Vordringen der Barbaren. Theodosius stand in Gefahr in Gefangenschaft zu gerathen. Da jedoch zeigte sich, dass er, eines der schönsten Zeugnisse für einen Feldherrn, die Herzen seiner Soldaten voll und ganz besass. Seine römischen Truppen warfen sich trotz ihrer Minderzahl zum Schutze ihres Führers wie ein Mann den Feinden entgegen und mit ihnen zugleich ein Theil der Barbaren, denen, wie der römische Geschichtschreiber sagt, ihre Gefolgstreue höher stand als das Band der Blutsverwandschaft. Der Uebermacht gegenüber besiegelten sie sämmtlich ihre Treue mit dem Tode. Aber Theodosius hatte indes Zeit gewonnen, sich mit seinem Gefolge durch die Flucht zu retten. Glücklicherweise verfolgten die Barbaren ihren Sieg nicht, sondern begnügten sich das ihnen nun völlig offen liegende Macedonien und Thessalien auszuplündern.[51]

Jedoch auch so blieb die Lage des Theodosius verzweifelt genug. Seine Hauptmacht war zersprengt. Die Reste, welche sich gerettet hatten, sowie die übrigen Truppen befanden sich in den Städten Macedoniens zerstreut; entmuthigt und in dem vom Feinde durchschwärmten Lande der Verfügung entzogen. Die europäischen Gebietstheile seines Reiches waren sämmtlich in der Hand der Barbaren. Ehe aus den asiatischen Provinzen neue Truppen herangezogen waren, konnte das Jahr zu Ende gehen. Seine eigne Thatkraft wurde durch neue Krankheitsanfälle gelähmt.[52] Es erscheint vollkommen begreiflich, dass er in dieser Noth an seinen Mitkaiser Boten um Hülfe schickte. Allein auch Gratians Lage war damals keine beneidenswerthe.

Im Norden Germaniens hatte gegen Anfang der Regierung des Theodosius eine neue Völkerbewegung stattgefunden. Die

---

51) S. Zos. IV c. 31.

52) Jord. c. XXVII p. 105 berichtet, dass Theodosius noch krank war, als Gratian die Gothen beruhigte. Ebenso Prosp. Aquit. z. J. 380. Danach muss sich die Krankheit also vom Frühjahr durch den ganzen Sommer hingezogen haben, und diese Annahme erklärt sowohl die einander scheinbar widersprechenden Nachrichten des Socr. V, 6; Soz. VII, 4; Zos. IV, 34 am ungezwungensten, wie auch den auffallenden Umstand, dass Theodosius nach dem Cod. Theod. den ganzen Sommer ruhig in Thessalonika verweilte.

Langobarden waren aus ihren Grenzen aufgebrochen und hatten unter ihren Führern Ibor und Ajo die Vandalen besiegt und aus ihren Wohnsitzen verdrängt. [53]) Diese waren auf ihrer Wanderung gegen Westen vordringend zum Rheine gelangt und bedrängten nun die gallischen Länder Gratians, welcher auf diese Nachricht aus Italien herbeigeeilt war. Noch während er hier nun gegen die Vandalen beschäftigt war, empfieng er die Botschaft von der Krankheit und dem Unglück des Theodosius. [54]) Wahrscheinlich entledigte er sich bei dieser Nachricht zunächst der drängendsten Gefahr, indem er den Vandalen in dem ohnehin schwer haltbaren Uferpannonien Wohnsitze anwies. [55])

Sodann aber entsendete er einen Theil seines Heeres nach Osten, um seinem bedrängten Mitregenten den nöthigen Beistand zu leisten. [56])

---

53) Vgl. Prosp. Aquit. chron. z. 379; v. Wietersheim IV p. 478 hält diese Langobardenwanderung für möglich, indes durch diese Stelle noch nicht für bewiesen. Da aber Jord. c. XXVII diesen Stoss in seinen Folgen, nämlich in dem Vandalenzug ebenfalls kennt und wahrscheinlich auch Zos. IV, 34, so glauben wir den Kern dieser Nachricht als historisch annehmen zu dürfen. Unsere Ansicht über die Entstehung von Zos. IV, 34 ist folgende: Zosimus, wie er in der Folge ein und dasselbe Ereigniss in einem doppelt vorliegenden Berichte nicht wieder erkannt hat und doppelt erzählt (s. c. 35 u. c. 38), hat hier gerade umgekehrt zwei verschiedene Thatsachen aus zwei Quellen nur als deren besondere Erzählung desselben Faktums angesehen und daher irrig verschmolzen.

Die eine Quelle nämlich berichtete wahrscheinlich, dass Schwärme germanischer Nationalität (es waren die Vandalen gemeint) unter ihren Führern über den Rhein brachen und Gratian bedrängten, bis dieser Verhandlungen mit ihnen anknüpfte und ihren Abzug durch die Erlaubniss die Donau zu überschreiten und nach Pannonien zu gehen, veranlasste.

Die zweite Quelle enthielt die Nachricht, dass 2 grosse Schwärme unter ihren Führern Fritigern und Alatheus-Safrax gegen Süden (Epirus-Griechenland) und Westen (Pannonien) losbrachen, welche nachher mit Gratian in friedliche Verhandlungen traten.

Aus beiden Nachrichten ist bei Zosimus die ganz wirre Erzählung c. 34 zusammengeflossen, welche die Gothen über den Rhein gehen lässt etc.

54) Jord. XXVII p. 105.

55) Dies folgt aus Zos. IV, 34, falls unsere in Anmerk. 53. ausgesprochene Vermuthung richtig ist.

56) Zos. IV, 33.

Den Oberbefehl übertrug er an zwei Franken, Bauto und
Arbogastes, welche durch die an ihnen gerühmte Gefolgstreue,
durch ihre Unbestechlichkeit römischer Beamtenhabsucht gegenüber,
durch klaren Führerblick und mächtige Körperstärke zu den aus-
gezeichnetsten Vertretern ihres Stammes gehörten. Mit ihrer Ankunft in Macedonien und Thessalien [57]) begannen sich allmählich
wieder die Verhältnisse zu Gunsten der Römer zu verändern. Die
hier schweifenden Barbaren merkten bald an den umsichtigen Anordnungen und der kühnen Führung der beiden Franken, dass
ihnen ein neuer und gefährlicher Gegner entgegen getreten sei.
Einem solchen gegenüber aber wagten sie nicht Stand zu halten,
sondern zogen sich nach Thracien zurück, so dass Theodosius
wenigstens einigermassen wieder freie Hand erhielt. [58])

Um dieselbe Zeit aber, d. h. in der zweiten Hälfte des Jahres 380
müssen zwei Ereignisse eingetreten sein, welche die folgenreichste
Wendung zu Gunsten Ostroms herbeiführten und welche Theodosius im wesentlichen nur seinem guten Glücke verdankte. Das
war einmal der Tod Fritigerns [59]) und ferner der Uebertritt Athanarichs mit den Seinen auf römisches Gebiet. [60])

Gerade bei Völkern auf einer noch nicht sehr hohen Cultur-
stufe ist die Bedeutung der Persönlichkeit noch eine ausserordent-
lich grosse. Man braucht nur an Gestalten wie Arminius, Maro-
boduus und an den schnellen Zerfall ihrer Schöpfungen zu denken,
um Belege für diesen Satz zu erhalten. Ein Volkskönig von ähnlicher Macht der Persönlichkeit war auch Fritigernes gewesen.
Sein Tod musste jetzt ähnlich zersetzende und auflösende Wirkungen auf die Macht der Westgothen ausüben. Ohne den eini-
genden Mittelpunkt, ohne die planmässige Leitung des von allen
anerkannten Führers musste nothwendig der lockere Zusammen-

---

57) Nicht unwahrscheinlich erscheint mir die Vermuthung von Wietersheim IV p. 322, dass diese über See in Epirus landend von hier
vorgedrungen seien.

58) Vgl. Zos. IV, 33.

59) Derselbe wird durch das Verschwinden Fritigerns aus der Geschichte seit dieser Zeit und die Worte Jord. c.XXVIII p. 106 „qui (sc.
Athanaricus) tunc Fritigerno successerat" bezeugt.

60) Vgl. Eunapii fragmenta de legationibus gentium 7 p. 52. Die
Stelle des Eunap. Fragm. de sent. 46 p. 82 bezieht dagegen v. Wietersheim IV p. 522 wohl unrichtig hierher, denn unmöglich konnte damals
das rechte Donauufer schon wieder von den Römern besetzt sein.

hang zwischen den einzelnen Stämmen aufhören, deren grösster
Theil, unschlüssig über ihr ferneres Benehmen, wahrscheinlich
durch die Pässe von Epirus nach dem Norden zurückkehrte.

Hier nun begegneten sie dem alten Gegner Fritigerns Athanarich, welcher, von den Fluthen der Völkerwanderung nach
langem Ringen doch endlich auf römisches Gebiet geworfen,
kampfesmüde für sich und die Seinen Frieden und Wohnsitze
bei Theodosius suchte. [61]) Sein Erscheinen brachte sie in eine
bedenkliche Lage. Denn während in Thracien noch die unter-
nehmenden Generäle Gratians, Bauto und Arbogast, mit ihrer
Heeresabtheilung standen, war dieser selbst von Westen her mit
einem Heere nach Illyrien herangerückt, wo sich Vitalianus, der
Befehlshaber der Illyrischen Legionen, den schwierigen Verhältnissen bisher keineswegs gewachsen gezeigt hatte. [62]) So mussten
die Gothen von drei Seiten her einen Angriff fürchten. Dazu
kam der gerade jetzt recht fühlbare Mangel einer Oberleitung
und der natürliche Ueberdruss an einem ruhelos schweifenden
Räuberleben, welches auf die Dauer dem Gesittungszustande, in
welchem sich diese Völker befanden, doch nicht entsprach.

Es erscheint demnach nicht auffallend, dass Gratian mit seinen
Bemühungen, nicht durch Waffengewalt, sondern durch friedliche
Unterhandlungen eine dauernde Beruhigung der gothischen Völkerschaften herbeizuführen, gerade damals den günstigsten Erfolg
hatte. Wo sich einzelne Stämme schwierig zeigten, da thaten
kaiserliche Gunstbezeugungen und Geschenke das Ihrige, um sie
fügsam zu machen. Die Zusicherung von Lieferungen an Le-
bensmitteln scheint eine allgemeine Friedensbedingung gewesen
zu sein.

Diese kluge Thätigkeit Gratians, welche sich zunächst wohl
auf die Gothenschwärme in Pannonien und Obermösien erstreckte,
konnte Theodosius nach eingetretener Besserung seines Gesund-
heitszustandes mit gleichem Erfolge in den südlichen Provinzen
fortsetzen. Seit Ende Juli finden wir ihn wieder ausserhalb Thessa-

---

61) Vielleicht waren es die vom Rheine zurückwandernden Vandalen,
welche zugleich mit dem von NW. sich weiter gegen SO. fortpflanzenden
Langobardenstosse auf ihn drückten.

62) Vgl. Zos. IV, 33. H. Richter nimmt in der kurzen Darstellung
dieser Verhältnisse p. 510 ff. die persönliche Anwesenheit Gratians im
Osten nicht an. Dieselbe wird aber durch Jord. XXVII bestätigt.

lonikaa. [63]) Die durch Arbogast und Banto nach Thracien zurück-
gedrängten Barbaren hatten selbst bereits bei ihm um Frieden
nachgesucht. Von Hadrianopel aus, wo er am 17. August war[64]),
wird er das Verhältniss mit ihnen zum Abschluss gebracht haben.
Viele derselben traten wieder in seine Dienste. Am 8. September
finden wir ihn in Sirmium [65]), auch hier jedenfalls mit der friedlichen Regelung der Dinge beschäftigt. Dem alten Herzog Athanarich begegnete er aufs gnädigste, zeichnete ihn durch Geschenke
aus und lud ihn nach seiner Hauptstadt Constantinopel ein. [66])

So war mit den letzten Monaten des Jahres 380 ein fried-
licher Zustand der Diöcesen Thracien und Macedonien wenigstens
soweit hergestellt, dass Theodosius es wagen durfte, nach Zurück-
lassung hinreichender Besatzungen in den Kastellen und befestig-
ten Städten [67]) selbst den eigentlichen Kriegsschauplatz zu verlassen, um sich nunmehr nach seiner Hauptstadt zu begeben.
Von Thessalonika brach er dorthin auf. [68]) Am 14. November
hielt er seinen feierlichen Einzug in Constantinopel [69]), in einer

63) Vgl. Cod. Theod. XII, 12, 7. Dieses Gesetz vom 27. Juli ist
von Constantinopel datiert und es wäre möglich, dass Theodosius sich
bereits damals ganz kurze Zeit in der Hauptstadt aufgehalten hätte.
Freilich ist die Wahrscheinlichkeit, dass Theodosius vom 14. Juli bis
20. September, wie der Cod. Theod. angibt, nacheinander in den Orten:
Thessalonika — Constantinopel — Hadrianopel — Thessalonika — Sirmium
— Thessalonika gewesen sei, mit Rücksicht auf den ungeheuren Weg,
den er dann in dieser verhältnissmässig sehr kurzen Zeit zurückgelegt
haben müsste, keine sehr grosse.

64) Cod. Theod. XV, 1, 21.

65) Cod. Theod. VII, 22, 11.

66) Für den Gang dieser Ereignisse erschien mir der Bericht des
Jord. c. XXVII und XXVIII z. Anf. ungleich klarer und richtiger als
der des Zos. IV. c. 32—34. Derselbe ist daher unserer Darstellung
zu Grunde gelegt, während aus Zosimus nur die einzelnen Thatsachen
ohne die Zuthat seiner eigenthümlichen historischen Verknüpfung aufgenommen sind. Mit Jordan. stimmt auch die wichtige Nachricht bei
Prosp. z. J. 380. *Procurante Gratiano, eo quod Theodosius aegrotaret,
pax firmata cum Gothis.*

67) Vgl. Zos. IV, 32.

68) Vielleicht erst nach einem neuen Krankheitsanfalle. S. Anmerkung 69.

69) Das Datum bei Idac. Fast. z. 380. — Socr. V, 6 sagt nur mit
ungefährer Zeitbestimmung „ἀναῤῥωσθεὶς οὖν ἐκ τῆς νόσου μετ' οὐ
πολλὰς τὰς ἡμέρας ἐπὶ τὴν ΚΠ. ἔρχεται περὶ τὴν τετάρτην καὶ εἰκάδα

Weise, sagt Zosimus bissig, wie wenn er den glänzendsten Triumph
wegen eines ruhmvollen Feldzuges feierte. [70])

Aber war auch der Feldzug von 380 kein sehr glorreicher
gewesen, und hat man auch in den Siegen, welche dieses Jahr
öffentlich verkündigt wurden [71]), nichts weiter zu sehen, als die
im grossartigen Bulletinstyl gehaltenen Bekanntmachungen einzel-
ner an sich wenig bedeutenden Waffenthaten; der schliessliche
Erfolg, die Anbahnung eines Allgemeinfriedens mit den Gothen,
war dennoch ein immerhin grosser zu nennen. Wie günstig für
dessen Herbeiführung eine zufällige Umgestaltung der Verhältnisse
gewirkt hatte, wurde bereits angedeutet. Ein rühmlicher Antheil
an dem glücklichen Ausgange gebührte ferner Gratian und seinen
Feldherrn. Indes auch Theodosius selbst, sobald er wieder persönlich in den Gang der Dinge eingreifen konnte, hatte es verstanden, die Misserfolge seiner Waffen auf dem Felde politischer
Thätigkeit völlig wett zu machen.

Allein dem klug berechneten Verfahren seiner ferneren Massnahmen aber ist es zu verdanken, dass das glücklich begonnene
Werk auch wirklich zu Ende geführt wurde, dass sich aus der
für den Augenblick hergestellten Ruhe ein wirklich dauernder und
gesicherter Friede mit den Gothen entwickelte, dass aus diesen
gefürchteten Gegnern in der Folge einer der nützlichsten Bestandtheile des Reiches in Krieg und Frieden wurde. [72])

Wir schliessen hier ein Ereigniss an, welches in Folge der
klugen kaiserlichen Politik nicht zum wenigsten mitgewirkt hat,
diesen friedlichen Anschluss des gothischen Elementes an das römische Reich herzustellen, und welches man als den äusseren
Abschluss der Periode des Gothenkrieges, der ersten in der Regierung des Theodosius, ansehen kann. In den ersten Januar-
tagen des Jahres 381 nämlich folgte Athanarich, welcher damals

---

τοῦ Νοεμβρίου. In der Datierung des Gesetzes Cod. X, 10, 15. *Dat.*
XVI. Kal. Dec. (16 Nov.) Thessalonica. Gratiano et Theodosio A. A.
Coss. muss demnach ein Fehler sein. —

70) Marc. chron. z. 380 sagt in der That: *Theod. Magnus triumphierte*
in diesem Jahre über die scyth. Völker. Oros. VII, 4 nur: „*Er zog*
in CP. als Sieger ein." Philost. IX, 19: *Er zog mit ungeheurem Pompe*
in CP. ein. — Die Stelle bei Zosimus IV, 33.

71) Idac. Fast. z. 380.

72) Vgl. Pac. c. XXII.; Them. Or. XVIII. p. 267.

wohl wieder die Anerkennung der meisten westgothischen Stämme als Oberherzog besass [73]), der an ihn ergangenen Einladung des Kaisers. Am 11. Januar kam er in Constantinopel an. [74]). Theodosius bereitete ihm den glänzendsten Empfang. Er selbst gieng dem Barbaren vor die Stadt entgegen. Seine gewinnende Freundlichkeit, die glänzenden Geschenke und Ehren, womit er ihn und sein Gefolge überhäufte, die niegesehene Pracht der Hauptstadt, von der er immer nur wie von einem Märchen gehört hatte, rissen den alten Römerfeind völlig hin. Er empfand der überwältigenden Macht der Cultur gegenüber dieselbe ohnmächtige Schwäche, welche noch jetzt rohe Völker überschleicht, wenn ihnen zum erstenmale der Europäer mit seinen Wundern gegenübertritt. Höhere Wesen schienen ihm hier die im Kampfe so oft verachteten Römer, ein Gott ihr Kaiser zu sein. Aber Athanarich hatte keine Zeit mehr, seinen veränderten Gesinnungen gegen die Römer anders als in Worten Ausdruck zu geben. Er starb schon 15 Tage nach seiner Ankunft in Constantinopel [75]); sei es, dass sich so der Bruch seines Eidschwures rächte, durch den er einst, wie Hannibal, ewige Feindschaft gegen Rom gelobt hatte, sei es in Folge der Ueberfülle ungewohnter Genüsse. Indes sein Tod gab dem Kaiser nur einen neuen Anlass, sich die Herzen der Gothen zu gewinnen. Mit noch grösseren Ehren, als er ihn empfangen hatte, liess er ihn jetzt zur Ruhe bestatten. Er selbst schritt in dem Gepränge des Trauerzuges dem Leichenwagen voraus. In dem prachtvollen kaiserlichen Erbbegräbnisse, neben den Sarkophagen der Weltherrscher sahen die trauernden Gothen die Reste ihres Herzogs beisetzen. In gütigster Weise von Theodosius entlassen, kehrten sie bald darauf, voll von den erlebten Eindrücken, zu den Ihrigen zurück. [76])

Das Gefühl der Dankbarkeit, welches sie aus der römischen

---

73) Jord. c. XXVIII.

74) So nach Idac. Fast. z. 381. — Im Januar sagt Marc. chron. z. 381. Die Ankunft desselben erwähnen ausserdem: Idac. chron. III.; Prosp. Aqu. (aber irrthümlich zu 352); Oros. VII, 34; Jord. c. XXVIII; Zos. IV, 34; Them. Or. XV. p. 234.

75) Am 25. Januar nach Idac. Fast. z. 381. Im Übrigen siehe die in Anmerkung 71. citierten Stellen.

76) Zos. IV, 34 und Jord. c. XXVIII p. 107. Vgl. noch Ambros. de spirit. scto. l. l. Prolog. §. 17. p. 603.

Hauptstadt für den Freund und Wohlthäter ihres Herzogs zurück-
brachten, regten sie nun durch ihre bewegten Schilderungen, durch
ihr einstimmiges Lob des grossen römischen Kaisers auch in den
Herzen ihres Volkes an. Soweit Athanarichs Name unter den
Gothen hochgehalten worden war, liessen die Stämme jetzt die
alte Feindschaft gegen den römischen Namen fallen. Zahlreiche
Schaaren nahmen, von dem Glanze des römischen Soldatenlebens
gelockt, bei Theodosius Dienste. Die übrigen traten in eine Unter-
thanenstellung zum römischen Reiche, in welcher sie, ohne Beein-
trächtigung ihres nationalen Zusammenhanges, in Dacien und Mösien als freie Anbauer Wohnsitze angewiesen erhielten. Ohne
die drückende Verpflichtung der Steuerzahlung und sogar noch
durch jährliche kaiserliche Geschenke ausgezeichnet, hatten diese
gothischen Föderaten, wie sie genannt wurden, nur im Fall eines
Kriegszuges des Kaisers Hülfstruppen zu stellen. Den Abschluss
dieses Bundesverhältnisses, sowie die Aufgabe, auch die noch
widerspenstigen Theile des Volkes allmählich zur Annahme desselben zu bringen, übertrug Theodosius dem General Saturnin.
Ganz im Sinne seines kaiserlichen Herrn führte dieser mit Klugheit und Glück während der J. 381 u. 382 seinen Auftrag aus.
Der 3. October 382, welcher wahrscheinlich die Einfügung der
letzten Schaaren in den römischen Staatsverband bezeichnet, kann
als das abschliessende Datum dieses gewaltigen Gothenkrieges angesehen werden.

Zweites Kapitel.

Zustände und Vorgänge in Constantinopel in dieser Zeit. — Gregor von
Nazianz und der Cyniker Maximus. — Sturz des Arianismus in Constantinopel. — Sendung des Sapor. — Streit zwischen Paulinus und Flavianus in
Antiochien. — Das zweite öcumenische Concil. — Nectarius zum Bischof
von Constantinopel gewählt. — Verhältniss zwischen abend- und
morgenländischer Kirche.

Als Gratian 379 seine Wahl gerade auf den Spanier Theodosius lenkte, da hatte vor allem dessen militärische Begabung
den Ausschlag gegeben. Aber unzweifelhaft ist es, dass daneben
für den geistlichen Sohn des h. Ambrosius noch ein anderer Um-

stand mit bestimmend war, das war der der Rechtgläubigkeit seines zukünftigen Mitregenten. Denn für die nächste Aufgabe desselben, für die Bekämpfung und Beruhigung der Gothen, schien
zwar die letztere Eigenschaft entbehrlich zu sein; aber mit der
abendländischen Kirche hatte gewiss auch Gratian, ihr treuester
Sohn, den heissen Wunsch, den Osten endlich auch von den Feinden Gottes, den Irrgläubigen, gereinigt zu sehen, und dieses grosse
Werk konnte selbstverständlich nur von einem rechtgläubigen
Kaiser erwartet werden. Jene erste Aufgabe nun hatte der neue
Augustus im Laufe der beiden ersten Jahre seiner Regierung gelöst. Mit Spannung musste man jetzt in der kaiserlichen Residenz
zu Trier und vor allem im bischöflichen Palaste zu Rom und
Mailand seiner weiteren Thätigkeit entgegensehen. Sie entsprach
den Hoffnungen, welche bereits der erste Schritt desselben auf
kirchlichem Gebiete erregt hatte.

Unmittelbar nach seinem Einzuge in Constantinopel betrat
Theodosius von neuem und diesmal erfolgreicher den Weg, auf
welchen ihn sein Taufvater Acholius hingewiesen hatte.

Um aber die Vorgänge der nächsten Zeit klar übersehen zu
können, wird es nöthig sein, die religiösen Verhältnisse des Orients
und besonders die kirchlichen Zustände Constantinopels in dieser
Zeit kurz darzulegen.

Seit Arius dem Sohne Gottes Dasein von Ewigkeit und wahr-
hafte Gottheit abgesprochen, Athanasius gegen ihn die Wesens-
gleichheit Christi mit dem Vater auf seine Fahne geschrieben hatte,
war die römisch-christliche Welt immer mehr in eine morgenlän-
dische, welche dem Arius anhing, und in eine abendländische,
welche für Athanasius kämpfte, auseinandergetreten. Durch Klugheit und Furcht hielt Constantin der Grosse noch künstlich die
Einheit der Kirche aufrecht. Aber mit seinem Tode (337) trat
die grosse Spaltung auch äusserlich ein. Eine Synode zu Sardica
(345), welche beide Theile der Reichskirche versöhnen sollte, diente
nur dazu die Trennung schärfer zu machen. Seit Constans und
Constantius traten die Kaiser mit ihrer weltlichen Macht für den
ewigen und unewigen Christus in die Schranken. Im Orient war
es nach Constantius besonders Valens, dem der Arianismus hier
seine herrschende Stellung verdankte. Bei seinem Tode waren
alle bedeutenden Bischofssitze mit Ausnahme weniger in den Händen von Arianern; so besonders auch der der mächtigsten Stadt

des Reiches, Constantinopels selbst. Aber neben dieser herrschenden Partei wurde die orientalische Kirche aus einer Menge von Sekten gebildet, welche auf dem Boden der Speculation über das Wesen des Logos und des Geistes wie Pilze emporgeschossen waren. Neben der alten heidnisch-christlichen Sekte der Manichäer begegnen die Namen der Eunomianer, Macedonianer, Apollinaristen, Pneumatomachen, Photinianer, Actianer, Enkratiten, Apotaktiten, Sakkophoren und anderer. Besonders in der von Menschen wimmelnden Hauptstadt drängten sich alle diese Schattierungen des Christenthums zusammen; stets gegeneinander im lebhaftesten Streite, ob dem Sohne Homousie oder Homoiusie oder Heterusie mit dem Vater zukomme, ob der Geist nur eine Wirkung oder ein Geschöpf Gottes, oder ob er selbst wesensgleicher Gott sei, aber in einem Punkte alle unter sich und mit Arianern und Nicänern einig, nämlich im Kampfe gegen das Heidenthum.

Altersstarr, ohne jenes innere Leben, welches in der christlichen Kirche so überreich pulsierte, stand dasselbe noch wie eine einst mächtige, nun in sich selbst zerfallende alte Burg. Bis zu Constantins Zeiten Staatsreligion, von ihm nur noch geduldet, hatte es unter dessen Nachfolgern bereits wirkliche Angriffe erfahren. Auch die Bemühungen eines Julian hatten es nicht zu beleben vermocht. Im Orient, wo dasselbe nicht auf einem so altehrwürdigen festen Grunde ruhte wie im Abendlande, bedurfte es nach dem Tode des Valens nur noch eines grossen Stosses, um den scheinbar noch mächtigen Bau in Trümmer zerfallen zu lassen.

Dieses im Allgemeinen die religiösen Zustände, in denen Theodosius sein Reich antraf. Wenden wir uns nun den kirchlichen Vorgängen zu, welche sich während seines Aufenthaltes in Thessalonika in der Hauptstadt abspielten.

Valens war ein zu eifriger Verfolger der Athanasianer gewesen, als dass bei seinen Lebzeiten das kleine Häuflein derselben in seiner Hauptstadt sich zu einer wirklichen Gemeinde zusammenzuschliessen gewagt hätte. Aber als den irrgläubigen Verfolger die Strafe Gottes ereilte, als aus dem fernen Sirmium die Kunde anlangte, dass in Zukunft ein rechtgläubiger Herrscher die Geschicke des Orients lenken werde, da liess sich der Glaubensmuth der wahren Bekenner Christi in Constantinopel nicht länger halten. In einer Vorstadt, in dem abgelegenen Hause eines Gläubigen, traten sie als orthodoxe Kirche der Hauptstadt zusammen. Ein

Bischof stellte sich an ihre Spitze; für sie forthin das einzig recht-
mässige kirchliche Oberhaupt von Constantinopel, der Ansicht der
Arianer und den thatsächlichen Verhältnissen nach freilich nur
der Vorsteher eines der zahlreichen vorstädtischen Conventikel.
Dieser Vorkämpfer der athanasianischen Lehre in Constantinopel
war Gregor von Nazianz, den seine Anhänger auch den Grossen oder den Theologen genannt haben. Seine Bedeutung für
die nächste Zeit wird es rechtfertigen, wenn wir hier einen kurzen
Abriss seines früheren Lebens geben.

Gregor war in Cappadocien als der Sohn des Bischofs der
kleinen Stadt Nazianz geboren. Nachdem er als Jüngling in Gemeinschaft mit seinem Landsmanne und Freunde Basilius an dem
Quell aller Weisheit, in Athen besonders philosophischen und
rhetorischen Studien obgelegen, kehrte er in seine Heimath zurück.
Hier vermählte er sich wahrscheinlich mit Theosebia, der Schwester des Basilius und Gregors von Nyssa, des dritten grossen
Cappadociers.[1] Indes nach einiger Zeit lösten beide Gatten in
freier Entschliessung diese Verbindung wieder, um sich nach dem
frommen Hange der Zeit ganz dem Dienste der Kirche zu widmen.
Gregor zog sich jetzt in die Einsamkeit der pontischen Wüste
zurück. Die eine Seite seines Wesens, ein schwermüthig schwär-
merischer Zug, kommt in dieser Weltflucht zum Ausdruck. Aber
dem unruhigen ehrgeizigen Streben, welches zugleich in der Brust
dieses Mannes brannte, schien bald der Weg endlos, an dessen
Ziele dem frommen Einsiedler der Glanz der Heiligkeit winkte.
Als Basilius aus der Stille der Wüste auf den Bischofsthron von
Cäsarea, der Metropole Cappadociens berufen wurde, da duldete
es auch ihn nicht lange mehr in seiner Zelle. Sein Freund erfüllte
seine Wünsche, jedoch auf eine Art, in welcher Gregor nur das
Gegentheil eines Freundschaftsbeweises erblickte. Basilius weihte
ihn nämlich zum Bischof von Sasima, und wenn wir die Schilderung lesen, welche Gregor selbst von diesem Orte entwirft, so
können wir allerdings die beweglichen Klagen verstehen, welche
dem hochstrebenden Priester die zweifelhafte Gunst des Metropoliten
entlockte.

Ein erbärmliches enges Städtchen, wasserlos und sonnenver-

---

1) Vgl. Greg. Naz. Op. T. II ep. CXCII p. 162; Id. Epigr. CXXIII,
p. 1158 und Carm. XLVI v. 283.

brannt, eine Station der Staatspost am Kreuzungspunkte dreier
Strassen, wohin sich ein Freigeborner nur auf der Durchreise
verirrte; erfüllt von Staub und Wagengerassel, oder von dem
Jammern und Geschrei der Unglücklichen, von denen der kaiserliche Executor mit der furchtbaren Bleigeisel die schweren Lieferungen beitrieb: Das war Sasima in Cappadocien, der neue Bischofssitz Gregors.[2]) An diesem abgelegenen Orte war freilich für den
Bischof keine Aussicht, eine hervorragende Stellung zu gewinnen
und sich vor der Welt auszeichnen zu können. Dagegen in
selbstverläugnender Liebe die Mühseligen und Beladenen mit dem
Troste des Evangeliums zu erquicken und sich so den schönsten
Ruhm eines christlichen Priesters zu erwerben, dazu sehen wir
damals, trotz der reichen Gelegenheit, die sich ihm hier bot, bei
dem ehrgeizigen Gregor leider keinerlei Neigung. Sein leiden-
schaftliches Gemüth war nur von dem bitteren Gefühle erfüllt,
dass Basilius über 50 Unterbischöfe gebiete, während seine Vorzüge und Talente in dieser elenden Stellung verkümmern sollten.

Zu sehr gelegener Zeit regte sich plötzlich wieder in ihm die
unwiderstehliche Sehnsucht nach seiner geliebten Einsamkeit. Er
verliess das unbequeme Amt und zog sich in gekränktem Stolze
von neuem in die Einöden der Wüste zurück.

Jedoch auch diese zweite Weltflucht kann nicht von zu langer
Dauer gewesen sein. Wir finden Gregor nach einiger Zeit wieder
in bischöflicher Wirksamkeit und zwar zu Nazianz, auf Bitten und
als Stellvertreter seines Vaters.[3]) Indes eine förmliche Wahl lehnte
er hier auch nach dessen Tode beharrlich ab, weil seinen hoch-
fliegenden Plänen der Bischofssitz der cappadocischen Landstadt
zu unbedeutend war, wie ihm seine Gegner gewiss mit Recht vorgeworfen haben. Um allem ferneren Bitten und Drängen zu entgehen, zog er sich nach Seleucia in das Kloster der h. Thekla
zurück. Aber schliesslich trieb es den ruhelosen Mann doch wieder n seine Heimath, und wieder finden wir ihn hier in der Verwaltung der bischöflichen Geschäfte, so dass er wenigstens der
That nach der Vorsteher der nazianzenischen Gemeinde war[4])

---

2) Greg. Naz. Op. T. II carm. XI v. 440 ff.
3) Greg. Naz. Op. Tom. II c. XI v. 700 ff.; Id. Ep. CLXXXII, C.
p. 149.
4) Socr. V, 6 sagt ausdrücklich, Gregor sei von dem Bischofssitz v.
Nazianz nach Constantinopel berufen worden.

und wohl auch schliesslich in seine formelle Einsetzung gewilligt
haben würde, wenn sich ihm nicht gerade um diese Zeit eine
Aussicht eröffnet hätte, welche ihm endlich einen seiner solange
verkannten Gaben würdigen Wirkungskreis zeigte.

Die rechtgläubige Gemeinde von Constantinopel bat ihn um
seine geistliche Führerschaft. Gregor hörte in dieser Bitte den
Ruf des heiligen Geistes. In seiner entzückten Phantasie mochte
er schon die Lehre des Irrglaubens vor der siegreichen Beredtsamkeit seines Mundes zu Boden geschmettert, mochte er sich
schon auf dem Throne der Metropole des Reiches erblicken. Die
Sorge um Nazianz musste einer höheren Pflicht weichen. Im Anfang des Jahres 379 zog er in Constantinopel ein. [5]

Freilich bitter muss seine Enttäuschung gewesen sein, als er
sich hier den wirklichen Verhältnissen gegenübersah. Noch heute
fühlen wir uns ergriffen von dem Tone verzweiflungsvoller Klage,
in welchem er einem Freunde auf dessen Frage, wie es ihm gehe,
erwiedert: Ach, traurig ist meine Lage! Basilius und Cäsarius
fehlen mir, der geistige und der leibliche Bruder. Mit David [6]
rufe ich: Mein Vater und meine Mutter haben mich verlassen.
Der Leib ist gebrechlich. Das Haupt vor Alter gebeugt. Sorgen
häufen sich auf Sorgen. Geschäfte umdrängen mich. Treulos sind
die Freunde. Der Kirche fehlt ein Hirt und Leiter. Das Gute
geht unter. In nackter Blöse erhebt sich das Böse. Eine Fahrt
in dunkler Nacht. Kein Licht leuchtet auf. Christus schläft.
Was soll ich thun? Nur eine Erlösung gibt es von dem Uebel,
den Tod. Furchtbar aber erscheint mir selbst das Jenseits, wenn ich
von dem drangsalsvollen Diesseits darauf schliesse. [7] Indes man
muss anerkennen, dass dieser eigenartige Charakter hier, wo er
zugleich für seine Glaubensüberzeugung und um den Preis eines
hohen Zieles kämpfen konnte, in der That eine unermüdliche
Thätigkeit entfaltete und muthvoll auf seinem schweren Posten
ausharrte.

In einer kleinen Kapelle, Anastasia genannt — frommer
Glaube behauptete später, weil hier die reine Lehre ihre Auferste-
hung gefeiert habe [8] — versammelte Gregor die Gläubigen, um

---

5) Greg. Naz. Carm. XI. v. 705.; Socr. V, 7; Cedr. p. 551.
6) Ps. XXVI, 10.
7) Greg. Naz. Op. T. II. Ep. LXXX Εὐδοξίῳ ῥήτορι.
8) Die andere ebenso unrichtige Erklärung des Namens bei den

sie in feuriger Rede in das tiefe Geheimniss der göttlichen Dreieinigkeit, den Gedanken seines Lebens, einzuweihen. Jedoch nicht
ohne Verdriesslichkeiten. Denn nicht nur freche Heiden wagten
es, ihren Spott über den arithmetischen Gott der Christen auszu-
lassen, sondern selbst unter seiner Herde waren viele, welche die
fromme Lehre nicht zu fassen vermochten, wie die göttliche Monas
dreigetheilt und die Trias wiederum eins sei, und die ihm daher
den argen Vorwurf machten, als ob er statt eines viele Götter
einführen wolle. [9]

Schlimmeres aber als dieses hatte Gregor von den über-
müthigen Arianern zu erleiden. Schon bei seinem Einzug in Constantinopel hatte ihn der hauptstädtische Pöbel mit Steinwürfen
begrüsst. Als er — wahrscheinlich zu Ostern 379 — an den
der reinen Lehre Neugewonnenen den hohen Akt des Taufmyste-
riums vollziehen wollte, stürmte plötzlich ein Haufe arianischer
Mönche, mit anderem Gesindel vermischt, in die Kirche, unter-
brach die heilige Feier, beschimpfte die Altäre und misshandelte
mit Schlägen und Steinwürfen den Bischof und die mithandelnden
Priester, welche sich, nur mit dem Schilde des Gebetes bewaffnet,
zwischen die Täuflinge und die Angreifer warfen. [10]

Aber für den rechten Glauben und in der Hoffnung auf
die Zukunft hielt Gregor allen Anfeindungen Stand. Jenen Glau-
bensrohheiten setzte er einen freudigen Duldersinn entgegen [11],
und wenn sich die Gegner der Pracht ihrer zahlreichen Kirchen
rühmten, wenn sie die geringe Zahl der Athanasianer verspotteten,
so wusste der fromme Bischof unverlegen viel grössere Vorzüge
seiner Partei aufzuzählen. Jene haben die Häuser, rief er den
Seinen ermuthigend zu, wir haben den, der darin wohnt. Sie
haben die Tempel, wir haben Gott. Jene die Völker, wir die
himmlischen Heerschaaren. Jene Gold, wir die reine Lehre. [12]
Leider aber fanden die Arianer bald Gelegenheit, über schlimmere
Verhältnisse in der nicänischen Gemeinde als über ihre Kleinheit
zu spotten.

Kirchenhistorikern führt ihn auf ein Wunder zurück, indem eine Frau
durch einen Sturz vom Chore herab getödtet, aber durch die Gebete der
Gläubigen wieder erweckt worden sei. Vgl. Soz. VII, 5; Cedr. p. 552.

9) Greg. Naz. Carm. XI v. 652 ff. Vgl. auch Carm. XV.

10) Greg. Naz. T. II Ep. LXXVII. Id. T. I Or. XXXIII n. 5.

11) Id. T. II Ep. LXXVIII. 12) Id. T. I Or. XXXIII n. 15.

Im Laufe des Jahres 379 nämlich tauchte in Constantinopel eine Persönlichkeit auf, deren Erscheinung nicht ohne ein gewisses Aufsehen blieb. Es war Maximus, ein cynischer Philosoph aus Aegypten, welcher aber zum Christenthum übergetreten war. Wir wissen nicht, ob man sich in den übrigen Religionskreisen der Hauptstadt besonders um denselben bemüht haben mag. In Gregor aber erwachte die lebhafteste Zuneigung für den stattlichen Mann, als er ihn in prächtigem Aufputze, das Haupt von Locken umwallt, durch die Strassen schreiten sah, als er überlegte, wie nützlich dessen Beredtsamkeit, in den Dienst seiner Kirche gestellt, wirken könnte, als er vor allem an den Triumph dachte, auch einen ehemaligen Verehrer des Herakles in seiner Herde zu haben.

Seine Bemühungen, ihn zu gewinnen, wurden vom Erfolge gekrönt. Seine Ueberzeugung, dass in kargen Zeiten auch leere Aehren für die Kirche mit gesammelt werden müssten, beseitigte die Bedenken, welche sich der übermässigen Eitelkeit und wohl auch einigen anderen Schattenseiten des Aegypters gegenüber geltend machten. Maximus wurde in die Gemeinschaft der Gläubigen Constantinopels aufgenommen. [13]) Bald entwickelte er die seltensten Eigenschaften. Wacker schimpfte er gegen die Ungläubigen mit, und Gregor hatte keinen glühenderen Verehrer seiner hinreissenden Beredtsamkeit als ihn. Leider besass der fromme Bischof damals nichts von der Klugheit der Schlangen, welche die Schrift ihren Gläubigen empfiehlt. Er hätte sonst unschwer bemerken können, wie der an den Tag gelegte übermässige Eifer Jenes nichts als Schein war, hinter welchem sich geheime Absichten verbargen. Aber gerade gegen das Lob seiner Beredtsamkeit besass Gregor, dessen Jugendwunsch es schon war, ein Redner zu werden, eine grosse menschliche Schwäche. Die Schmeichelei des schlauen Aegypters that daher in vollem Masse ihre beabsichtigte Wirkung, und während derselbe arbeitete seine dunkeln Pläne ins Werk zu setzen, hielt der dankbare Gregor schwungvolle Lobreden auf ihn [14]), machte ihn zum Genossen seines Hauses, seines Tisches, seiner Pläne. Niemand war ihm theurer als Maximus.

Jedoch bald sollte er auf das unangenehmste aus seinem glück-

---

13) Greg. Naz. T. II c. XI vers 750 ff und v. 990 ff.
14) Id. T. I p. 154: „Oratio in laudem Heronis philosophi." Der Pseudoname ist erst später für den des Maximus eingesetzt.

lichen Vertrauen aufgerüttelt werden. An Gregor nämlich war
bis dahin die nach den canonischen Gesetzen vorgeschriebene Ordination noch nicht vollzogen. Maximus nun hatte nichts geringeres
im Sinn, als durch vorherige Erschleichung der Weihen ihn von
seinem mühsam erkämpften Sitze zu verdrängen und sich selbst
darauf zu setzen. Wir kennen die dunkeln Beziehungen nicht,
in welchen der unternehmende Abenteurer zu Petrus, dem Ober-
hirten von Alexandria, stand, aber schon soweit wir, freilich nur
nach Gregors Bericht, das Unternehmen übersehen, tritt uns eine
der hässlichsten Priesterintriguen entgegen. Ein Presbyter aus
Thasus, beauftragt für seine Kirche proconnesische [15]) Marmortafeln
in Constantinopel zu kaufen, unterschlug die ihm dazu anvertraute
Summe zu Gunsten der Zwecke des Aegypters. Durch diesen mit
den Mitteln zur Bestechung ausgerüstet, wusste sich Maximus leicht
einen Anhang zu verschaffen; zum Theil aus den mit Gregor irgend-
wie unzufriedenen Elementen der Athanasianer, besonders aber
aus ägyptischen Schiffern, welche Getreide nach der Hauptstadt
gebracht hatten. Durch derartige Menschen, die gewöhnlichen
Brandstifter von Alexandria, wie sie der erbitterte Gregor nennt [16]),
stand er auch in Verbindung mit den bischöflichen Kreisen der
ägyptischen Metropole. Sie waren die Kundschafter, welche über
die hauptstädtischen Zustände im Palaste des Petrus Bericht erstatten mussten.

Als nun die rührige Thätigkeit des Maximus den Erfolg gesichert zu haben schien, tauchten in Constantinopel plötzlich eine
Anzahl ägyptischer Unterbischöfe auf. Sie hatten ihren Zeitpunkt
gut gewählt. Gregor lag krank. Während einer Nacht erfüllten
sie den Auftrag ihres Oberen. Umgeben von dem Schwarme seiner
Anhänger führten sie ihren würdigen Landsmann in die Anastasia-
capelle und erhoben ihn hier auf den bischöflichen Stuhl, um
am andern Morgen der Gemeinde ihren rechtmässigen Bischof zu
zeigen. Aber die grosse Mehrzahl des Volkes hatte ein richtigeres
Gefühl für Recht, als jene Priester. Es stellte sich entschieden
auf Seiten Gregors, welcher in schweren Tagen bei ihm ausge-
halten hatte. Als jene, um ihr Werk zu Ende zu führen, an

---

15) Von der Felsinsel Proconnesus in der Propontis, von welcher
diese *mar di marmora* genannt ist.

16) Greg. Naz. Tom. II c. XI v. 890. Die Schifferkaste war in
Aegypten seit den ältesten Zeiten die niedrigste.

Maximus die Tonsur und die Weihen vollziehen wollten, konnte dies nur in dem Hause eines Theatermusikanten geschehen, und die Ceremonie diente jetzt nur dazu, die aufgebrachte Stimmung gegen den Eindringling zu erhöhen und Gregor Gelegenheit zum bittersten Spott zu geben. [17] Es blieb den Aegyptern nichts übrig, als mit ihrem Schützling Constantinopel zu verlassen. Nichts destoweniger gaben sie ihr Ziel noch nicht auf. Sie schlugen den Weg in's kaiserliche Hauptquartier, nach Thessalonika ein. Als unschuldig Vertriebener trat hier Maximus vor den Kaiser. Seine Genossen bezeugten ihm, dass er allein rechtmässig zum Bischof von Constantinopel geweiht sei. Er bat den Theodosius um ein Handschreiben, durch welches seine Rechte in Constantinopel beglaubigt würden. Zum Glück für Gregor war der Kaiser von den Vorgängen in der Hauptstadt bereits unterrichtet oder sein natürlicher Scharfblick liess ihn das Richtige in dieser Angelegenheit erkennen. Maximus wurde sehr ungnädig abgewiesen und mit seinen Begleitern angewiesen Thessalonika zu verlassen. [18]

Für Gregor war zwar damit äusserlich der ärgerliche Zwist und zwar zu seinen Gunsten beendet, aber innerhalb seines Wirkungskreises machten sich Nachwirkungen desselben bedenklicher Natur geltend. Nicht nur die Irrgläubigen erinnerten sich jetzt der treuen Freundschaft zwischen ihm und Maximus und wendeten Sprichwörter wie „Gleich und Gleich gesellt sich gern" darauf an, sondern auch in seiner Gemeinde schüttelte mancher den Kopf, wie ein solcher Mensch das Vertrauen des Bischof's habe gewinnen können. Das Schlimmste war, dass sich Gregor selbst im Stillen gewiss nicht verhehlen konnte, von jenem nur überlistet zu sein, weil er seine Schwächen nicht beherrscht hatte. Er fühlte seine Stellung schwer erschüttert und einer Neubefestigung bedürftig. Er sprach von seinem Rücktritte. Erst als er sich in St. Anastasia von Bittenden umdrängt, als er die flehenden Blicke der Frauen sah, denen von Furcht durchschüttert die Stimme versagte, als er das Weinen der Kinder hörte, liess er sich von diesem Entschlusse abbringen und bis zu einer Versammlung der rechtgläubigen Bischöfe zum Bleiben bewegen. [19]

---

17) Vgl. Greg. Naz. T. II c. XI v. 924—938.
18) Id. c. XI v. 1001—1013.
19) Greg. Naz. carm. XI v. 1070 ff.

Seine fernere Wirksamkeit, das dürfen wir ihm wohl glauben, war ganz darauf gerichtet, die Eindrücke der letzten Zeit zu verwischen. Er hielt Predigten, deren milder, jedem Rigorismus fremder Ton auch Angehörige anderer Sekten herbeizog, und nach seinem Vorbild ermahnte er auch die Seinen, nicht durch spitzfindige Worte, sondern durch ein christliches Leben ihre Religion zu bethätigen. [20]) In dieser Thätigkeit kam der 14. Nov. 380 heran, welcher endlich nach zweijährigem Harren den rechtgläubigen Herrscher in seine Hauptstadt führte. [21])

Es ist der Zeitpunkt, mit welchem Theodosius, nachdem wir den Schauplatz seiner nunmehrigen religionspolitischen Thätigkeit kennen gelernt haben, wieder selbst in den Mittelpunkt unserer Darstellung tritt. Gleich in den ersten Tagen nach seiner Ankunft schickte der Kaiser dem Bischofe der Arianer Demophilus, als dem bisherigen wirklichen Metropoliten, die Aufforderung zu, sich zu den Glaubenssätzen des Nicänums zu bekennen, oder den geistlichen Thron und die Kirchen Constantinopels zu räumen. Demophilus, so schwer die Wahl war, vor die ihn die Macht des Selbstherrschers stellte, zögerte nicht, alle Macht und Ehre, welche die höchste kirchliche Würde des Orients verlieh, für seine Ueberzeugung hinzugeben. Er versammelte die getreuesten seiner Anhänger, wahrscheinlich zumeist seine Cleriker, zum letzten Male in einer der prachtvollen Kirchen, theilte ihnen den Befehl des Kaisers mit und rief ihnen als Wahlspruch die Worte des Matthäus zu: Wenn sie euch in einer Stadt verfolgen, so fliehet in eine andere. Darauf verliess er die Stadt, um fortan seine Anhänger ausserhalb der Mauern in den Vorstädten oder auf ländlichen Besitzungen um sich zu versammeln; mit ihm sein Freund, der Bischof Lucius, welcher einst aus Alexandria vertrieben und von Demophilus aufgenommen, nun mit seinem Schützer von neuem das Loos der Verbannung ertrug. [22]) Theodosius aber berief hierauf den Bischof seines Bekenntnisses in den kaiserlichen Palast. Es nahte jetzt der Augenblick, den Gregor mit den Seinen so oft herbeigesehnt, in dessen Erwartung er alles Bittere der letzten Jahre freudig ertragen hatte. Und dennoch, als er nun

---

20) Id. XI, v. 1135—1225.
21) Id. c. XI v. 1278 ff.
22) Socr. V, 7; Soz. VII, 5; Philost. IX, 19; — Cedr. p. 552; Theoph. p. 106. Die Chronologie auch hier bei den Byzantinern verwirrt.

vor dem Herrscher stand und nach dem gnädigsten Empfange aus
dessen Munde die seine kühnsten Hoffnungen verwirklichenden
Worte vernahm: „Dir und dem Verdienste deiner Mühen verleiht
Gott durch uns von nun an die Kirchen", da schien ihm der Sinn
derselben unfassbar, ihre Ausführung unmöglich. Er kannte ja
die kirchlichen Verhältnisse Constantinopels viel genauer als der
Kaiser, welcher kaum erst angekommen und, im kaiserlichen
Palaste stets von dem unvermeidlichen Schwarme von Hofbeamten
umgeben, der unmittelbaren Wirklichkeit entrückt war. Er wusste
ja, wie durch die Nachricht von der Vertreibung ihres Bischofs
die ganze arianische Stadt bereits in furchtbare Erregung versetzt
war, bereit, wie es schien, bei der ersten Gewaltmassregel in
tobenden Aufruhr auszubrechen. Aber der Priester dachte nicht
an die allmächtige Wirkung, welche das Bewusstsein, der Kaiser
will es, der Gott auf Erden, noch stets auf orientalische Gemüther
ausgeübt hatte, vor allem, wenn dieser Kaiser, wie Theodosius,
von dem Schimmer des Siegers umgeben war, und Legionen seinem selbstherrlichen Willen einen unwiderstehlichen Nachdruck
verleihen konnten. [23] Der 26. November war der Tag, an welchem Theodosius selbst seinen Bischof in den Besitz der kirchlichen Herrschaft zu setzen beschlossen hatte. [24] Die Hauptkirche
wurde von Truppen besetzt. An den Eingängen und in den heiligen Hallen standen militärische Wachen. Hierhin führte der
Kaiser, umgeben von seiner Garde, den von Furcht und Freude
gleichbewegten Gregor mit seinen Clerikern. Das Volk wagte
keinen Widerstand zu leisten. Aber ganz Constantinopel war an
diesem Tage in dumpfer Gährung. Hinter den Reihen der Soldaten wogte wie eine erregtes Meer eine unabsehbare Masse.
Während man an den Kaiser nur demüthige Bitten zu richten
wagte, wurden gegen den verhassten Priester zornige Ausrufe geschleudert. Alle Strassen und Gassen, alle Plätze und Rennbah-
nen, alles war voll Menschen. Aus allen Häusern bis in's zweite
und dritte Stockwerk schaute Kopf an Kopf; Männer, Frauen,
Kinder, Greise. Aber überall hörte man nur Seufzer und Klagen,

---

23) Greg. Naz. c. XI v. 1305—1325.
24) Dieses Datum bei Socr. V, 7. — Marc. chron. sagt: „mense De-
cembri." Die Thatsache ausser durch die in Anmerk. 22 citierten Stellen
auch durch Chron. Alex. bestätigt, hier aber irrthümlich in das J. 379
gesetzt.

sah man nur Thränen und kummervolle Mienen, wie wenn der
Feind seinen Einzug in die Stadt hielte. Ein trüber wolken-
schwerer Himmel schien die Trauer Constantinopels zu theilen.
Aber auch dieser Beweis, dass Gott mit den Vorgängen des Tages
unzufrieden sei, wurde den unglücklichen Arianern benommen.
Als der Zug zur Kirche gelangte, und der Kaiser mit dem Bischof
eben innerhalb der heiligen Schranken angekommen war, da brach
leuchtend die Sonne durch das dichte Gewölk des Novembertages.
Laut jubelte jetzt das rechtgläubige Volk dem Kaiser zu, und
zugleich wurden immer stürmischere Rufe laut, welche Gregor
zum Bischof von Constantinopel erbaten, bis dieser selbst aus
Bescheidenheit durch einen Priester die Ruhe herstellen liess, obgleich er es nicht verhindern konnte, dass Theodosius so die
Wünsche der Frommen kennen lernte. [25]

In der Hauptstadt war somit der arianische Irrwahn aus
seiner seit mehr als 40 Jahren behaupteten Herrschaftsstellung
verdrängt. Die nächste Aufgabe des Theodosius musste es sein, so
werden sicher Gregor und seine Genossen den Kaiser ermahnt haben,
nun auch den Provinzen die hohe Segnung und die Wohlthat der
reinen Lehre zu Theil werden zu lassen. Er willfahrte diesen
Wünschen durch das Gesetz, welches er am 10. Januar an den
prätorischen Präfekten Eutropius erliess. Wer dieses Gesetz liest,
wird sofort erkennen, dass ein Laie, zumal ein Soldat, nicht so
schreiben konnte, ohne unter dem Einfluss einer kirchlichen Partei
zu stehen, welche, durch eine lange Bedrückung gereizt, nun durch
die wüthendste Unduldsamkeit alles Bittere, was sie erlitten, rächen
wollte. Es wird allen Häretikern durch dasselbe untersagt, innerhalb der Städte Versammlungen abzuhalten. Nur der nicänische
Glaube soll, und zwar, wie man hofft, nun für alle Zeiten Geltung
haben. Die Befleckung des Schmutzes der Photinianer, das Gift
des arianischen Sakrilegs, das Verbrechen der eunomianischen
Treulosigkeit und die durch die scheusslichen Namen der Urheber
verrufenen Sekten sollen selbst aus dem Gehör vertilgt werden.
Nach genauer dogmatischer Umgrenzung des Begriffs der Rechtgläubigkeit wird dann ferner bestimmt, dass den rechtgläubigen
Bischöfen im ganzen Reiche die Kirchen zurückzugeben seien, mit
der Drohung, dass jede Auflehnung gegen diesen Befehl mit ge-

---

25) Greg. Naz. carm. XI v. 1325—1395.

waltsamer Vertreibung der Aufrührer aus den Städten bestraft
werden solle. [26]

Sollte aber dieses Gesetz nicht dasselbe Schicksal gänzlicher
Erfolglosigkeit haben, wie jenes erste Religionsedikt vom 27. Febr.
380, so musste ein besonderer Stellvertreter des Kaisers mit der
Ausführung desselben betraut werden. Theodosius, der diese
Nothwendigkeit vollkommen einsah, wählte zu diesem Auftrage,
was jedenfalls bezeichnend für die Art der Ausführung ist, einen
General, den Heermeister Sapor. Der Kriegsmann führte seinen
sonderbaren Auftrag in allen Provinzen aus, ohne dass ihm irgendwo Widerstand entgegengesetzt wurde. [27] Nur in Antiochien, in
der Metropole der im besonderen „Orient" genannten Diöcese,
brachen bei seiner Ankunft Streitigkeiten aus. Der Anlass dazu
war aber nicht etwa eine Widersetzlichkeit der Arianer gegen
den harten kaiserlichen Befehl, sondern wir begegnen hier wieder
einer jener Zwistigkeiten, wie sie sich im Schoosse der orthodoxen
Partei, durch die Herrschsucht, die alte Erbsünde der Priester,
hervorgerufen, nicht selten abspielten.

Es bestanden in Antiochien damals zwei Gemeinden der Homousianer. Beide hatten sich zur Zeit des Constantius gebildet
und zwar unter den Bischöfen Paulinus und Meletius. Wohl gerade weil der letztere selbst eine Zeitlang Arianer gewesen war,
betraf ihn die Verfolgung des arianischen Herrschers besonders.
Er wurde durch Constantius verbannt. Von Julian zurückberufen,
musste er unter Valens zum zweiten Mal seine Herde verlassen,
während Paulinus, angeblich wegen seiner ausgezeichneten Heiligkeit, dem Loos der Verbannung entgieng. Als nun endlich Gratian im J. 378 allen verbannten Bischöfen zurückzukehren erlaubte,
und auch der greise Meletius wieder in Antiochien erschien, da
weigerte sich Paulinus mit ihm den Bischofssitz zu theilen, weil
jener von den Arianern die Weihen empfangen habe. Aber Meletius, welcher sich wegen seiner Milde einer grossen Beliebtheit
erfreute, wurde von seinen Anhängern in einer vorstädtischen
Kirche zum Bischof gewählt, und nun begannen zwischen beiden

26) Cod. Theod. XVI, 5, 6.

27) Diese wichtige Sendung des Sapor wird bei Theodor. V, 2
(und bei dem Compilator Niceph. XII, 3e) erwähnt, der ihre Veranlassung
jedoch Gratian zuschreibt. Den Nachweis des Irrthums dieser Annahme
s. bei Tillem. Note VII sur Théod.

Parteien jene hässlichen Zänkereien, welche für die Arianer stets
ein willkommenes Schauspiel waren, wenn sie nicht eben selbst
in gleicher Weise mit einander haderten. Eine dritte Ab-
zweigung der Homousianer hatte sich ausserdem unter Apollinaris
von Laodicea gebildet. So fand Sapor bei seiner Ankunft hier
die kirchlichen Verhältnisse. Natürlich verlangte jetzt jeder der
drei Bischöfe, als allein im Besitze der wahren Rechtgläubigkeit,
auch den alleinigen Besitz der Kirchen für seine Partei. Hier
sollte nun Sapor entscheiden, wem Recht zu geben sei. Wahrlich
eine schwere Aufgabe für einen General. Endlich übergab er
Meletius die Kirchen, wohl mehr wegen des hohen Ansehens,
welches dieser in Antiochien genoss, als weil er die Abweichung
des Paulinus und Apollinaris von dem damasischen Normalglauben
begriff, welche der beredte Presbyter des Meletius, Flavianus,
beiden nachwies. [28])

Während sich aber in den Provinzen noch die gewaltsame
Umwandlung vollzog, durch welche ein mächtiges von dem grössten Theil der Bewohnerschaft vertretenes Bekenntniss nicht nur
aus seinen Vorrechten gedrängt, sondern auch mit allen seinen
Abzweigungen in seiner Freiheit auf's äusserste beschränkt wurde,
berief Theodosius ein Concil der rechtgläubigen Bischöfe seines
Reiches nach Constantinopel, um durch dieses seine Bemühungen
um die Kirche befestigen und durch Bestätigung des Nicänums
auch der orientalischen Christenheit eine allgemeine Richtschnur
des Glaubens geben zu lassen, welcher sie forthin zu folgen habe.
Ausserdem sollte eine endgültige canonische Besetzung der Reichs-
metropole erfolgen. [29]) Im Mai trafen die heiligen Väter in der
Hauptstadt ein. [30]) In der Zwischenzeit aber giengen vom kaiserlichen Palaste noch verschiedene Gesetze aus, welche deshalb unsere Beachtung verdienen, weil durch sie zuerst dem rechtgläubigen Clerus auch politische Bevorzugungen eingeräumt, dagegen

---

28) Für diese Verhältnisse vgl. Socr. V, c. 3 und c. 5; Theod. V,
3; Theoph. p. 104; Niceph. XII, 2c u. XII, 3d.

29) Dass die Behauptung des Baronius: Annales eccles. ad annum 381, das Concil sei vom Bischof Damasus v. Rom berufen worden,
eine irrthümliche ist, hat C. J. v. Hefele: Conciliengeschichte II, p. 4.
nachgewiesen. Die Berufung geschah durch Theodosius und nur für den
Bereich seiner Herrschaft. Vgl. Theodor. V, 6.

30) Diese Zeitangabe nach Socr. V, 5.

religiöse Abweichungen von der vorgeschriebenen Norm mit dem
Verluste politischer Rechte bestraft wurden. Im ersteren Sinne
untersagte das an Tuscian, den Statthalter der Diöcese Orient gerichtete Gesetz vom 31. März, Hüter von Kirchen oder heiligen
Orten zu persönlichen Leistungen heranzuziehen.[31]. Von den
Bestimmungen des 2. und 8. Mai dagegen entzog die erstere den
zum Heidenthum zurückgefallenen Christen das Recht als Zeugen
zu fungieren und Testamente zu machen, während sich die andere
gegen die Sekte der Manichäer richtete.[32] Sie erklärte, und
zwar mit rückwirkender Kraft bis zum ersten Edicte dieses Jahres,
jede Vermögensverfügung eines Manichäers zu Gunsten eines seiner
Sekte für ungültig. Das bezügliche Objekt sollte an den Fiskus
fallen. Rechtgläubigen Gliedern einer manichäischen Familie dagegen wurde volles Erbrecht zugesichert. Als derartige Häretiker
sollten auch alle angesehen werden, welche unter angenommenen
Namen, als Enkratitauer, Apotaktiten, Hydroparastaten, Sakkophoren, die Art ihres Bekenntnisses zu verbergen suchten.

Im Bewusstsein dieser Leistungen konnte nun Theodosius
die ehrwürdigen Vertreter der orthodoxen Kirche des Orients in
Constantinopel empfangen. 150 nicänische Bischöfe kamen hier
zusammen, unter ihnen durch die Bedeutung ihrer Sitze und ihrer Heiligkeit hervorragend Timotheus von Alexandria, welcher
unlängst seinem Bruder Petrus gefolgt war; Diodor von Tarsus;
Cyrill von Jerusalem, den der Geist im rechten Augenblick zur
Busse für seine arianischen Sünden und zur Ergreifung des con-
substantiellen Bekenntnisses gedrängt hatte[33]); der treffliche Acholius von Thessalonika und vor allem der ehrwürdige Meletius von
Antiochien. Diesen hatte der heilige Gregor, in mancherlei Erwägungen der Zukunft, schon beim Herannahen des Concils gebeten
nach der Hauptstadt zu kommen, um durch denselben die ihm
noch mangelnde Ordination zum Bischof der nicänischen Gemeinde
Constantinopels zu erhalten.

Die Klugheit hatte es geboten, auch die Vertreter der Macedonianer zu diesem Concil einzuladen. Denn unter Valens hatte die
Noth Nicäner und Macedonianer bereits zu einer Vereinbarung ge-

---

31) Cod. Theod. XVI, 2, 26.

32) Cod. Theod. XVI. 7, 1 u. XVI, 5, 7.

33) Ueber Cyrills religiöses Accommodationsgeschick s. Gfrörer:
Allgemeine Kirchengeschichte. II, p. 344 ff. Vgl. dazu Socr. V, 5.

führt. Aber als durch Gratians Bestimmung der Druck wich, war eine neue Trennung beider Parteien erfolgt. Man hoffte, dass es jetzt christlichen Ermahnungen und einigen Andeutungen über das Geschick, welchem sie sich sonst aussetzte, gelingen würde, diese mächtige Sekte wieder der katholischen Kirchengemeinschaft zuzuführen. 36 Bischöfe derselben, meist aus den Hellespontstädten, waren erschienen; unter ihnen am bedeutendsten Eleusius von Cyzicus und Marcian, Bischof von Lampsacus. Der Kaiser eröffnete selbst die Versammlung und ermahnte ihre Theilnehmer, wie wahre Väter der Kirche die vorgelegten Angelegenheiten zu berathen. Den Vorsitz übertrug er an Meletius, welcher ihn einst im Traume kurz vor seiner Ernennung mit dem Purpur geschmückt hatte, und den er nach dieser Traumbegegnung jetzt mit freudiger Rührung wiedererkannt und begrüsst hatte.

Die ersten Verhandlungen des Concils beschäftigten sich nun damit die Macedonianer zum Anschluss an das homousianische Bekenntniss zu bewegen. Leider blieben denselben gegenüber alle frommen Versuche der Väter fruchtlos, ja sie dienten nur dazu den Riss zu erweitern. Sie wollten sich lieber der arianischen Lehrmeinung anschliessen, als der nicänischen, lautete die ruchlose Erklärung, mit welcher die hartnäckigen Häretiker die Versammlung und die Hauptstadt verliessen.

Man schritt jetzt zu einer Angelegenheit, welche wohl der Mehrzahl der Anwesenden als die wichtigste des ganzen Concils erschien, nämlich zur Wahl eines Metropoliten von Constantinopel [34]). Die nächste und gegründetste Anwartschaft auf diesen einflussreichsten Sitz des Reiches hatte unstreitig Gregor, welcher sich denselben in schweren Zeiten erkämpft hatte und jetzt thatsächlich besass. Hätte er sich länger der mächtigen Gunst des Meletius erfreuen können, so wäre die Bestätigung seiner Ansprüche durch das Concil, welche in der That damals unter dessen Einflusse erfolgte, wohl kaum später mit Erfolg angegriffen worden. Aber gerade um diese Zeit starb Meletius. Gregor von Nyssa

---

34) Hefele, Conciliengeschichte II, p. 6. setzt diese noch vor die Verhandlungen mit den Macedonianern, indes gegen die Auctorität des Socr. V, 8. — Allerdings wurde aber die Wahl Gregors von Meletius möglichst beschleunigt, offenbar damit sie vollzogen sei, bevor die ägyptischen Bischöfe, seine und Gregors Gegner, zum Concil anlangten.

hielt seine Leichenrede [35]). Der Kaiser liess dem todten Heiligen
die grössten Ehren zu Theil werden. Die Leiche, welche von
den Verwandten nach Antiochien übergeführt wurde, durfte, gegen
die sonstigen sanitarischen Bestimmungen, in allen Städten, welche
der Zug berührte, aufgenommen werden. Neben dem Begräbniss
des Bischofs und Märtyrers Babylas erhielt Meletius in Antiochien
seine Ruhestätte.

Aber über seinem Grabe entbrannte von neuem der kaum
beigelegte Streit der homousianischen Kirchenparteien in Antiochien.
Obwohl nämlich die Candidaten des bischöflichen Stuhles, sechs an
der Zahl, unter ihnen Flavianus, sich nach einer endlichen Ueber-
einkunft zwischen Meletius und Paulinus eidlich verpflichtet hatten,
bei dem Ableben des einen den Ueberlebenden als den rechtmässigen Bischof der ganzen antiochenischen Gemeinde anzuerkennen,
trat dennoch jetzt Flavian als Gegenbischof Paulinus gegenüber.
Mit gerechtem Zorne erhob sich der angegriffene Greis und sein
ganzer Anhang gegen den Eidbrüchigen, und mit ihnen kämpfte
die abendländische Kirche, welche dem Meletius seine arianische
Vergangenheit nie verziehen hatte. Auf Flavians Seite dagegen
stand der grösste Theil der orientalischen Bischöfe, wenn aus keinem
andern Grunde, schon im Gegensatz zu den Abendländischen [36]).

Von dem Orte seiner Entstehung verpflanzte sich der Streit
sofort auch in das eben tagende Concil, auf welchem erst jetzt
wahrscheinlich die ägyptischen und macedonischen Bischöfe, auch
die letzteren im kirchlichen Sinne Vertreter des Abendlandes, erschienen. Für Paulinus wider Flavian und umgekehrt suchte man
jetzt Anhänger zu werben, schrie jeder dem Gegner erbittert seine
Gründe zu, um in eben so hitzigen Erwiederungen die gegnerischen
Gründe entgegen geschleudert zu bekommen. Da glaubte Gregor
von Nazianz durch den Einfluss seiner Persönlichkeit und seiner
Würde die streitenden Parteien zu seinem und der Kirche Ruhm
versöhnen zu können, indem er keiner derselben entgegen,
aber auch keiner beitrat, sondern seinerseits vorschlug, so lange
Paulinus noch lebe, ihn als Bischof anzuerkennen, und nach seinem Tode das antiochenische Volk frei einen neuen Hirten wählen

---

35) Vgl. Gregor. Nyss. de Melet.
36) Man muss sich erinnern, dass ein beträchtlicher Theil dieser
nunmehr rechtgläubigen Bischöfe ehemalige Arianer oder Halbarianer
waren.

zu lassen. Aber wie immer zwischen Erhitzten, trug auch hier der Vermittler den Schaden. Tobend wendeten sich zunächst die Orientalen gegen ihn, „wie ein Schwarm krächzender Dohlen oder zornmüthiger Wespen." Aber auch die Vertreter der abendländischen Kirche befriedigte dieser Ausgleich nicht. Die ägyptischen Bischöfe trieb wohl mehr noch die frühere Feindschaft zu einem Angriff auf Gregors Stellung. Derselbe hatte durch seinen eigenmächtigen Weggang von Sasima eine der zu Nicäa festgestellten Kirchensatzungen verletzt [37]. Jetzt fochten jene „die Wächter der Canones" mit Bezugnahme auf dieselben die Rechtmässigkeit seiner Wahl in Constantinopel an. Vergeblich sah sich Gregor nach Freunden um. Die Untersuchung jener Vorgänge durch das Concil abzuwarten, war er aus verschiedenen Rücksichten nicht geneigt. Er erklärte plötzlich in der Versammlung freiwillig sein Amt niederlegen zu wollen. Kränklichkeit, Unmuth, der seine schwärmerische Natur reizende Gedanke, sich dem Wohle der Kirche zu opfern, zumeist aber wohl die stille Hoffnung, von seinen Anhängern in jedem Falle zurückgehalten zu werden, mag zu diesem Entschlusse mitgewirkt haben. Wie unendlich bittere Gefühle müssen ihn daher erfüllt haben, als er sah, dass das Concil mit grösster Bereitwilligkeit seinen Rücktritt annahm, und dass auch aus seiner Gemeinde sich keine energische Stimme für ihn erhob. Eine letzte Hoffnung blieb ihm noch — der Kaiser. In einer Audienz schilderte er ihm, wie er durch den Neid und Hass der Väter verfolgt werde, er, der stets um ihre Versöhnung und den Frieden der Kirche bemüht gewesen sei. Aber auch Theodosius gewährte huldvoll seine Bitte, sich in die Ruhe der Einsamkeit zurückziehen zu dürfen.

So sehen wir Gregor von der grossen Bühne der Ereignisse abtreten, nicht ohne Mitleid mit seinem Geschicke, welches ihm nach schweren Mühen die Früchte derselben vorenthielt; aber auch nicht ohne die Ueberzeugung, dass dieses bittere Geschick zum grossen Theil eine Folge seiner Charakterschwächen besonders seiner ungezähmten Leidenschaftlichkeit war.

---

37) Canon XV des nicänischen Concils lautete, kein Bischof solle von einer Stadt in eine andere übergehen. Andernfalls würde seine Ordination in einem neuen Sitze ungültig sein und er solle in seine frühere Kirche zurückversetzt werden. Die Art der Umgehung dieses Canons durch Meletius s. bei Theod. V, 8.

Unter den übrigen Bischöfen entstand jetzt ein hitziger Kampf um den nun völlig erledigten Stuhl. Wer nicht selbst danach trachtete, suchte wenigstens einen Verwandten auf denselben zu bringen. Aber Gott selbst, so erscheint es wenigstens dem Kirchenhistoriker, musste den Sinn des Kaisers bei seiner endlichen Entscheidung geleitet haben. Als letzten der zahlreichen Candidaten hatte der Bischof Diodor nämlich einen gewissen Nectarius eintragen lassen, der bis dahin Prätor und senatorischen Ranges, ausserdem zufällig wie Diodor aus Tarsus war. Als nun Theodosius die ihm vorgelegte Vorschlagsliste durchgieng, behielt er den Finger auf diesem letzten Namen, und nach einer nochmaligen Prüfung der übrigen entschied er sich endgültig für Nectarius. Die frommen Väter waren höchlichst erstaunt über diese seltsame Wahl, und selbst Diodor schien einigermassen überrascht, als sich jetzt erst herausstellte, dass der Erkorene noch gar nicht getauft war. Theodosius blieb aber trotzdem bei seinem Willen und noch im Taufgewande wurde Nectarius zum Bischof ausgerufen.

Unter seiner Leitung, oder, da er erst durch den Bischof Cyriacus von Adana[38]) in den zu seinem neuen Amt nothwendigen Kenntnissen unterrichtet wurde, thatsächlich wahrscheinlich unter der Leitung Diodors von Tarsus begann der zweite Theil der Synode. Im Mittelpunkt der nun folgenden Verhandlungen stehen die dogmatischen Bestimmungen, welche, nach Neubestätigung der Satzungen des Nicänums, erweiternd über die Gottheit des Geistes hinzugefügt wurden. Die bisher äusserst schwankenden Begriffe und Vorstellungen über das Wesen desselben wurden mit schärfster Bestreitung der macedonianischen Irrlehre dahin festgestellt, dass der Geist wahrer Gott, mit dem Vater und dem Sohne wesensgleich sei und dass er mit ihnen das hohe Geheimniss der göttlichen Dreieinigkeit bilde. Dadurch, dass diese Bestimmung allmählich zu einem der Glaubenssätze der gesammten katholischen Kirche wurde, hat die ehrwürdige Versammlung, welche sie ausgesprochen hatte, den ausgezeichneten Namen des zweiten öcumenischen Concils erlangt.

Man vereinigte sich noch, dem Bischof von Constantinopel

---

38) Adana in Cilicien in der Nähe von Tarsus. Noch jetzt eine bedeutende Stadt.

als von Neu - Rom den höchsten Rang nach dem römischen selbst zuzuerkennen. Zugleich wurden mit der Wahl des Maximus auch alle Amtshandlungen desselben für ungültig erklärt. Ausserdem wurden Patriarchate für die einzelnen Diöcesen festgestellt und die Bischöfe in Amtshandlungen fortan auf die Kirchen ihrer Diöcesen beschränkt. Einzelangelegenheiten sollten fernerhin auf Provinzialsynoden berathen werden. Dass alle die Hauptketzer, wie Macedonius, Sabellius, Apollinaris, Arius und eine lange Reihe anderer sammt ihren Irrlehren verdammt wurden, braucht wohl kaum erst hinzugefügt zu werden. Theodosius sanktionierte diese Bestimmungen durch seine kaiserliche Bestätigung. Zugleich erneuerte er in der nächsten Folge das Gesetz vom 10. Januar über Zurückgabe der Kirchen an die Nicäner durch eine weitere Bestimmung, welche als rechtgläubige Bischöfe die Inhaber der Patriarchate bezeichnete [39]).

· So schloss gegen Mitte Juli des Jahres 381 das Concil [40]). Sein gepriesenstes Verdienst war, die dritte Person in der Gottheit zu vollem Ansehen gebracht zu haben. Ausserdem aber hatte es die von Theodosius abgezweckte unmittelbarere Wirkung, indem es der Welt zum erstenmale das Bild einer vereinigten orthodoxen Kirche des Orients zeigte, in dieser Religionsgemeinschaft trotz aller innern Streitigkeiten fortan das Gefühl der Einigkeit und Zusammengehörigkeit wach zu erhalten und andrerseits das Selbstvertrauen und die Widerstandskraft des Arianismus ungemein zu erschüttern [41]).

Bald nach dem Schluss desselben verliess der Kaiser die

---

39) Cod. Theod. XVI, 1, 3.

40) Das Synodalschreiben mit den Endbeschlüssen der Synode ist vom 9. Juli. Vgl. Mansi: Collect. concilior. Tom. III, p. 557. Im übrigen stützt sich die Darstellung auf Socr. V, c. 5, 8 u. 9; Soz. VII, c. 7— 10; — Theod. V, c. 7 u. 8; Greg. Naz. carm. XI, v. 1510—1920. — Cedr. p. 553—555 (2 Berichte nach 2 Quellen.); Theoph. p. 107—109; Malal. p. 346. — Das Jahr der Synode richtig bei Marc. Chron. z. J. 381 und Chron. Alex. — Irrthümlich z. J. 380 erwähnt von Prosp. Aqu. — Derselbe ist zu der Nachricht, Gregor v. Naz. sei 381 gestorben, offenbar verleitet, weil ihm in diesem Jahre Nectarius als Bischof von Constantinopel folgte.

41) Socr. V, 10 sagt z. J. 383, die arianischen Bischöfe hätten ihre Anhänger wegen des Uebertritts vieler zum nicänischen Bekenntnisse mit dem Spruche zu trösten gesucht, dass viele berufen aber wenige ausgewählt seien.

Hauptstadt und begab sich nach Heraclea, wohl um hier in dem
rings von den Wassern der freien Propontis umgebenen Seeorte
Erholung von den Strapazen des geistlichen Feldzuges zu su-
chen [42]). Aber seine Ruhe wurde wahrscheinlich bald durch
Nachrichten von der Donau gestört, welche den alten kriegerischen
Geist in ihm wachriefen. Ein durch die Bewegungen der Völker-
wanderung bunt zusammengewürfelter Schwarm von Hunnen,
Skyren und Karpodaken war über die Donau gebrochen. Theodosius
erschien selbst auf dem bedrohten Punkte, und mit der ihm eigenen
Spannkraft, wo eine Gefahr den nöthigen Druck auf ihn ausübte,
traf er seine Massregeln mit soviel Glück und Umsicht, dass die
Feinde in kurzer Zeit über den Fluss zurückgeworfen wurden. [43])

Nach diesem kriegerischen Zwischenfall kehrte er über
Hadrianopel [44]) in seine Hauptstadt zurück. Der letzte Regierungs-
akt dieses Jahres, welcher uns interessiert, ist der Erlass des Gesetzes vom 21. December; des ersten, welches Theodosius direkt
gegen die heidnische Religion richtete, indem bei stattgehabten
Opfern in Tempeln und Kapellen, sowie bei angestellten Zukunftsbefragungen für sämmtliche Theilnehmer die schwere Strafe der
Proskription festgesetzt wurde. [45])

Man muss es, wie selbst ein dem Kaiser feindlicher Geschichtsschreiber zum Theil zugibt, der bisher bewiesenen Regententüch-
tigkeit des Theodosius zuschreiben, dass nun endlich die Jahre
der Ruhe und des Friedens für den römischen Osten zurückkehr-
ten, wo der Landmann ohne Furcht vor Barbarenhorden seinen
Acker bestellen konnte, und wieder die Herden der Schafe und
Rinder ruhig die grünenden Weiden begiengen. [46]) Ein goldenes
Zeitalter zwar brach auch damals der römischen Welt nicht mehr
an. Es war ja schon eine sehr bittere Zugabe, welche neben
allem Guten die meisten seiner Unterthanen diesem Kaiser zu
verdanken hatten, dass sie nicht mehr frei nach der Weise ihrer
Väter ihren Gott oder ihre Götter verehren durften. Aber die
äusserst langsame Ausführung der Erlasse, welche die römische

---

42) Heraclea (j. Eregli), das alte Perinthus lag auf einer kleinen
Halbinsel mit ganz schmaler Landverbindung. Plin. H. N. IV, 11.

43) Zos. IV, 34. a. E.

44) Cod. Theod. VII, 13, 10.

45) Cod. Theod. XVI, 10, 7.

46) Zos. IV, 34.

Gesetzgebung charakterisiert, liess abseits von den grossen Städten
diesen Druck wohl noch wenig fühlbar werden. Viel schwerer
lastete auch unter diesem Kaiser die furchtbare Steuernoth, von
einer habgierigen und herzlosen Beamtenwelt noch gesteigert, auf
der römischen Welt. Auch damals fehlte es sicher nicht an jenen
erschütternden Scenen, wo der Steuereintreiber den Elenden, welche die Auflage nicht zu erschwingen vermochten, auch den
Schmuck der Frauen, ja selbst die Kleider fast bis auf's letzte
mit erbarmungsloser Hand entriss. [47]) Indes auch dieses Leiden
traf in seiner ganzen Schwere nur die Städte und hier besonders
den gequälten Stand der Decurionen. Ausserdem war es der
alte Krebsschaden der römischen Kaiserzeit schon seit Diocletian
und noch früheren Herrschern, gegen welchen Gewohnheit wenigstens bis zu einem gewissen Grade die Gemüther abgestumpft hatte.

Im übrigen aber gehörten die nächsten Jahre mit zu den
ruhigsten, welche die Oströmer seit Constantins Zeiten erlebt hatten.
Auch die Regierung des Theodosius wurde in der nächsten Zeit
von keinen bedeutenden Ereignissen unterbrochen. Er hatte Musse
seine gesetzgeberische Thätigkeit auf die verschiedensten Verwal-
tungszweige und Verhältnisse seines weiten Reiches zu erstrecken.
Wir finden unter den zahlreichen Erlassen des J. 382 neben
Verordnungen zum strengsten Vorgehen gegen falsche Ankläger,
vermögensrechtliche Bestimmungen bei Wiederverheirathung von
Frauen bis ins einzelne ausgeführt; neben Verfügungen die Erhaltung der Poststrasse und die Benutzung der Staatspost durch
Beamte betreffend, gesetzliche Beschränkungen des Reisetrosses
der Statthalter, neben dem Befehl zum unnachsichtigen Einschreiten
gegen säumige Steuerschuldner, den strengen Strafauftrag gegen
einen Provinzialgouverneur Natalis wegen Erpressungen. Im besondern für die Hauptstadt zeigte sich die kaiserliche Gesetzgebung
selbst in Vorschriften für das Wasseramt wegen Vertheilung des
Leitungswassers [48]) und bis auf Kleidergesetze für Senatoren, Beamte und deren Diener eifrig thätig. [49])

---

47) Zos. IV, 32.

48) Valens hatte eine grossartige unterirdische Wasserleitung durch
Constantinopel geführt. Vgl. Greg. Naz. T. I, Or. XXXIII n. 6. p. 607.
ὁ ὑποχθόνιος καὶ ἀέριος ποταμός. Auch bei Them. Or. XIV a. E. erwähnt.

49) Vgl. Cod. Theod. IX, 37, 3; X, 10, 7; III, 8, 2; VIII, 5, 37—39;
1, 2, 8; IX, 27, 3; XV, 2, 3; XIX, 10, 1; X, 21, 2.

Gegenüber diesen zahlreichen weltlichen Anordnungen dagegen scheint der Eifer des Kaisers auf kirchlichem Gebiete in diesem Jahre ziemlich erkaltet. Wir glauben nicht ganz fehl zu gehen, wenn wir in der Abweichung von dem stürmischen und gewaltsamen Vorgehen auf diesem Gebiete einen Schritt der eigenen Ueberzeugung des Theodosius annehmen, nachdem er Gelegenheit gehabt hatte, die religiösen Verhältnisse seines Reiches wirklich kennen zu lernen, und im Augenblicke nicht unter der Beeinflussung eines Gregor oder Ambrosius stand. [50])

Das einzige Gesetz dieses Jahres gegen Häretiker vom 31. März richtet sich allein gegen die Manichäer, für deren Einsiedler die gegen die Sekte schon erlassenen Bestimmungen gleichfalls ausgesprochen werden und besonders gegen die mit diesen immer zusammengestellten Enkratiten, Sakkophoren und Hydroparastaten. Ganz unerklärlich ist die übermässige Strenge der kaiserlichen Verordnung gegen diese letzteren. Der prätorische Präfekt soll Inquisitoren anstellen, geheime Angeber annehmen, um diese Häresie aufzuspüren. Jeder soll ohne Furcht und Strafe Personen wegen dieses Verbrechens denunzieren dürfen. Die desselben Ueberführten oder auch nur Verdächtigen sollen mit dem Tode bestraft werden. Noch merkwürdiger ist der Befehl, nach welchem diese Bestimmungen auch auf diejenigen Anwendung finden sollen, welche Ostern nicht nach dem orthodoxen Kalender feierten. Unstreitig wurde Theodosius hier durch besondere uns unbekannte Gründe geleitet, welche vielleicht aus einer gleichzeitigen politischen Gefährlichkeit dieser Sekten entsprangen. [51])

In Bezug auf den heidnischen Cult konnten die Homousianer damals noch weniger Freude an dem Kaiser haben. In der Euphratprovinz Osroëne nämlich befand sich einer jener Tempelcolosse, welche, wie das Serapeum in Alexandria, eigentlich eine Stadt von Capellen, Heiligthümern, Priesterwohnungen bildeten, in deren Mitte sich erst der eigentliche Haupttempel erhob; ein Wunderwerk antiker Baukunst, dessen Pracht zahlreiche Fremde herbeilockte, während er durch seine Festigkeit zugleich als Cita-

---

50) Greg. Naz. carm. XI, v. 1280 ff. hat, so scheint mir, ganz richtig die eigne Ansicht des Theodosius, bezüglich der Herstellung der kirchlichen Einigkeit, erkannt und bezeichnet.

51) Cod. Theod. XVI, 5, 9.

delle der Stadt gegen die Perser diente. [52]) Fifrigen Christen nun
schien es nicht ohne Bedenken, das Heidenthum hier noch in der
ganzen Fülle seines alten Glanzes ungestört auf die Gemüther
einwirken zu lassen, und man hatte den rechtgläubigen Kaiser
um Schliessung des heidnischen Heiligthums gebeten. Theodosius
aber erwiederte darauf mit dem Gesetze vom 30. November, durch
welches er den Provincialgouverneur Palladius anwies, dafür Sorge
zu tragen, dass der Tempel auch fernerhin für Einheimische und
Fremde jederzeit geöffnet sei und nur darauf zu sehen, dass nicht
bei Gelegenheit des Besuches verbotene Opfer darin abgehalten
würden. [53])

Was die in diese Zeit fallenden äusseren Ereignisse anbetrifft,
so wurde, wie im vergangenen Jahre bei der Uebertragung der
Gebeine des Bischofs und Märtyrers Paulus von Ancyra und vor
allem bei dem Empfange des kostbaren Hauptes Johannes des
Täufers, dem schaulustigen Volke der Hauptstadt auch damals
eines jener Schauspiele bereitet, bei denen sich aller Pomp des
kaiserlichen Hofes entfaltete. [54]) Am 21. Februar nämlich langte
die Leiche des Kaisers Valentinian I. in Constantinopel an. Theodosius empfieng sie, wie es der hohen Würde und den Verdiensten
des einstigen Gönners seines Vaters zukam und liess sie im kaiserlichen Erbbegräbniss feierlich beisetzen. [55])

Jedoch von grösserer Bedeutung für den bischöflichen Palast
und die klerikalen Kreise der Hauptstadt, in weiterer Folge aber
überhaupt für die Stellung der orientalischen Kirche zu der des
Abendlandes waren die Verhandlungen, welche sich in der zweiten
Hälfte des Jahres zwischen dem Kaiser und dem heiligen Ambrosius als Vertreter der Synode zu Aquileja [56]) entspannen. Im
Abendlande hatte man schon seit Jahrzehnten den endlichen Sieg

---

52) Vgl. Libanii orationes Bd. [1], p. 192 (ὑπὲρ τῶν ἱερῶν). Der
Ort lässt sich nicht sicher bestimmen. Am wahrscheinlichsten ist es,
dass er sich in Edessa oder Carrhae befand, doch kann man auch an
Nisibis, Apamea oder Palmyra denken.

53) Cod. Theod. XVI, 10, 8.

54) Vgl. Socr. V, 9. Georg. Syncelli de aedificiis p. 111 (ed. Corp.
Script. hist. Byzant.); Cedr. p. 554; Theoph. p. 109.

55) Das Datum bei Idac. Fast. z. J. 382. Nur das Jahr gibt Marc.
chron. an.

56) Hefele, Conciliengeschichte II p. 36 glaubt, dass Ambrosius
hier vielmehr ein zu Mailand (382) gehaltenes Concil vertrat.

der Rechtgläubigkeit für den Orient herbeigesehnt. Die Sorge
für das Seelenheil der östlichen Brüder hatte diesen Wunsch so
heiss gemacht; daneben aber auch der Gedanke an die Einigkeit
der ganzen christlichen Kirche, deren Haupt und Leiter natürlich
dann nur der mächtigste Fels des orthodoxen Glaubens, der Nachfolger Petri auf dem Stuhle der ewigen Roma sein konnte. Jetzt
hatte nun Theodosius durch den Sturz des Arianismus die höchste
Hoffnung der abendländischen Kirche erfüllt, und damit hatte man
auch in Rom und Mailand den Augenblick für gekommen erachtet,
um mit Erfolg die Rechte derselben zur Geltung bringen, d. h.
die geistliche Herrschaft der römischen Kirche auch über das
Morgenland ausdehnen zu können. Aber vergeblich waren auf
der Synode, zu welcher Rom die Bischöfe des ganzen Erdkreises
im J. 382 berief, die Väter der orientalischen Kirche erwartet
worden, obgleich hier der antiochenische Kirchenstreit, wie die
Frage über die Besetzung des Bischofssitzes von Constantinopel,
entschieden werden sollte. Statt dessen musste man hören, dass
in Constantinopel auch in diesem Jahre eine besondere Kirchen-
versammlung abgehalten sei, welche ihrerseits selbständig über
jene Verhältnisse Beschlüsse gefasst habe. Dieses war der Anlass
für Ambrosius, um im Namen der auf der abendländischen Synode
versammelten Väter an den Kaiser Theodosius eines jener scheinbar nur von der Sorge für die Kirche durchwehten Schreiben zu
senden, in deren Abfassung der grosse Bischof Meister war. Im
Tone milden Vorwurfs klagte er gegen Theodosius, wie betrübend
es sei, dass die Orientalen das allgemeine Concil gemieden und
besonders, dass sie bei ihren Beschlüssen das Urtheil der römischen
Kirche, Italiens und des ganzen Abendlandes einzuholen gar nicht
für nöthig erachtet hätten, was doch sonst die Gewohnheit der
Väter, des Athanasius seligen Andenkens, des Petrus von Alexandria und der meisten Bischöfe des Orients gewesen sei. Unter
frommen Seufzern, dass die Vertreibung der Häretiker leichter
gewesen sei als nun die Herstellung der Einigkeit zwischen den
Rechtgläubigen, betheuerte er dem Kaiser, dass die zerrissene
Kirchengemeinschaft nur durch ein allgemeines Concil zu Rom
wiederhergestellt werden könne. Allein zu vorcilig liess der sonst
so bedachtsam Handelnde erkennen, wie man zu Rom diese Aufgabe lösen werde. Er schilderte dem Kaiser nämlich den alten
Gegner Gregors von Nazianz, den Cyniker Maximus, als recht-

mässigen Bischof von Constantinopel, während er sich zugleich in
Ausdrücken der Missbilligung und des Misstrauens gegen die
Wahl und Persönlichkeit des von Theodosius selbst bestätigten
Nectarius richtete. Der italiänischen Synode war hierbei eine
Menschlichkeit widerfahren, welche nicht ganz unerklärlich ist,
wenn wir hören, dass Maximus sich unter den Schutz und die
Entscheidung der abendländischen Kirche gestellt hatte, während
Nectarius im antiochenischen Streit sehr entschieden den vom
Abendland verabscheuten Flavian vertrat. Selbst der heilige Ambrosius hatte sich, hocherfreut über diese Anerkennung der Auctorität des römischen Stuhles seitens eines Patriarchen von Constantinopel, durch den schlauen Betrüger über die im Osten stattgehabten Vorgänge völlig irre führen lassen. Leider hatte dieser
Irrthum für die Wünsche der abendländischen Kirche die unglück-
lichsten Folgen. Bei einer derartigen Parteinahme des Bischofs
von Rom und seiner Anhänger dachte man im Orient natürlich
nicht daran sich dem Urtheile derselben je zu unterwerfen. Der
Kaiser selbst beantwortete die Vorschläge des h. Ambrosius damit,
dass er ihn und die abendländische Synode durch ein eigenhändiges
Schreiben über das ihm zustehende Bestätigungsrecht seines Metropoliten, wie über die nicht sehr heilige Vergangenheit ihres würdigen
Schützlings Maximus in nicht misszuverstehender Weise aufklärte.

Ambrosius begriff bei Empfang dieser kaiserlichen Antwort
sofort sehr wohl den grossen Fehler, welchen er gemacht hatte.
Er versuchte durch ein neues Schreiben eine günstige Wendung
herbeizuführen. Nachdem durch den sehr allgemein gehaltenen,
aber sehr stolz klingenden Satz, dass die Synode nicht gereue,
versucht zu haben, was unversucht gelassen zur Schuld gereichen
würde, die kirchliche Unfehlbarkeit sicher gestellt schien, schilderte
er die uneigennützige Sorge und Arbeit des Abendlandes um den
Frieden und die Einheit der Kirche, um dann, mit beneidens-
werther Geschicklichkeit jede unangenehme Erörterung ver-
meidend, dem Kaiser aufs neue die Herbeiführung eines allgemeinen
Concils ans Herz zu legen, damit nicht, so lautete jetzt plötzlich
die Motivierung seiner Forderung, durch die Anhänger des Apollinaris ein häretisches Dogma in die Kirche eingeführt werde[57].

---

57) Vgl. Ambros. Op. T. II. Class. I. Ep. XIII, p. 814 und Ep.
XIV, p. 817.

Aber auch dieser wichtige Grund konnte jetzt die orientalische Kirche und ihr kaiserliches Oberhaupt nicht mehr von der Nothwendigkeit eines derartigen Concils überzeugen. Man musste sich zu Rom und Mailand in das Uuvermeidliche fügen, dass auch fernerhin der Osten eine selbständige kirch''che Stellung unter der Leitung seines Metropoliten und vor allem seiner Kaiser einnahm.

Drittes Kapitel.

Arkadius wird zum Augustus ernannt. — Versuch e'ner E'nigung der christlichen Religionsgemeinschaften des Orients durch Theodosius. — Kämpfe an der Ostgrenze des Reiches. — Sturz und Untergang Gratians. — Verhandlungen mit Maximus. — Mission des Cynegius.

Mit dem 16. oder 19. Januar des Jahres 383 trat Theodosius das fünfte Jahr seiner Regierung an, dessen Beginn die römischen Kaiser durch das Jubiläumsfest der Quinquennalien zu feiern pflegten. Theodosius verband mit dieser Feier zugleich die der Erhebung seines Sohnes Arkadius zum Augustus und Mitregenten des Reiches. Arkadius war damals noch nicht sechs Jahr alt, und nächst der Wahl Gratians und Valentinians II. war es das erstemal, dass ein Kind mit dem kaiserlichen Purpur geschmückt wurde. Unstreitig hat man es hier wie dort mit dem Bestreben zu thun, die kaiserliche Würde innerhalb der Familie ohne Unterbrechung fort zu vererben. Die Inthronisation geschah in dem kaiserlichen Palaste, welcher, sieben Stadien von dem goldenen Meilenzeiger der Stadt entfernt, das Hebdomon hiess; die Ausrufung auf dem ungeheuren Platze vor demselben, dem Marsfelde Constantinopels [1]). Zu den kaiserlichen Gnadenbezeugungen aus

---

1) Vgl. Them. Or. XVI. Auf die Quinquennalien des Theodosius beziehen sich jedenfalls auch die Münzen mit der Aufschrift Vot. V mult. X. in einem Lorbeerkranze. Vgl. Cohen: Descr. hist. des M. Tom. VI, p. 451 ff. — Die Wahl des Arcadius lässt Socr. V, 10 am 16. Jan. erfolgen. Desgl. Idac. Fast. z. J. 383. Das Chron. Alex. dagegen irrig am 25. Jan., aber mit richt'ger Angabe des Ortes ἐν τῷ τριβουναλίῳ τοῦ Ἑβδόμου. Das Jahr verzeichnet Soz. VII, 12; Idac. chron. V; Prosp. Aqu. chron. z. J. 383; Marc. chron. auch den Ort. — Theodori lector's hist. eccl. l.

Anlass dieser Doppelfeier gehörte wahrscheinlich der Steuererlass
und die Erhöhung der Getreidespende für die Bewohner der
Hauptstadt, welche dem Themistius noch im folgenden Jahre Gelegenheit gaben, die Güte des Kaisers zu preisen [2]).

Nachdem diese Festlichkeiten vorüber waren, wendete sich
auch in diesem Jahre die Aufmerksamkeit des Theodosius bald
wieder den religiösen Zuständen seines Reiches zu; leider aber
in einer Weise, welche alle rechtgläubigen Gemüther mit tiefster
Bekümmerniss erfüllen musste.

Schon einmal in der Zeit vor dem öcumenischen Concil schien
den Kaiser sein guter nicänischer Engel verlassen zu haben.
Damals hatten ihn einige Palastbeamte überredet, sich durch den
hochgefeierten Eunomius, der zurückgezogen in Chalcedon lebte,
dessen Lehrmeinung vortragen zu lassen. Wirklich war er, zum
grössten Schrecken seiner nicänischen Umgebung, schon im Begriff
gewesen, den arianischen Heiligen, dessen Beredtsamkeit ebenso
gross wie seine Ketzerei war, zu einer mündlichen Unterredung
in den Palast kommen zu lassen, als es noch im letzten Augenblick den inständigen Bitten seiner frommen Gemahlin gelungen war,
ihn von diesem für sein Seelenheil gefährlichen Entschlusse ab-
zubringen. Der Kaiser hatte dann auch die Versuchung erkannt
und die ketzerischen Kammerherrn aus dem Palaste verwiesen,
den Eunomius aber nach Halmyris in Scythien verbannt [3]).

Nichtsdestoweniger berief er nun in diesem Jahre die Vertreter
sämmtlicher Sekten nach Constantinopel, um eine grosse Disputation zu veranstalten, in welcher die abweichenden Lehrmeinungen
gegenseitig ausgetauscht und geprüft werden sollten, in der Hoffnung,
auf diese Weise Ketzer und Rechtgläubige, die doch Bekenner
einer Religion seien, endlich zu versöhnen und zur Einigkeit zurückzuführen. Im Juni [4]) kamen in der That die Bischöfe der
einzelnen Religionsgemeinschaften in der Hauptstadt zusammen.
Theodosius beschied nun seinen Metropoliten zu sich in den Palast,
eröffnete ihm seine Absicht und erklärte sehr entschieden, der
Streit müsse jetzt beendigt werden. Nectarius gerieth über diese

---

II, p. 724. Nur mit ungefährer Zeitangabe Oros. VII, 34; Philost. X, 5.
Vgl. dazu J. v. Hammer, Constantinopel und der Bosporus p. 202 ff.

2) Vgl. Them. Or. XVII, p. 269 und p. 270.
3) Soz. VII, 6 und Philost. X, 6.
4) Diese Zeitangabe bei Socr. V, 10.

kaiserliche Versöhnungstheorie in die grösste Bestürzung. Es war
ihm zwar völlig klar, dass in Gegenwart des kaiserlichen Laien
niemals die Wahrheit der reinen Lehre den Angriffen der Häretiker
ausgesetzt werden dürfe, aber er war rathlos, wie er den em-
pfangenen Auftrag umgehen solle. In seiner Noth wendete er
sich an den Bischof der Novatianer, welche noch am wenigsten
von der nicänischen Lehre abwichen. Auch dem frommen Agelius
war zwar der Fall zu schwierig, aber er besass in seinem Lektor
Sisinnius [5]) einen Mann, welcher in der heiligen Literatur wie in
der griechischen Philosophie gleich sehr bewandert war. Diesen
weihte er jetzt, im Einverständniss mit Nectarius, in die schwierige
Frage ein und Sisinnius rechtfertigte das hohe Vertrauen seiner
Oberen aufs glänzendste. Er rieth dem Patriarchen nämlich, den
Kaiser zu überreden, vor Beginn der Disputation an die Vertreter
der einzelnen Sekten die Frage zu richten, ob sie die Auctorität
der alten Kirchenlehrer, welche vor der Spaltung gelebt hätten,
anerkennen wollten oder nicht. In der That macht dieser Vor-
schlag dem sophistischen Scharfsinn des Sisinnius alle Ehre.
Denn bestritten die häretischen Bischöfe die Auctorität der im
Volke, bei Arianern wie Nicänern, gleich hochverehrten Kirchen-
väter, eines Polycarp, Tertullian, Origenes, so war ihr Ansehen
dahin. Erkannten sie dieselben aber an, so geschah es nur zu
Gunsten der Homousianer, welche den Umstand, dass in den
Schriften jener an keiner Stelle dem Sohne Anfänglichkeit der
Existenz zugeschrieben wurde, natürlich als Bestätigung ihrer con-
substanziellen Lehre durch die apostolischen Väter deuteten. Nec-
tarius ergriff diesen klugen Rath sofort mit Eifer. Er eilte in den
Palast, und seinen Vorstellungen gelang es, Theodosius von dem
Nutzen und der Nothwendigkeit dieser Vorfrage zu überzeugen.
Bald hatten die Homousianer die Genugthuung, in einem aus-
brechenden Streite der Sekten über ihr Verhalten die Wirkung ihrer
Massregel beobachten zu können. Zwar scheint jenen der eigent-
liche Zweck der Frage nach einiger Zeit klar geworden zu sein.
Wenigstens berichteten sie an den Kaiser, sie müssten, da die
Meinungen getheilt seien, eine Beantwortung derselben ablehnen.
Zugleich baten sie die Disputation beginnen zu lassen. Aber unter-
dessen hatte der aus seiner Ruhe geschreckte Nectarius wohl Zeit

---

5) Bei Soz. VII, 12 Sisinius genannt.

gehabt, den kaiserlichen Entschlüssen wieder die Normalrichtung
zu geben. Theodosius bestimmte jetzt, dass jede einzelne Sekte
ihm ein schriftlich abgefasstes Bekenntniss einreichen solle. Huldvoll nahm er an dem bestimmten Tage die Glaubensformeln aus
den Händen der Vertreter entgegen und zog sich mit denselben
in sein Schlafgemach zurück. Hier empfieng er im Gebete alsbald
Erleuchtung, so dass er alle Schriftstücke zerreissen durfte, bis
auf das der consubstanziellen Partei. Aber auch das der Novatianer erlaubte ihm der Geist zu billigen. Sie erhielten völlig
freie Religionsübung, ihre Kirchen dieselben Vorrechte wie die
Basiliken seines Bekenntnisses. Die Bischöfe der andern Sekten
dagegen tadelte der Kaiser wegen ihres Irrglaubens und ihrer
Hartnäckigkeit und entliess sie sodann. [6]

So endete auch diese Versammlung trotz ihres bedenklichen
Anfangs nicht sehr rühmlich, aber durchaus siegreich für das nicänische Bekenntniss.

Der Umschlag in der kaiserlichen Stimmung hatte nun zugleich eine Verschärfung der früheren Edikte gegen die Andersgläubigen zur Folge. Während Theodosius noch am 20. Juni
untersagt hatte, Angehörige der Sekte der Taskodrogiten in ihren
Wohnsitzen zu beunruhigen, wenn sie auch keine kirchlichen Zusammenkünfte halten sollten [7], so gestattete er jetzt den Homousianern, alle Sektierer, welche sich irgend eine Handlung zu
Schulden kommen liessen, die der katholischen Heiligkeit Eintrag
thue, aus den Städten zu vertreiben. [8] Ferner wendete er sich vor
allem gegen die lästerlichen, Gott und den Menschen verhassten
Genossenschaften der Arianer, Macedonianer und Apollinaristen.
Er verbot ihnen die Feier ihrer graunvollen Communion und die
Vornahme irgend welcher Weihen bei Erwählung ihrer Vorsteher.
Diese Vorsteher sollten überall aufgesucht und nach ihrer Heimath
verwiesen werden. Wo die Abhaltung regelmässiger Sektenver-
sammlungen zur Anzeige käme, sollten die Provinzial- und Stadt-
behörden zur Verantwortung gezogen werden. [9]

Gegenüber diesen Bestimmungen ist es sehr merkwürdig, wenn
ein Kirchenhistoriker sagt, dieselben seien nicht in dieser Strenge

6) Vgl. Socr. V, c. 10; Soz. VII, 12.
7) Cod. Theod. XVI, 5, 10.
8) Cod. Theod. XVI, 5, 11.
9) Cod. Theod. XVI, 5. 12.

ausgeführt worden, indem der Kaiser durch die Drohung nur den
freiwilligen Uebertritt zum nicänischen Bekenntniss habe beschleu-
nigen wollen. [10]) Die Wahrheit dieser Behauptung muss dahingestellt bleiben. Jedenfalls lag aber auch die Ausführung dieser
wie aller Gesetze zum grossen Theil in den Händen der Provinzialstatthalter und war demnach sicher eine sehr verschiedene je
nach der Religion und dem grösseren oder geringeren Glaubenseifer derselben.

Sobald die Gothengefahr beseitigt und die religiöse Umwandlung des Orients wenigstens in den Grundzügen vollzogen war,
hatte sich die Aufmerksamkeit des Theodosius auch den Verhältnissen an der fernen Ostgrenze seines Reiches zugewendet.

Hier hatte sich nach dem von Jovian 363 geschlossenen
Frieden, welcher dem Reiche die fünf transtigrinischen Provinzen
kostete, die Römer fortan begnügt, die Euphratgrenze zu halten,
während ihr kühner und mächtiger Gegner, der Perserkönig Schapur II., durch Gewalt und List Armenien und Iberien [11]) unter
seine Hand brachte. Als dann in beiden Ländern zu Gunsten
der angestammten Herrscher Erhebungen gegen die Perser stattfanden, war Valens durch seine Besorgniss vor einem orientalischen Kriege zu der unklügsten Politik verleitet worden, indem
er die Armenier und Iberier weder energisch genug unterstützte,
um ihrer Unternehmung einen wirklichen Erfolg zu sichern, noch
sich neutral genug hielt, um nicht den Zorn Schapurs heraus-
zufordern. Der bald darauf stattfindende Gotheneinfall, der die
Hauptkräfte des römischen Reiches in Thracien concentrierte, gab
dem Perserkönig die günstigste Gelegenheit sich zu rächen. An
einem äussern Anlass konnte es unter diesen Umständen nicht
fehlen. Man war mit Julians Vertreter, dem Präfekten Sallustius,
ehemals übereingekommen, aus gemeinschaftlichen Mitteln an dem
Eingangsthor zwischen dem Ostende des Kaukasus und dem cas-
pischen Meere ein Castell gegen Einfälle nördlicher Barbaren zu
errichten. [12]) Dieses Uebereinkommens hatte sich dann keine der
Parteien wieder erinnert, bis bei dem Ansturm der Hunnen die

10) Soz. VII, 12 a. E.

11) Die heutige russische Provinz Grusien südl. vom Kaukasus.

12) Jedenfalls in der Nähe des heutigen Derbend, d. i. eisernes
Thor, welches im Anfange des Mittelalters von den neupersischen
Königen zu demselben Zwecke angelegt und befestigt wurde.

Perser als die zunächst Gefährdeten auf eigne Kosten jene Pforte durch ein Fort, von ihnen Biraparach genannt, schliessen mussten. Nachdem nun der Völkersturm nach Westen vorübergebraust war, hatte Schapur, wie zur Entschädigung für die aufgewendeten Kosten, einen Raubzug in römisches Gebiet unternommen und war bis Kappadocien und Syrien vorgedrungen. [13] Glücklicherweise hatte nach kurzer Zeit der Tod die bedrängten Römer wenigstens von diesem Gegner befreit. Schapur starb bald nach dem ¹Regierungsantritt des Theodosius. Sein Nachfolger Ardeschir war wohl durch innere Verhältnisse verhindert, die Bedrängniss des römischen Reiches zu weiteren Angriffen zu benutzen. [14] Nichtsdestoweniger erschien es nunmehr, wo die Ruhe im Westen hergestellt war, als Pflicht des oströmischen Herrschers, durch eine starke Streitmacht auch die Ostgrenze des Reiches für die Zukunft sicher zu stellen. Durch einen Aufstand sarazenischer Völkerschaften, vielleicht der Tzani am Südostgestade des schwarzen Meeres, wurde diese Pflicht zur Nothwendigkeit. [15] Theodosius mochte es indes und wohl mit Recht für zu gewagt halten, persönlich nach dem Osten zu gehen und schon jetzt das Reich sich selbst zu überlassen. Er übertrug daher die Leitung dieser Unternehmung einem seiner Generale, wahrscheinlich dem Franken Richomer, welcher seit 379 aus dem Heere Gratians in seine Dienste übergetreten war. [16]

Ungefähr zu gleicher Zeit aber, wo aus dem Osten die Meldungen von den glücklichen Erfolgen der römischen Waffen gegen die Sarazenen eingelaufen sein konnten [17], empfieng Theodosius aus dem Abendlande eine der erschütterndsten Nachrichten; nämlich die von dem Sturze und der Ermordung Gratians.

---

13) cfr. Joh. Laurentii Lydi de magistratibus reipubl. Rom. l. III, c. 52 und 53 (ed. J. D. Fuss. 1812).

14) Nach Mirkhond (s. C. F. Richter: Histor. krit. Versuch über die Arsac. und Sassan. Dynastie p. 192) war Ardeschir, (in den griech. Quellen meist Artaxerxes genannt) der Brudersohn Schapurs; nach Abulfarajius (s. ibid. 194) ein Sohn desselben; nach Tabari und Ebn Athir (ibid. p. 193) dessen älterer Bruder.

15) S. Malal. chronogr. p. 347.

16) Libanii epist. 891, der an Richomer gerichtet ist, kann wenigstens auf einen glücklichen Feldzug desselben im Osten bezogen werden. Lib. I, 136 beweist, dass R. im J. 363 in Antiochien war.

17) Vgl. Pac. c. XXII.

Einer der im römischen Reiche so zahlreichen Militärrevolutionen und der Treulosigkeit seiner Anhänger war der erst 24jährige Kaiser zum Opfer gefallen. Seine Vorliebe für die germanischen Truppen im Heere, namentlich die Begünstigung, deren sich seine alanische Leibgarde zu erfreuen hatte, war der nächste Anlass zu Unzufriedenheit der Legionen gewesen. In Britannien hatte ein ehrgeiziger Officier, der Spanier Maximus, diese Stimmung in so geschickter Weise zu seinen Gunsten benutzt, dass er plötzlich, scheinbar ganz ohne sein Zuthun, zum Imperator ausgerufen wurde. Sehr bald von sämmtlichen britannischen Truppen anerkannt war er in Gallien gelandet, wo er gleichfalls für seine Usurpation einen günstigen Boden fand. Als sich in Folge der schlauen Politik seines Gegners der unglückliche Gratian auch von seinen letzten Legionen verlassen sah, hatte er versucht mit seinen Alanen Italien und den Schutz seines Bruders [18] zu erreichen. Aber in Lugdunum war der kaiserliche Flüchtling durch die Nichtswürdigkeit des dortigen Statthalters dem General Andragathius, dem ihm von Maximus nachgesendeten Mörder, überliefert worden. Der 25. August 383 war sein Todestag. [19]

Es ist begreiflich, wie im höchsten Grade beunruhigend diese Nachricht auf Theodosius wirken musste. Denn da er einst unter seinem Vater in Britannien mit Maximus zusammen gedient hatte, konnte ihm die Verschlagenheit und der rücksichtslose Ehrgeiz dieses Mannes nicht unbekannt sein. [20] Er musste wissen, dass derselbe sich nicht mit den bisherigen Erfolgen begnügen würde, während in Italien nur ein 12jähriger Knabe auf dem Throne sass. Gelang dem Usurpator aber auch der Sturz Valentinians, so stiess die Herrschaft desselben unmittelbar mit der seinigen zusammen, und auch zwischen ihnen war dann der Kampf um Thron und Leben unvermeidlich, dessen Ausgang keineswegs zweifellos schien. Unter diesen Umständen war es ein Gebot der Nothwendigkeit für den oströmischen Kaiser, sich so schnell und so energisch wie möglich zu rüsten, um Valentinian in dem bevorstehenden Kampfe aufs kräftigste unterstützen zu können. [21]

---

18) Valentinian II., der Sohn Justinas, der zweiten Gemahlin Valentinians I., war genauer gesprochen nur der Halbbruder Gratians.

19) Vgl. H. Richter p. 566—575.

20) Zos. IV, 35.

21) Socr. V, 12.; Them. Or. XVIII p. 269.

Jedoch der erwartete Angriff auf das Reich desselben seitens des Tyrannen erfolgte nicht. Maximus wusste, dass seine Gaben auf einem andern Felde als auf dem strategischer Tüchtigkeit lagen. Einem Feldherrn wie Theodosius schon jetzt offen gegenüber treten zu müssen, wo er seiner Macht selbst noch keineswegs sicher war, lag durchaus nicht in den Wünschen des vorsichtigen Mannes. Er schlug bei der Nachricht von den Rüstungen im Orient einen andern Weg ein, welcher ihn zwar langsamer, aber sicherer zu seinem Ziele führen sollte.

Ende des Jahres 383 oder Anfang 384 erschien, von ihm abgesendet, eine Gesandtschaft in Constantinopel, an deren Spitze er nicht, wie es gewöhnlich bei solchen Sendungen geschah, einen Eunuchen, sondern seinen vertrautesten Freund und Geheimkämmerer gestellt hatte, dessen ehrwürdiges Alter geeignet schien, ihm auch in Constantinopel Achtung zu verschaffen. Derselbe hatte die Instruktion, die Ermordung Gratians nur als das Werk des übergrossen Eifers einiger Soldaten hinzustellen, im übrigen aber mit aller Bestimmtheit die Anerkennung seines Herrn als legitimen Mitherrschers und eine friedliche Haltung demselben gegenüber von Theodosius zu fordern. Andernfalls sollte er mit Krieg drohen.[22]

Der Erfolg dieser Gesandtschaft war, wie Maximus gehofft hatte. Theodosius fürchtete an und für sich zwar den Krieg mit dem Tyrannen wohl nicht; aber auch für ihn gab es sehr schwerwiegende Gründe, welche ihm denselben gerade damals nicht wünschenswerth erscheinen liessen. Denn einmal schweiften jenseits der Donau, von dem Druck der Völkerwanderung aus ihren Sitzen gedrängt, mächtige Barbarenschwärme, welche nur auf einen günstigen Augenblick warteten, um in das römische Reich einzubrechen, während die Zuverlässigkeit der Gothen gleichfalls noch keineswegs fest stand. Ferner liess es die durch die Religionsedicte hervorgerufene und jetzt nur durch einzelne städtische Tumulte sich kundgebende Gährung der Gemüther höchst bedenklich erscheinen[23]), das Reich von Truppen zu entblössen. Endlich aber konnte Theodosius auch im Hinblick auf die Vorgänge im

---

22) Zos. IV, 37.

23) Auf die Anführer bei dergl. Tumulten bezieht sich wahrscheinlich das mit den schwersten Strafen drohende Gesetz Cod. Theod. IV, 23, 1.

Osten sein Reich nicht anders als mit Besorgniss verlassen, indem hier eine einzige Niederlage seines Heeres, wenn eine hinreichende Reserve fehlte, die alte Persergefahr in ganzer Grösse zu erneuern vermochte. Unter der Bedingung, dass Valentinian unangefochten in seinem Besitzstande verbleibe, erkannte er daher den Eroberer für den Reichstheil des ermordeten Gratian als rechtmässigen Augustus an.

Wie nahe es auch zu liegen scheint, diese Handlungsweise des Theodosius als ein Zeichen von Undankbarkeit und gänzlicher Lieblosigkeit gegen den, dem er die Krone verdankte, anzusehen, so verbietet die richtige Würdigung der angeführten Gründe einen solchen Vorwurf doch aufs entschiedenste. Theodosius konnte immerhin, und wir glauben, dass er es gethan hat, als Freund in aufrichtigem Schmerze den Tod Gratians beklagen und seinen Mörder verabscheuen, und dennoch handelte er völlig seinen Pflichten als Herrscher gemäss, indem er in Rücksicht auf das Wohl seines Reiches unterliess die blutige That zu rächen. [24])

Es war Sitte im römischen Reiche, dass beim Regierungsantritt eines Kaisers wenigstens in den Städten eine öffentliche Ausrufung desselben erfolgte und seine Statuen neben denen der schon regierenden Kaiser aufgestellt wurden. Diese Ehrenbezeugung durfte jetzt Theodosius dem Maximus auch für den Orient nicht vorenthalten. Ihre Ausführung in allen asiatischen Provinzen seines Reiches, wie in Aegypten übertrug er dem prätorischen Praefecten des Orients Cynegius.

Wichtiger aber als wegen dieses ersten wird uns diese Sendung des Cynegius durch einen zweiten Auftrag, welchen er zugleich mit jenem zu vollziehen hatte. Derselbe beweist uns, dass Theodosius das Ziel, welches er sich einmal gesteckt hatte, die Herstellung einer unterschiedslosen Einheit der Religion in seinem Reiche, nach wie vor unablässig weiter verfolgte. Cynegius nämlich war durch kaiserlichen Befehl angewiesen, sämmtliche heidnische Tempel zu schliessen und die heidnischen Culte im Namen des Kaisers zu untersagen [25]).

---

24) Niemand wird, um ein ähnliches Beispiel aus der Neuzeit heranzuziehen, aus dem Umstande, dass der Kaiser Franz Joseph keinen Versuch gemacht hat, seinen in Queretaro ermordeten Bruder Maximilian zu rächen, schliessen wollen, dass ihn als Bruder das Geschick desselben nicht auf tiefste erschüttert habe.

25) Zos. IV, 37; Idac. chron. X; Idac. Fast. z. J. 385.

Es ist dies einer der energischsten Schritte, welche ein christlicher Kaiser gegen das Heidenthum gethan hat. Schon Constantins Söhne zwar hatten ähnliche Verordnungen gegen dasselbe erlassen. Aber Julians Regierung hatte bald den Heiden volle Religionsfreiheit zurückgegeben, und unter Valens waren sie erst wenig wiederum in derselben beeinträchtigt worden. Theodosius selbst hatte sich, wie wir sahen, bisher begnügt, die Opfer zu untersagen und den Uebertritt vom Christen- zum Heidenthume, wie die Verführung zum Abfall mit Entziehung des Testierungs- und Erbrechts zu bestrafen[26]). Dagegen war es noch gestattet gewesen, die Tempel zu besuchen, hier zu den Göttern zu beten und denselben Räucherspenden darzubringen[27]). Der jetzige kaiserliche Befehl dagegen war das unumwundene Todesurtheil der heidnischen Religion, und ihr völliger Untergang schien unvermeidlich, sobald er in seiner ganzen Strenge zur Ausführung kam.

In der That aber war der Präfekt, welchen Theodosius mit richtigem Blicke zu dieser Mission gewählt hatte, durchaus der Mann, um von der erhaltenen Vollmacht unnachsichtig Gebrauch zu machen. Cynegius war wie der Kaiser ein Spanier[28]). Ueber den Beginn seiner Laufbahn sind wir nicht unterrichtet. Er wird uns erst bekannt, seitdem er das Amt eines Direktors der grossen Staatskasse (*comes sacrarum largitionum*) verwaltete[29]). Schon Anfang des Jahres 384 sehen wir ihn dann zur höchsten amtlichen Stellung, zu der eines prätorischen Präfekten, befördert[30]), welche er, gewiss ein Zeichen des ausgezeichneten kaiserlichen Vertrauens, dessen er sich erfreute, ununterbrochen bis zu seinem Tode im Jahre 388 bekleidete. Zur Vollziehung der kaiserlichen Verordnung im strengsten Sinne scheint ihn noch mehr als sein Pflichtgefühl persönliche Unduldsamkeit gegen die Verehrer der Götter angetrieben zu haben. Ja von heidnischer Seite wurde ihm

26) Cod. Theod. XVI, 12, 2.

27) Zos. IV, 29 a. E.; Lib. II, 163—64.

28) Dies geht wenigstens daraus hervor, dass seine Gemahlin die Leiche desselben nach Spanien führte. Vgl. Idac. Fast. z. J. 388. — Merkwürdig sind dann aber die Worte Lib. II, 195 . . . καὶ τῇ τικτομένον αἰτόν δε ξαμένῃ γῇ δυσμενεστάτον, wenn diese Stelle, wie sehr wahrscheinlich, auf Cynegius geht.

29) Cod. Theod. VI, 35, 12.

30) Das erste Gesetz, welches an ihn in dieser Würde gerichtet ist, ist vom 15. Jan. 384. Vgl. Cod. Theod. XII, 13, 5.

vorgeworfen, dass er sich in schimpflicher Weise der Leitung seiner bigotten Gemahlin und der nach den Tempelgütern lüsternen Mönche überlassen und in rücksichtsloser Ueberschreitung seiner Befugnisse sogar Tempel zerstört und die Götterbilder gestürzt habe [31]).

Indes bei dieser Beschuldigung läuft so viel Parteihass mit unter, dass man dieselbe nur sehr beschränkt glauben darf. Die Entfernung der Götterbilder aus den Tempeln zwar scheint mit zu des Cynegius Auftrag gehört zu haben [32]). Auch die Tempelstürmerei mag in Gegenden, wo sich das Christenthum in der Uebermacht fühlte, von fanatisierten Pöbel- und Mönchsschaaren bereits in den Jahren bis 388 nicht zu selten verübt worden sein.

Man hat jedoch kein Recht, derartige Ausschreitungen allein auf das unsichere Zeugniss des Libanius hin dem kaiserlichen Bevollmächtigten zur Last zu legen [33]). Hat er sich dieselben aber wirklich zu Schulden kommen lassen, so geschah es in der That nur durch Missbrauch seiner Macht.

Erst in der zweiten grossen Regierungsperiode des Theodosius sehen wir auch diesen letzten Gewaltakt des Christenthums gegen die alten Götter Roms durch den Willen des kaiserlichen Selbstherrschers geheiligt [34]).

---

31) Vgl. Liban. II, p. 192—195. Lib. nennt hier zwar den kaiserlichen Beamten nicht namentlich, er hat aber unstreitig den Cynegius im Sinne, wie auch schon Gothofred. annimmt, cfr. Anmerk. 16 a. a. O.

32) Vgl. Idac. chron. X und Idac. Fast. z. J. 388.

33) Der Anlass zur Zerstörung des Zeustempels in Apamea wird zwar von Theodor. V, 21 auf Cynegius zurückgeführt, aber dessen Name kann hier nicht richtig sein, da dieser Tempel gleichfalls erst nach 388 zerstört ist. Vgl. Tillem. Théod. Art. LVIII, p. 327.

34) Die Nachricht des Chron. Alex. z. J. 379, dass durch Theodosius die heidnischen Tempel zerstört worden seien, welche Constantin d. Gr. nur habe schliessen lassen, fasst die Thätigkeit des Kaisers nach dieser Seite hin während seiner ganzen Regierung zusammen, wie aus den Worten am Schlusse erhellt: καὶ ηὐξήθη τὰ Χριστιανῶν πλέον ἐπὶ τῆς αὐτοῦ βασιλείας.

Viertes Kapitel.

Gesandtschaft der Perser in Constantinopel. — Honorius geboren. — Gnade des Kaisers gegen Verurtheilte. — Tod seiner Tochter und seiner Gemahlin Flaccilla. Promotus siegt über die Greuthungen. — Triumph des Theodosius und Arkadius. — Vorfälle zu Tomi.

Die kluge Mässigung, welche sich Theodosius in seinem Verhalten gegen Maximus auferlegt hatte, trug ihm bald auf einem andern Schauplatz die besten Früchte. Wahrscheinlich hatte er die gegen denselben zusammengezogenen Truppen, oder wenigstens einen Theil derselben verwendet, um das im Osten stehende Heer sehr bedeutend zu verstärken.

Gerade um diese Zeit aber, in der ersten Hälfte des Jahres 384, fand in Persien ein neuer Thronwechsel statt. Ardeschir starb schon nach vierjähriger Regierung oder wurde wegen seiner Grausamkeit gestürzt. Sein Nachfolger war Schapur III., der Sohn Schapurs II.[1]). Dieser Fürst sah jetzt am Tigris eine römische Macht aufgestellt, wie sie seit Julians Zeiten nicht wieder im Osten erschienen war[2]). Seine eigene kaum begonnene Herrschaft bedurfte wohl noch sehr der inneren Befestigung, bevor er sich in einen Kampf mit dem alten Erbfeinde einlassen konnte. Zudem wusste er, dass in Constantinopel ein thatkräftiger Kaiser auf dem Throne sass, wohl fähig, ihm noch ernstere Gefahren zu bereiten als Julian seinem Vater.

Diese Umstände mögen es gewesen sein, welche den Perserkönig bewogen, noch im Jahre 384 eine Gesandtschaft mit reichen Geschenken, bestehend in Edelsteinen, kostbaren Seidenzeugen und Elephanten, an Theodosius abzusenden, deren Erscheinen in Constantinopel grosses Aufsehen erregte[3]). Allerdings ist die Behauptung, welche sich in fast allen römischen Quellen findet, als ob diese Gesandten den Auftrag gehabt hätten, geradezu um Frieden zu bitten, wohl nur ein Zugeständniss an

---

1) Mirkhond, Khondemir und Lob al Tavarikh (s. C. F. Richter p. 194 ff.) führen diese Verwandtschaft an. Abulfarajius nennt ihn fälschlich einen Sohn Ardeschirs.

2) Them Or. XVIII, p. 270.

3) Pac. c. XXII.

die Nationaleitelkeit[4]). Der Stolz des Sassaniden wird sich zu
nichts weiter herabgelassen haben, als der imponierenden Haltung
Ostroms gegenüber durch seine Vertreter den Wunsch aussprechen
zu lassen, die friedlichen Beziehungen zwischen beiden Reichen
auch fernerhin aufrecht erhalten zu sehen. Immerhin bedeutete
auch dieser Schritt der Perser einen wesentlichen Erfolg der Thätigkeit des Kaisers, insofern er bewies, dass der römische Name
im Osten wieder in achtungsgebietendem Ansehen stand.

Etwa gleichzeitig mit diesem für das Reich nicht unwichtigen
Vorgange konnte Theodosius auch innerhalb seiner Familie ein
freudiges Ereigniss begrüssen. Am 9. September 384 wurde ihm
von seiner Gemahlin Flaccilla der erste Prinz im Purpur geboren.
Der kaiserliche Vater gab seiner stolzen Freude Ausdruck,
indem er dem kleinen Sohne sogleich den Titel „Nobilissimus",
etwa dem unseren „Kaiserliche Hoheit" entsprechend, beilegte
und ihn zum Consul designierte. Seinem verstorbenen Bruder zum
Andenken nannte er ihn Honorius[5]).

Die Thätigkeit des Theodosius in der nächstfolgenden Zeit
ist so wenig von auffallenderen Ereignissen unterbrochen, dass sie
deshalb in den Quellen in unliebsamer Weise zurücktritt. Und
doch, falls uns ein Geschichtsschreiber wahrheitsgetreu das tägliche
Leben des Kaisers hätte schildern wollen, würden wir denselben
sicher nicht in eine so unwürdige Schlaffheit und Schwelgerei ver-
sunken finden, wie die gehässige Feder des Zosimus es darstellt,

---

4) Oros. VII, 34, p. 556 behauptet, es sei ein förmlicher Vertrag
geschlossen worden, was indes erst später geschah. Aur. Vict. c. 48;
Socr. V, 12; Idac. chron. IV; Idac. Fast. z. J. 384; Marc. chron. z. J.
384. Chron. Alex. z. J. 384.

5) Der Tag übereinstimmend bei Idac. Fast. (Hon. nob. in purpuris
die V idus Sept. natus); Chron. Alex.; Socr. V, 10; im Sept. sagt Marc.
chron.; das Jahr 384 richtig in Idac. chron.; Prosp. Aqu. chron. — Der
Irrthum bei Soz. VII, 14, als sei Honorius im Jahre vor dem Zuge gegen
Maximus, also 387 geboren, ist nur dadurch entstanden, dass der Kirchenhistoriker die Rüstungen gegen Maximus im J. 383 und Anfang 384 unmittelbar mit denen im J. 387 zusammenzieht, weil keine ihn interessie-
renden Ereignisse dazwischen lagen. Zu dem Namen sagt Claud. Laus
Ser. v. 109 Addidit et proprio germana vocabula nato und Id. de nupt.
Hon. et Mar. v. 39 . . . . cui nominis heres Successi. Die Bestimmung
zum Consul Theoph. p. 109 ὕπατον ἀνέδειξεν und Claud. IV cons.
Hon. v. 154.

ihn aber allerdings auch schwerlich in der Enthaltsamkeit bewundern können, welche Pacatus an ihm preist.

Zosimus nämlich ergiesst sich gegen diesen Kaiser in den bittersten Vorwürfen. Er habe zuerst so grosse Summen auf die kaiserliche Tafel verschwendet. Für die Unzahl der Gerichte und die Umständlichkeit ihrer Zubereitung seien Schaaren von Köchen, Mundschenken und andern Küchen- und Tafelbedienten angestellt worden. Die Leitung des Reiches sei ganz in den Händen von . Verschnittenen gewesen. Der Hof habe sich an den unwürdigen Künsten von Tänzerinnen und Komödianten und an der Zuchtlosigkeit einer schändlichen Poesie ergötzt, deren Sitten- und Leben vergiftende Wirkungen von hier in immer grössere Kreise gedrungen seien. [6])

Der Lobredner dagegen, um ein ganz strahlendes Bild seines Helden zu geben, malte es ohne allen Schatten. Er preist das eifrige Bestreben des Theodosius, die eingerissenen Laster abzustellen. Um dem Luxus zu steuern, habe er zuerst die Ausgaben für die kaiserliche Hofhaltung vermindert, ja auf das Allernothwendigste beschränkt. Mit einfacher Soldatenkost sei er zufrieden gewesen. Am kaiserlichen Hofe habe man ein strengeres Leben gesehen als in den spartanischen Ringschulen. Kein seltener Fisch, kein ausländisches Geflügel, keine der Jahreszeit nach ungewöhnliche Blume sei auf die kaiserliche Tafel gekommen. [7])

Wie so oft zwischen Gegensätzen glauben wir auch hier die Wahrheit in der Mitte zu finden. Einige verstreute Bemerkungen in den Quellen, besonders die kurze Schilderung Victors bestärken uns in dieser Annahme. Theodosius liebte demnach wohl eine prächtige Tafel, indes nicht aus niederer Genusssucht, sondern um eine heitere Geselligkeit um sich zu versammeln, wo neben den geistlichen Würdenträgern seiner Hauptstadt seine Generale und die höchsten Beamten des Reiches sassen, Christen und Götterverehrer beieinander, und wo er selbst sich mit den einzelnen, ihrem Rang und Stande angemessen, im heitern oder ernsten Gespräch unterhielt. [8]) Auch den mannichfachen Vergnügungen, welche ein prunkvoller Hof und eine reiche und üppige Stadt

6) Zos. IV, 28 und 33 am Schluss.
7) Pac. c. XIII.
8) Aur. Vict. c. 48. Dazu vgl. Greg. Naz. T. II. carm. XVII, v. 818—54; Lib. ep. 395 an Eutrop. Lib. II, p. 203.

darboten, wird sich der Kaiser nicht entzogen haben, ohne sich aber den hässlichen Ausschweifungen hinzugeben, welche ihm der heidnische Schriftsteller zum Vorwurf macht.

Mit vorzüglichem Eifer muss sich Theodosius in diesen Zeiten der Ruhe der allerdings kostspieligen aber eines Kaisers würdigen Aufgabe gewidmet haben, seine Hauptstadt durch prächtige Bauten zu vergrössern und auszuschmücken. Ein anschauliches Bild dieser Thätigkeit gibt uns der damalige Stadtpräfekt von Constantinopel, der berühmte Themistius, indem er schildert, wie die glänzenden Pläne des grossen Constantin durch diesen Herrscher in der That verwirklicht würden; wie mit dem Staate unter ihm auch die Metropole sichtbar wachse, indem sein Eifer sich in gleicher Weise auch auf Beamte und Privatleute verpflanzt habe. Preisend ruft er aus: Das Meer ist in das Land geführt. In künstlich entstandenem Becken sehen wir ein Seetreffen aufgeführt.[9] Die Stadt ist voller Bildhauer, Baukünstler, Buntweber und anderer Werkleute. Im nächsten Jahre wird ein neuer Stadtring nöthig. Dann wird es zweifelhaft, ob die Stadt grösser und prächtiger ist, welche Theodosius an die Constantins, oder jene, welche dieser an Byzanz gefügt hat.[10]

Mitten in diesen mehr angenehmen als anstrengenden Beschäftigungen aber traf den Kaiser die Nachricht eines sehr unliebsamen und bedenklichen Vorfalles.

Kein Zeitalter kann abergläubischer gewesen sein als jenes, in welchem sich in gewaltiger Gährung der Geister die völlige Umbildung aus einer alten in eine neue geläuterte Anschauung allmählich vollzog. Das dunkle Ahnen und Fühlen einer herannahenden neuen Weltepoche, welches in der Brust der damaligen Menschen sich regte, und die Spannung, in welcher sich die Gemüther in dieser Uebergangszeit befanden, erklärt das fast fieberhafte Streben, nur mit einem Blicke hinter den Schleier der Zukunft zu dringen und die unsägliche Leichtgläubigkeit den thörichtsten Erscheinungen gegenüber. Jeder Traum schien bedeutungsvoll. Fast jedes grössere Ereigniss sollte durch Wundererschei-

---

9) Ich folge hier der von Petavius vorgeschlagenen Emendation, statt νεῶν πορθμῶν χειροδασήτων zu lesen: ν. π. χειροποιήτων. Vgl. Them. not. ad orat. XVIII, p. 633.

10) Them. XVIII, p. 271—272. Vgl. auch Lib. I, p. 635.

nungen und Prophezeiungen schon im Voraus angezeigt sein, wie von Heiden und Christen gleich eifrig geglaubt wurde.

Leicht konnte aber dieser blinde Glaube an allerhand Vorzeichen der Staatsgewalt gefährlich werden, wenn sich schlaue Berechnung seiner bediente, um gewisse beabsichtigte Stimmungen oder Ereignisse in den Gemüthern vorzubereiten. Besonders die heidnischen Zukunftsbefragungen, durch welche man nach alt heidnischem Brauche aus den Eingeweiden der Opferthiere, oder auf noch seltsamere Weise, den Ausgang grosser Staatsereignisse, vor allem aber die Person des zukünftigen Herrschers zu erkunden liebte, wurden nicht selten Anlass, das Schreckgespenst des römischen Imperatorenthums, die Usurpation, heraufzubeschwören. Daher waren bereits von den früheren Kaisern gegen diesen gefährlichen Brauch die strengsten Verfügungen erlassen worden.

Nichtsdestoweniger hatte man nun damals, wahrscheinlich Anfang des J. 385 eine geheime Verbindung entdeckt, innerhalb welcher derartige Zukunftsbefragungen angestellt worden waren, und deren Mitglieder sogar Anschläge auf den Thron geplant haben sollten. In Theodosius regte sich bei dieser Nachricht der ganze Zorn seiner jäh aufbrausenden Natur. Es war vielleicht nicht so die Furcht für seinen Thron als die Erregung über die rücksichtslose Missachtung der Gesetze, welche ihn bewog, die strengste Untersuchung der Sache anzuordnen. Immerhin waren auch gegenüber den Verhältnissen im Abendlande derartige Regungen in seinem Reiche nicht unbedenklich.

Zahlreiche Verhaftungen wurden vorgenommen. Die peinliche Frage mit den Schrecken der Geissel und Folter erpresste den Angeklagten das Geständniss ihrer Schuld. Es lag ein Verbrechen vor, auf dem die Strafe des Feuertodes stand. Somit schien es noch milde, dass die Entscheidung des Gerichtes auf Tod durch Enthauptung lautete. Wie es bei einem Majestätsverbrechen nicht anders zu erwarten stand, wurde dieses strenge Urtheil von dem erzürnten Kaiser bestätigt. Aber während schon die Vorbereitungen zur Hinrichtung getroffen wurden und alles in grösster Aufregung war, hörte man plötzlich vom Palaste her den Ruf „Gnade" laut werden. Kaiserliche Eilboten sprengten in grösster Hast durch die Strassen. Sie kamen noch gerade zur rechten Zeit, um durch Verkündigung eines kaiserlichen Gnadenspruches das drohende Verhängniss von den Häuptern der Verurtheilten abzuwenden.

Noch im letzten Augenblicke hatte die natürliche Milde des Kaisers über den Dämon des Jähzornes gesiegt. Vor allem aber der besänftigenden Macht, welche seine fromme Gemahlin durch innige Bitten und Vorstellungen auf ihn ausgeübt hatte, musste es Theodosius danken, dass er sich einer Entscheidung zugeneigt hatte, welche ihm ein schöneres Andenken im Herzen seiner Unterthanen sicherte, als man es Valens bewahrte, welcher in einem gleichen Falle mit unerbittlicher Härte gegen Schuldige und Unschuldige vorgegangen war [11]).

Jedoch nicht lange mehr sollte Theodosius die milde Beratherin an seiner Seite haben. Flaccilla scheint schon längere Zeit leidend gewesen zu sein. Der Schmerz um den Tod ihres erst etwa 7 jährigen Töchterchens in dieser Zeit mag ihre Gesundheit noch mehr erschüttert haben. Sie gieng bald darauf nach Thracien in ein Bad Skotumin, um hier Heilung zu suchen. Aber die Kur blieb ohne Erfolg. Vielmehr verschlimmerte sich ihr Leiden, und sie starb in diesem kleinen thracischen Orte. Ob der 14. September, wo die griechische Kirche das Gedächtniss der h. Flaccilla feiert, als ihr Todestag anzusehen ist, muss dahingestellt bleiben. Ihre Leiche wurde in feierlichem Zuge nach Constantinopel gebracht. Der h. Gregor von Nyssa, welcher die Leichenrede der der Mutter vorausgegangenen kleinen Pulcheria gehalten hatte, sprach auch die ihrige; doch erst einige Zeit nach der Beisetzung, da damals, wo ganz Constantinopel Thränen vergoss und selbst der Himmel weinte, wie Gregor erzählt, vor Schmerz sogleich Niemand reden konnte. [12])

Flaccilla scheint eine eifrige Christin, eine echte Tochter der rechtgläubigen Kirche mit allen Tugenden und Mängeln einer solchen gewesen zu sein. Sozomenus nennt sie eine treue Anhängerin des nicänischen Bekenntnisses. [13]) Ambrosius rühmt ihren

---

11) Vgl. Them. or. XIX; Lib. 1 p. 635 und 1 p. 659. Das Benehmen des Valens s. bei H. Richter p. 435 ff.

12) Vgl. Greg. Nyss. or. consol. in funere Pulcheriae und Id. Or. fun. de Plac. Die Bestimmung des Todesjahres der Flaccilla aus den uns vorliegenden Nachrichten kann durchaus nicht auf strenge Genauigkeit Anspruch machen. Man kann für das Jahr 386 fast gleich viel Gründe beibringen. Vgl. Tillem. Note XXV sur Théod., wo diese Gründe sehr genau zusammengestellt sind.

13) Vgl. Sozom. VII, 6.

echten Glauben. [14]) Noch eifriger preist der h. Gregor ihre christlichen Tugenden. [15]) Nach Theodoret aber erscheint sie völlig wie eine Vorgängerin der h. Elisabeth, ganz in der Ausübung der kirchlichen Vorschriften, in der Ermahnung ihres Gemahls zu christlicher Demuth und in der Pflege der Armen und Kranken aufgehend. [16]) Ziehen wir davon auch ab, was fromme Uebertreibung hinzugefügt haben kann, so scheint soviel doch fest zu stehen, dass die Wirksamkeit Flaccillas vielfach eine wirklich segensreiche gewesen ist, besonders auch, indem sie durch ihren Einfluss, in Gemeinschaft mit ihrer Nichte, der liebenswürdigen und verständigen Serena [17]) oft, wie noch bei jener Verschwörung, die leidenschaftlichen Zornesausbrüche des Kaisers zu beschwichtigen und dadurch manche Ungerechtigkeit und übergrosse Härte zu verhüten wusste. [18]) Andrerseits freilich können wir uns dem Eindruck nicht verschliessen, als ob auf religiösem Gebiete Theodosius gerade durch die Einwirkung der begeistert für den nicänischen Glauben thätigen Gemahlin zu einzelnen Ausbrüchen eines hässlichen Fanatismus gedrängt worden sei. [19])

Während aber das Jahr 385 nur trübe Erinnerungen in Theodosius' Herzen zurückliess, sollte die folgende Zeit sein Glück und die Trefflichkeit seiner Anordnungen für die Sicherheit des Reiches durch ein rühmliches Ereigniss neu bestätigen.

An der Donau nämlich war es seit dem J. 381, wo Theodosius, wie wir sahen, noch selbst einen Einfall wilder Horden zurückwarf, ziemlich ruhig gewesen. Es hatten zwar vielleicht im Winter 382 noch einmal einige nach Beute lüsterne Stämme die

---

14) Ambros. de obitu Theod. or. n. 40 p. 1209.

15) Greg. Nyss. Or. fun. de Plac.

16) Theod. V, 19.

17) Serena war nach dem Tode der Flaccilla auch die treue Pflegerin des kaum 1 Jahr alten Honorius. Vgl. Claud. de nupt. Hon. et Mar. v. 41—43. *Tu potius Flaccilla mihi.*

18) Vgl. Claud. Laus Ser. v. 134—138, wo besonders der beruhigende Einfluss der Serena sehr schön geschildert ist:

> Et quoties, rerum moles ut publica cogit,
> Tristior, aut ira tumidus flagrante redibat,
> Cum patrem nati fugerent atque ipsa timeret
> Commotum Flaccilla virum, tu sola frementem
> Frangere, tu blando poteras sermone, modern.

19) Vgl. das S. 117 geschilderte Vorgehen gegen Eunomius.

über die Donau geschlagene Eisbrücke benutzt, um in Klein-Scythien
einzubrechen. Sie waren indes wohl bald freiwillig oder durch
die römischen Grenztruppen genöthigt über den Strom zurückgekehrt.[20] Im Sommer 386 erschien nun aber an dem jenseitigen
Ufer des Ister einer jener durch die Wirbel der Hunnenstürme
zusammengeballten Völkerknäuel, deren mächtigsten unter Radagais
Stilicho 20 Jahre später auf den Feldern von Fäsulä zersprengte.

Die Hauptmasse desselben bestand aus Greuthungen (Ostgothen.[21] Aber mit diesen hatten sich Bruchtheile einer Menge
anderer Völker verschmolzen, welche wahrscheinlich aus den
Steppen des Tanais (Don) und Rha (Wolga) stammend, den Donau-
anwohnern völlig unbekannt waren. Ihr Führer war Odotheus.
Ihrer Anzahl und ihrer Kriegstüchtigkeit hatte sich kein anderes
Volk in den Weg zu stellen gewagt. Ohne Kampf waren sie an
die Donau gelangt. Jetzt nun verlangten sie über den Fluss gelassen zu werden. Der römische General, welcher damals in diesen Gegenden befehligte, war Promotus, ein fähiger und entschlossener Mann. Er ordnete zunächst sofort die strengste Be-
wachung des Stromes an, um gegen einen plötzlichen Einfall der
Barbaren gesichert zu sein, sodann aber entwarf er einen ebenso
schlauen wie umsichtigen Plan, um die drohende Gefahr völlig zu
beseitigen. Einige ihm unbedingt ergebene Leute seines Heeres,
welche der Sprache jener kundig waren, unternahmen es, unter
dem Schein von Ueberläufern über die Donau zu setzen und sich
in das Lager der Barbaren zu begeben. Hier zeigten sie sich
anscheinend bereit, den Feinden gegen eine sehr hohe Belohnung
das römische Heer zu verrathen. Odotheus liess sich überlisten.
Nach langem Handeln gaben sich die Römer endlich zufrieden,
gegen eine geringere Summe ihr Versprechen zu erfüllen. Bald
darauf sah Promotus am entgegengesetzten Ufer die verabredeten
Zeichen, welche ihm verkündigten, an welchem Punkte und zu
welcher Zeit der Ueberfall stattfinden sollte. Sofort traf er seine
Vorkehrungen. Die Mehrzahl der Schiffe, über welche er verfügte,

---

20) Vgl. Philost. X, 6, welcher sagt, Halmyris sei auf diese Weise
von ihnen eingenommen worden, bald nachdem Eunomius hierher verbannt war, also vielleicht im Winter 381—82.

21) Bei Zos. IV, 38 irrthümlich Πϱοϑίγγοι, bei Claud. IV. cons.
Hon. v. 623 Gruthungi, bei Idac. chron. und Idac. Fast. Γϱεοϑίγγοι
genannt.

wahrscheinlich Proviantfahrzeuge für das Heer, liess er unter dem
Schutze der Dämmerung am Ufer entlang Aufstellung nehmen und
hier, je zwei mit den Schnäbeln gegeneinander, verankern, so
dass sie in einer über $1/2$ Meile (20 Stadien) langen ununter-
brochenen Linie die gefährdete Stelle deckten. Die übrigen aber,
welche gutes Ruderwerk hatten, stellte er stromaufwärts zum Angriff in Bereitschaft. Seine Truppen verwendete er theils zur
Bemannung der Schiffe, theils, um an beiden Flügeln der Schiffs-
linie das Ufer zu besetzen. So gerüstet erwartete er das Nahen
der Feinde. Diese hatten unterdessen mit grösstem Eifer, was an
Kähnen in der Nähe war, zusammengebracht, oder aus rasch ge-
fällten Baumstämmen rohe Fahrzeuge zusammengefügt. Auf diesen, so war ihr Plan, sollten zuerst die erprobtesten Krieger über-
setzen. Ihnen sollte dann der Rest der waffenfähigen Mannschaft,
und erst, wenn das Unternehmen geglückt sei, der übrige Tross
der Greise, Weiber, Kinder und Sklaven folgen.

In dieser Ordnung bewegten sie sich zur bestimmten Zeit
gegen den Strom heran. Es war eine mondlose Nacht. Schweigend bestiegen die Auserlesenen die Fahrzeuge. Sie glaubten die
Römer ganz unvorbereitet zu überraschen. Aber als die Unzahl
der kleinen Kähne und Flösse in die Mitte des mächtigen Flusses
und der eigentlichen Fluth gelangt war, liess Promotus plötzlich
seine Ruderschiffe gegen sie losbrechen. Mit der doppelten Gewalt der Strömung und der Ruderkraft fuhren diese in das Gewimmel hinein, und widerstandslos wurden die schwachen Fahrzeuge, welche der mächtige Stoss traf, in den Grund gebohrt.
Vergeblich versuchten sich die in den Strom Gestürzten durch
Schwimmen zu retten. Für die Meisten wurde die Schwere ihrer
Waffen zum Verderben. Aber selbst die, welche das Ufer glücklich erreichten, entgiengen dem Tode nicht. Mit leichter Mühe
stiessen die hier aufgestellten Legionäre die Erschöpften nieder.
Auch die übrigen Kähne, welche noch glücklich dem verderblichen
Anprall ausgewichen waren, verzögerten damit nur kurze Zeit ihr
Geschick. Sobald sie, um das Land zu gewinnen, sich der Reihe
der hier aufgestellten Schiffe näherten, ergoss sich ein Hagel von
allen möglichen Geschossen über sie. Wehrlos sank einer der
tapferen Krieger nach dem andern in das feuchte Grab, ohne dass
es ihnen gelang, die furchtbare Mauer zu durchbrechen. Die
Blüthe des germanischen Heeres wurde in dieser Nacht in schauer-

lichem Blutbade vernichtet. Odotheus war selbst wahrscheinlich
unter den Gefallenen. Es war ein Kampf, welcher eines jener
erschütternden Beispiele bietet, wo die freudige Tapferkeit ur-
kräftiger aber roher Völker hilflos vor der Ueberlegenheit raffi-
nierter Kriegskunst zu Grunde geht. Unendliche Beute an Waffen
und Geräthstücken, ebenso eine grosse Zahl Gefangener fiel in die
Hände der Sieger. [22])

Promotus hatte ohne Zweifel gleich nach der Ankunft der
Greuthungen an der Donau eine bezügliche Meldung an den Kaiser gesendet. Theodosius war selbst nach Thracien aufgebrochen,
um die Gefahr zu beschwören. Er fand aber die blutige Arbeit
durch die Entschlossenheit seines Generals bereits gethan und
konnte nur noch den Schauplatz der Thaten seiner Truppen be-
sichtigen. Die Gefangenen behandelte er seinem Regierungssystem
gemäss. Sie erhielten die Freiheit und wurden, soweit er sie nicht
in seine Dienste nahm, jedenfalls unter ähnlichen Bedingungen,
wie ehemals die übrigen Gothen, angesiedelt. Diese Germanen
sollten nicht nur helfen, die verödeten Provinzen neu zu bevölkern,
aus ihnen wollte sich Theodosius auch Soldaten erziehen, mit denen
er, wenn er noch einmal dem Gewaltherrscher Maximus gegenübertreten müsste, getrost den Kampf um das Diadem der römischen
Welt aufnehmen könnte. Promotus wurde in seiner wichtigen

---

22) Vgl. Zos. IV, 35 und IV, 38—39. Es ist unzweifelhaft, dass
Zosimus' zwei Berichte dieses Ereignisses vorgelegen haben, welche er,
so ähnlich sie sich auch in den Hauptpunkten gewesen sein müssen,
nicht als identisch erkannt hat, weshalb er den Einfall des Odotheus
(bei ihm Ὀδόθεος genannt) zuerst kurz zwischen den Vorfällen des
J. 381 und 383 und dann ausführlich, aber ohne den Namen des Anführers, an der richtigen Stelle erzählt. Völlig erhellt dies aus Claud.
IV, cons. Hon. v. 623 ff., wo Odotheus ausdrücklich als Führer der
Gruthungi genannt ist, welche unter dem ersten Consulat des Honorius,
also 386, besiegt wurden. Den Umstand, dass O. selbst fiel, hat der
Hofdichter durch die schmeichlerische Phrase ausgedrückt: ... *parens*
(sc. Theodosius) *Odothaei regis opima Rettulit.* Liban. II, p. 632 scheint
diesen Sieg in den Worten: ἃ (κατορθούμετα) σε δεσπότην καὶ Σκυθῶν
ἐποίησε, gleichfalls im Sinn zu haben. Auf die grosse Verwirrung bei
Zosimus an dieser Stelle hat auch bereits C. Zeuss: Die Deutschen und
die Nachbarstämme p. 421 und 422 hingewiesen. — H. Richter, p. 653,
ist bei der flüchtigen Erwähnung dieses Ereignisses der offenbare Irrthum des Zos. entgangen.

Stellung, in welcher er sich so vollkommen bewährt hatte, auch ferner belassen.

Nach diesen Anordnungen kehrte der Kaiser nach Constantinopel zurück und feierte hier am 12. October mit seinem Sohne einen glänzenden Triumph. [23] Jedenfalls damals liess er seinen Wagen durch die ihm vom Perserkönig zum Geschenk gemachten mächtigen Elephanten ziehen. [24] Zum Andenken und als Siegesdenkmal aller unter seiner Regierung erfochtenen Gothensiege errichtete er auf dem Stierplatze (forum Tauri) eine mächtige Säule, auf welcher, wahrscheinlich nach Art der Trajanssäule, seine und seiner Generale Thaten dargestellt waren. [25]

Es ist nicht der geringste Ruhm für Theodosius, dass er der erste oströmische Kaiser war, welcher die hohe Bedeutung des germanischen Elementes für sein Reich nicht nur in ganzem Umfange erkannte, sondern auch den richtigen Weg einschlug, um trotz der schwierigsten Umstände die nützliche Transfusion des frischen Blutes dieser jugendkräftigen Völker in den erschöpften römischen Staatskörper zu vollziehen.

Dieser Weg aber war naturgemäss der einer möglichst milden Behandlung, welche in wohl berechneten Begünstigungen der Germanen im bürgerlichen Leben wie im Heerdienste den Zweck verfolgte, dieselben bald fest mit dem Reiche verwachsen zu lassen, sich dabei aber doch von der kindischen Bevorzugung der Fremden fern hielt, welcher Gratian zum Opfer gefallen war. Diesen wohlüberlegten Plan sah Theodosius aber wiederholt durch die Unverständigkeit seiner römischen Unterthanen gestört und bedroht. Die Römer in übertriebenem Nationalstolz begriffen nicht, wie die Barbaren zu etwas anderem da sein sollten, als um ihre Sklaven zu sein. Jetzt nun sahen sie dieselben in sämmtlichen Donauprovinzen frei auf ihren Höfen sitzen, und was ihre Eitelkeit viel schmerzlicher verletzte, sie sahen im Heere die stattlichsten Corps aus Barbaren gebildet, welche unter eigenen Officieren standen und wegen ihrer prächtigen Haltung und kriegerischen Tüchtigkeit die volle Gunst des Kaisers besassen.

23) Das Datum bei Idac. Fast. z. J. 386. Vgl. auch Marc. chron.

21) Vgl. Pac. c. XXII . . . *triumphalibus beluis in tua essrda suggerendis.* — Cedr. Comp. hist. p 556. Ὅτι οἱ ἐλέφαντες οἱ ἐν τῇ χρυσῇ πόρτῃ ὅμοιοί εἰσιν ὧν πάλαι Θεοδ. ἐπιβὰς εἰς τὴν πόλιν εἰσῆλασεν.

25) Theoph. Chronogr. p. 110. — Cedr. p. 556.

Diese gereizte Stimmung hatte wiederholt schon zu Ausschreitungen seitens der Römer geführt, sobald ihnen eine übermüthige Handlung der Germanen einen willkommenen Anlass bot. So war einst in Philadelphia der erwähnte Zusammenstoss zwischen den Truppen des Hormisda und den ägyptischen Legionen erfolgt. Dieser indes doch wohl zumeist durch die Schuld der Gothen. Dagegen hatte in den ersten Jahren nach der Ankunft des Kaisers in Constantinopel der hauptstädtische Pöbel sich nur durch seinen Hass fortreissen lassen, als er über einen einzelnen gothischen Soldaten wegen eines unbedeutenden Vergehens herfiel, ihn in brutalster Weise ermordete und in's Meer warf. Nur weil es wohl schnell gelang, die wegen dieses Mordes erbitterten gothischen Truppen zu beruhigen, hob der schwer gereizte Kaiser die über Constantinopel verhängte Strafe der Entziehung der öffentlichen Brodspende schon nach einem halben Tage wieder auf. [26]

Während des J. 386 nun spielte sich ein ähnlicher aber viel bedeutenderer Vorfall in Tomi ab. Tomi, am schwarzen Meere, der einstige Verbannungsort Ovids, hatte damals eine Besatzung von römischen Legionären, deren Befehlshaber Gerontius sich ausser seiner Körperstärke und seiner Kriegstüchtigkeit, wie es scheint, auch durch seinen Barbarenhass auszeichnete. In der Nähe der Stadt dagegen lagerte eine Gardeabtheilung, nur aus Barbaren gebildet, welche Theodosius selbst aus den stattlichsten und stärksten Kriegern ausgewählt hatte. Die grösseren Rationen und die ausserordentlichen Geschenke, welche dieselben von dem Kaiser empfiengen, vor allem aber wohl das stolze Selbstgefühl, welches sie den Truppen des Gerontius gegenüber zur Schau trugen, reizte diese und besonders Gerontius selbst zur grössten Erbitterung. Jedoch die Furcht vor der bekannten Tapferkeit dieser Schaar hielt den Zorn der Römer trotz der Aufreizungen ihres Anführers nieder. Endlich aber erreichte Gerontius doch das Ziel seines Hasses. Eines Tages ritt er im Vertrauen auf seine Körperstärke, nur von einigen Leibwächtern begleitet, aus dem Thore, um Händel zu suchen. Diese Absicht war unschwer zu erreichen. Während er aber mit einem der Barbaren im Kampfe war, ersah einer der Leibwächter einen günstigen Augenblick, um heimtückisch mit mächtigem Streiche dem Gegner den Schwertarm vom Leibe

---

26) Vgl. Lib. I, p. 635.

zu trennen und ihn vom Pferde zu stürzen. In diesem Augenblick stürmten zugleich die Römer aus den Thoren, überfielen die völlig unvorbereitete Schaar und machten eine grosse Anzahl nieder. Die übrigen suchten in einer christlichen Kirche Zuflucht.

Es zeugt von der Selbständigkeit und dem freien Blicke, welchen sich Theodosius auch in der Abgeschlossenheit des kaiserlichen Palastes, umgeben von den Ränken der Höflinge, bewahrt hatte, dass er dem Berichte von Räubereien und aufrührerischen Plänen der niedergemachten Barbarenabtheilung, welchen Gerontius jetzt zu seiner Entschuldigung an ihn gelangen liess, durchaus keinen Glauben schenkte. Ebensowenig, wie er sich durch die frommen Andeutungen des heiligen Ambrosius, dass nur noch in zwei Winkeln des Reiches, in Uferdacien und Mösien, Auflehnungen gegen den rechten Glauben stattfänden, hatte verleiten lassen, sein religiöses Einigungswerk auch auf die arianischen Gothen auszudehnen und dadurch seinen Plan einer friedlichen Romanisierung derselben in Frage zu stellen, konnte er in diesem Falle trotz der Bemühungen einer Partei am Hofe, welche für Gerontius eintrat, vermocht werden, die Handlungsweise desselben gutzuheissen. Sein Zorn gegen denselben blieb unvermindert, und nur mit Mühe konnte sich Gerontius einer schweren Strafe entziehen. [27])

Fünftes Kapitel.

Theodosius feiert das Doppelfest der Quinquennalien des Arkadius und seiner Decennalien. — Aufstand zu Antiochia. — Valentinian flieht mit seiner Familie vor Maximus in den Orient. Begegnung mit Theodosius in Thessalonika. — Theodosius vermählt sich mit Galla und rüstet sich zum Kriege gegen Maximus. — Maximus wird besiegt und getödtet.

Der 16. Januar 387 brachte für den nun zehnjährigen Arkadius den festlichen Tag seiner Quinquennalien. Der kaiserliche Vater gedachte nicht nur diese Feier mit all dem Pomp und in der ganzen Ausdehnung der grossartigen römischen Staatsfeste zu begehen, sondern, um diesen Tag noch bedeutungsvoller zu

---

27) Es ist schwer, diesen Vorfall historisch richtig darzustellen, da unser einziger Berichterstatter Zos. IV, 40 ist, welcher denselben ganz parteiisch zu Gunsten des Gerontius erzählt.

machen, auch zugleich das Jubiläum seiner Decennalien damit zu verbinden, obwohl dieses eigentlich erst auf das Jahr 388 fiel. [1])

Aber übermässig gross wie ihre Formen waren auch die Kosten dieser Feste. Besonders die fast zum Gesetz gewordene Sitte, den Soldaten bei solchen Gelegenheiten ein Geschenk an baarem Gelde zu verabreichen, verschlang erstaunliche Summen. Dem jüngeren Valentinian wurden zu seinen Decennalien allein vom römischen Senate 1600 Pfund Gold bewilligt. [2]) Namentlich wohl, um diese Kosten zu bestreiten, schrieb Theodosius im Anfange des Jahres eine Goldsteuer aus, welche den kaiserlichen Statthaltern im Hinblick auf dieses Doppelfest wahrscheinlich schon seit längerer Zeit angezeigt war, aber erst im Anfang dieses Jahres wirklich in Umlage kam. [3])

Wir haben bereits an einer früheren Stelle Gelegenheit genommen, einen kurzen Blick auf den furchtbaren Steuerdruck zu werfen, unter welchem die römische Welt seufzte. Er erklärt sich neben der ungeheuren Kostspieligkeit der Verwaltung, den ausgedehnten Immunitäten und dem unheilvollen Rückgang der Bevölkerungsziffer namentlich durch die im grössten Massstabe ausgeführten Veruntreuungen seitens einer höchst corrupten Beamtenwelt. Vergeblich versuchten die Kaiser diesen Uebelständen

---

1) Idac. chron. erwähnt nur die Quinquennalien des Arcadius und zwar irrthümlich ein Jahr zu früh. Idac. Fast. z. J. 387 sagt: „Arcadius feiert seine Quinquennalien mit seinem Vater Theodosius durch Spenden und Spiele am 16. Jan.", ähnlich Marc. chron. z. J. 387. — Ausdrücklich aber Lib. II, 2: χρημάτων ἐδέησε βασιλεῖ πρὸς τὴν τῶν ὅλων σωτηρίαν καὶ μάλιστα δὴ τῷ μὲν εἰς ἔτος δέκατον, τῷ παιδὶ δὲ πέμπτον τῆς βασιλείας προϊούσης νόμος δὲ etc. — Auf die Decennalien des Theodosius bezieht sich auch ein bei Almendralejo unweit Estremadura gefundener Silberschild mit der Inschrift am Rande: DN. THEODOSIVS PERPET. AVG. OB. DIEM. FELICISSIMVM X (vergl. E. Hübner, die antiken Bildwerke in Madrid, 1862) — Ebenso die Münzen mit der Aufschrift: VOT. X. MVLT. XV in einem Lorbeerkranze. Vgl. Cohen, p. 451 ff.

2) Symm. Ep. X, 33.

3) Es kann nur die unter dem Namen Kronengold (aurum coronarium) bekannte Auflage gemeint sein, welche die Imperatoren ursprünglich als ein freies Geschenk bei freudigen Ereignissen und Gelegenheiten von den Unterthanen empfiengen. Vgl. dazu Cod. Theod. XII, 13, 6. — Vgl. Lib. I, 636 ᾖκε τὰ περὶ τοῦ χρυσίου γράμματα πρᾶγμα πάλαι φοβερόν; ferner Theodor. V, 19.

durch zahlreiche Gesetze zu steuern, so besonders dem letzteren durch strenge Anordnungen betreffs des jährlichen Wechsels der Steuereinnehmer, Ausstellung genauer Quittungen und sofortiger Ablieferung der eingenommenen Summen [4]). Die verrotteten Zustände blieben trotz dieser Gesetze, und die Kaiser sahen sich genöthigt, immer höhere Steuern zu decretieren, um die unleidlichen Ausfälle, welche die Staatskasse durch diese Unterschlagungen erlitt, wieder zu decken.

Bei diesem heillosen Aussaugesystem erscheint es vollkommen begreiflich, dass die Nachricht einer neuen ausserordentlichen Steuer stets die gewaltigste Aufregung bei der Bevölkerung hervorrief, und man könnte sich viel eher wundern, dass es trotzdem doch nur selten zu offenen Auflehnungen gegen die Staatsgewalt kam, wenn wir nicht wüssten, dass gerade der gewöhnliche Urheber solcher Ausschreitungen, der Pöbel der grossen Städte, von der Besteuerung völlig frei war, die sich vielmehr auf die bürgerlichen Mittelklassen, den ruhigsten ordnungsliebendsten Stand, concentrierte.

Aber die Auflage, welche im Anfang des Jahres 387 den römischen Osten erschreckte, hatte in der That einen gewaltsamen Ausbruch der Unzufriedenheit zur Folge, nämlich einen grossen Volksaufstand zu Antiochia [5]).

Antiochia, die Metropole Syriens, gehörte in dieser Zeit zu den bedeutendsten Städten des oströmischen Reiches. Am Orontes gelegen, und zwar an der Stelle, wo dieser das der Küste parallel laufende Randgebirge durchbricht, und wo zugleich der Euphrat,

---

4) Derartige von Theodosius erlassene Gesetze finden sich z. B. Cod. Theod. XII, 6, 22; XII, 6, 18; XI, 1, 19; X, 24, 3; XII, 6, 17 etc.

5) Die beiden im Vorwort genannten Abhandlungen von Hug (diese war mir leider nicht zur Hand) und von Sievers über dieses Ereigniss gestatten es, dasselbe hier nur in seinen Hauptmomenten zu behandeln. Die Hauptquellen sind des christlichen Presbyters Johannis Chrysostomi Opera, Tom. II. Homil. I—XXI und des heidnischen Sophisten Libanii Oratt. XIX—XXII und XXXIV. Beide sind Augenzeugen. Daneben geben kurze Berichte, am besten Theodor. V, 19; ferner Zos. IV, 41 (bei diesem irrthümlich Erzählung einer Gesandtschaft des Libanius und Hilarius); Soz. VII, 23; Theoph. p. 112; Cedr. p. 556. Die Chronologie betreffend setzen die letzten drei und Theodoret den Aufstand in die Zeit vor dem Zuge des Theodosius gegen Eugenius. Dass dies ein Irrthum und das Ereigniss jedenfalls in das J. 387 zu setzen ist, s. bei Tillem. Note XXVII und XXVIII sur Théod.

bevor er dauernd seine südöstliche Richtung zum persischen Busen einschlägt, sich dem Mittelmeere am meisten nähert, bildete Antiochien, noch nicht eine Tagereise vom Meer entfernt, mit seiner Hafenstadt Seleucia das überaus wichtige Handelsemporium nach den Euphratländern und weiterhin nach der persischen und indischen Welt.

An diesem Punkte berührten sich im friedlichen Austausch ihrer Erzeugnisse die beiden grössten damaligen Culturreiche, und der Gunst dieser Lage verdankte Antiochien sein glänzendes Aeussere und das überaus rege Leben und Treiben, wie es grossen Handelsstädten eigen zu sein pflegt. Die öffentlichen Gebäude, Theater, Circus, Rathhaus, die Bäder, christliche Kirchen und heidnische Tempel zierten die Stadt durch die Grossartigkeit und die Schönheit ihrer Bauformen. Weite luftige Säulenhallen boten schattige Spaziergänge für die, welche in der heissen Zeit nicht nach der meerwärts gelegenen Vorstadt Daphne mit ihrem vielgepriesenen Cypressenhain und ihren kühl sprudelnden Quellen oder an die See selbst flüchten konnten. Auf den Strassen aber und öffentlichen Plätzen, besonders auf dem grossen Markte sah man in buntester Mannigfaltigkeit die Fülle der Waaren aufgestellt, welche aus Morgen- und Abendland hier zusammenflossen, und dazwischen drängte sich bis zum späten Abend in emsigen Gewimmel, kaufend und verkaufend, schwatzend und streitend eine dichte Volksmenge; neben einheimischen fremde Kaufleute und Schiffer, neben der fleissigen ihrer Handlung nachgehenden Bevölkerung müssig umherlungerndes Gesindel[6]).

Jedoch auch in Antiochien fühlte man sehr drückend das Elend der Zeit. Die allgemeine Geldnoth musste einer grossen Handelsstadt besonders empfindlich sein. Schon das auftauchende Gerücht von dem Vorhaben des Kaisers, die schwere Steuerlast durch eine ausserordentliche Umlage zu vermehren, mochte vielfache Unruhe hervorgerufen haben, ohne indes wohl ernstlich geglaubt worden zu sein[7]). Aber gegen Ende Februar 387 langte das kaiserliche Decret an, welches jeden Zweifel an der bittern Wirklichkeit unmöglich machte, und nun brach ein Sturm des

6) Vgl. besonders Joh. Chrysostomi Hom. XVII, p. 176^A und 178^E und Lib. II, 443.

7) Lib. I, 636.

heftigsten Unwillens in der volkreichen Stadt los[8]). Mit orientalischer Leidenschaftlichkeit bewies jeder dem andern, dass den Druck dieser Auflage Niemand aushalten könne. Die Stadt sei ruiniert, wenn dieselbe aufrecht erhalten werde. Es sei dies ein Leben, nicht werth gelebt zu werden[9]).

Vor dem Amtsgebäude des kaiserlichen Statthalters wogte die aufgeregte Menge am dichtesten. Angesehene Bürger suchten hier unter Thränen den Beamten zu überzeugen, dass die Forderung über die Kräfte der Bevölkerung gehe. Aber mochte dieser ihre Vorstellungen auch billigen, den bestimmten kaiserlichen Befehl durfte er nicht eigenmächtig abändern. Die Bittenden zogen sich, indem sie dies wohl einsahen, resigniert zurück, um sich nach Hause zu begeben[10]). Damit, so schien es, sollte diese Bewegung in die gewöhnliche Bahn derartiger Auftritte einlenken, dass man sich schliesslich doch in das Unvermeidliche fügte, auf Mittel sann, wie der Steuereinnehmer befriedigt werden könne, und leichtlebig, wie man in Antiochien war, mit der Zeit auch diesen Schlag verschmerzte. Dass der Verlauf in Wirklichkeit ein ganz anderer wurde, war zunächst nur die Schuld eines Pöbelhaufens, dem die allgemeine Unzufriedenheit einen willkommenen Vorwand bot, um tumultuieren zu können[11]).

Nachdem der Statthalter erklärt hatte, dass es nicht in seiner Macht stände, der Stadt Erleichterung zu verschaffen und die Mehrzahl des Volkes sich zerstreut hatte, hatte sich dieser Haufe, Fremde und Einheimische gemischt, zu dem bischöflichen Palaste begeben, um lärmend von Flavian seine Verwendung zu fordern. Dieser war indes, obwohl es noch in den Vormittagsstunden war, nicht zu Hause, oder zog es wenigstens vor, für diese lärmende Rotte nicht zu Hause zu sein, und die Ruhestörer zogen nun, Schmähreden gegen die Beamten ausstossend, ziellos durch die Stadt.[12]) Ohne irgendwelchen Grund brachen sie in ein öffentliches Bad ein, rissen hier die Lampen herab und stürmten dann, nach Verübung sonstigen Unfuga, weiter. Während sie sich aber noch nach neuen Gegenständen umsahen, an denen sie ihre Zerstörungs-

8) Joh. Chrysost. V, 63 D.

9) Chrysost. V, 63 E βίος ἀβίωτος.

10) Lib. I, 637.

11) Chrys. II, 24 D; III, 36 B uud 37 A; V, 63 E.

12) Lib. I, 637.

lust auslassen könnten, flogen plötzlich aus der Mitte des Schwarmes, von einigen frechen Burschen geschleudert, Steine gegen die Bildsäulen der kaiserlichen Familie, welche nach gewöhnlicher Sitte auf den öffentlichen Plätzen der Stadt aufgestellt waren. Damit war das Zeichen zu einem allgemeinen Sturm auf diese Bilder gegeben. Unter frechen Witzen, wie sie der Pöbel bei solchen Gelegenheiten bereit hat, riss man die Statuen des Kaisers, seiner Söhne, seines Vaters, selbst seiner verstorbenen Gemahlin von den Sockeln herab, zertrümmerte sie, oder schleifte sie an Stricken durch den Koth der Strassen. [13])

Jetzt waren die Gemüther so sehr erhitzt, dass sie sich zu einer Abscheulichkeit fortreissen liessen, welche wir noch in unsern Tagen als den Höhepunkt der Raserei der Massen kennen gelernt haben, und welche sich damals in den grossen Volkscentren des Orients, besonders in Alexandria fast bei jedem Aufstand wiederholte. Man griff zur Brandfackel. In das Haus eines Bürgers, welcher zur Ordnung und zum Gehorsam gegen den kaiserlichen Befehl gerathen hatte, wurde Feuer geworfen. [14]) Hierbei oder schon vorher müssen auch einige kaiserliche Beamte der Wuth des Volkes zum Opfer gefallen sein. [15]) Alle diese Vorgänge waren das Werk weniger Stunden. Die städtischen Behörden hatten in der Bestürzung nicht Zeit gefunden oder nicht gewagt, gegen die Aufrührer einzuschreiten. Selbst der Befehlshaber einer Abtheilung kaiserlicher Schützen setzte ihnen erst Widerstand entgegen, als sie sich seinem Hause näherten, um dieses gleichfalls und ebenso den kaiserlichen Palast in Brand zu stecken.

Es zeugt für die völlige Planlosigkeit, mit welcher die Volksmenge gehandelt hatte, dass sie jetzt bei den ersten Pfeilschüssen nach allen Seiten auseinander stob. [16]) Andere Truppen wurden schnell herangezogen und bereits um die Mitte des Tages sah sich die gesetzliche Gewalt wieder im Besitz der vollen Herrschaft über die Stadt. [17])

Kaum aber war die Ruhe wiederhergestellt, als mit der mass-

---

13) Chrys. III, 16 B; V, 63 E; XV, 152 E. — Lib. I, 651 und 657; Id. II, p. 4—5; Id. Ep. 883 Hierophantae.

14) Lib. II, 5.

15) Theodor. V, 19.

16) Lib. I, 640 und 611.

17) Lib. II, p. 5.

losen Aufregung auch zugleich die Keckheit der Bevölkerung
schwand, und statt dessen die peinlichste Angst vor den Folgen
dieser Vorfälle in den Gemüthern Platz griff. Die wilden Ausschreitungen des Tages waren zwar nur von einer geringen Zahl
nichtswürdiger Menschen ausgegangen und verübt worden. Aber
ein grosser Theil der Bewohnerschaft hatte sich, durch das böse
Beispiel fortgerissen, wenn auch nur als Zuschauer, an dem Tumulte
betheiligt. Selbst die jedoch, welche sich vorsichtig zu Hause
gehalten hatten, konnten einem strengen Richter strafbar erscheinen,
weil sie nichts zur Unterdrückung der Unruhen gethan hatten;
ein Vorwurf, welcher am schwersten auf allen städtischen Magistraten lastete. [18]) So gab es wohl nur Wenige in Antiochien,
welche ohne Bangen den nächsten Ereignissen entgegensahen.

Zuerst und am gerechtesten, wenn auch nach der furchtbaren
Härte der damaligen Zeit, traf die eigentlichen Brandstifter und
Anführer des Tumultes, soweit man ihrer habhaft werden konnte,
die Strafe. Sie wurden enthauptet, verbrannt, selbst den wilden
Thieren vorgeworfen. [19]) Zugleich aber hatte der Statthalter noch
am Tage des Aufstandes reitende Eilboten an den Kaiser abgehen
lassen, um diesem über die Vorgänge in Antiochien Bericht zu
erstatten und seine Befehle betreffs der weiteren Maassregeln gegen
die Stadt einzuholen. [20]). Der Ankunft dieser Strafbefehle sah nun
die Bevölkerung in qualvoller Spannung entgegen. Man fürchtete
das Schlimmste, das Anrücken eines Executionsheeres und gänzliche
Zerstörung der Stadt wie einer feindlichen. [21]) In ganzen Schaaren
hatten die Einwohner, besonders die Reichen und Vornehmen, die
Stadt verlassen und sich nach Nachbarorten oder in verborgene
Gebirgsschluchten geflüchtet. [22])

Merkwürdig gemischt zu Gunsten und Ungunsten Antiochias
waren die äusseren Zeitumstände, unter denen Theodosius die
Nachricht von dem Aufstande erhielt. Es begannen eben die
Fasten, welche das Nahen des höchsten Festes der Christenheit
verkündigten, des Festes, zu dessen Ehre Theodosius selbst das

18) Chrys. II, 25 A.
19) Chrys. III, 45 B. Lib. I, 641.
20) Chrys. Hom. VI, 75 D.
21) Lib. I, 642; II, 299. — Chrys. II, 23 A; VI, 83 E; XII, 123 B,
124 B; XVI, 161 A—B.
22) Chrys. XVII, 173 C—D; XIII, 133 D.

Gesetz der Osteramnestie erlassen hatte, welches nur die schwersten Verbrecher von seinen Wohltaten ausschloss. [23]) Aber wenn dieser Umstand mildernd auf die kaiserliche Entscheidung einwirken konnte, so war es andrerseits verhängnissvoll für das Geschick der syrischen Hauptstadt, dass kurz zuvor in Berytus und Alexandria Unruhen stattgefunden hatten, bei denen, wenigstens in letzterer Stadt, hochverrätherische Rufe für den Usurpator Maximus vernommen worden waren. [24]) Derartigen Vorgängen gegenüber schien dem Kaiser jetzt ein Beispiel rücksichtsloser Strenge nöthig. Flaccilla mit ihrem besänftigenden Einfluss stand ihm nicht mehr zur Seite, um für Antiochien bitten zu können. Die Erinnerung an sie und an die Beschimpfung, welche die Frevler selbst noch der Todten angethan hatten, diente vielmehr dazu, seinen Zorn aufs äusserste zu steigern.

Dem entsprechend war denn auch die Strafe, welche er über die Stadt als solche verhängte, schwer genug, wenn sie auch nicht die schlimmste Besorgniss rechtfertigte. Das kaiserliche Schreiben, welches das Urtheil enthielt, ordnete an, Theater und Hippodrom und, was unter syrischem Himmel besonders hart war, [25]) die öffentlichen Bäder zu schliessen. Es hob ferner die kaiserliche Getreidespende auf und erkannte Antiochien, zu Gunsten der alten Nebenbuhlerin Laodicea, das Metropolitan- wie alle Stadtrechte ab. Namentlich die letztere Bestimmung, wenn ihre Ausführung je möglich war, erniedrigte die mächtige Handelsstadt in Zukunft zum unbedeutenden Flecken. [26]) Zugleich mit diesem Schreiben aber gieng eine Commission nach Antiochien ab, um über die Schuldigen im weitesten Umfange Gericht zu halten. [27]) Schon in dem Umstande jedoch, dass der Kaiser die letzte Entscheidung auf dem Wege eines ordentlichen Rechtsverfahrens treffen liess, wie in der milden und rechtlichen Denkungsart der Richter [26]) — es waren der Heermeister Ellebichus und der Comes officiorum

---

23) Chrys. VI, 76 C. Vgl. Appendix Codic. Theod. VII, 17; VIII, 19 (Jac. Sirmond, Paris 1631).
24) Lib. I, 631 und 638.
25) Chrys. XIV, 149 D.
26) Lib. I, 655; Chrys. XVII, 175 D; Lib. II, 305—306. — Theod. V, 19.
27) Chrys. XXI, 216 B.
28) Lib. II, 6 ff.

Cäsarius [29]) — lag zum grossen Theil die Bürgschaft für eine günstige Wendung des Geschickes der Stadt.

Die Antiochener erlangten dadurch Zeit, um durch verdoppelten Eifer ihre Ergebenheit gegen den Kaiser zu beweisen und zugleich, um durch Bittgesandtschaften sein Herz zu erweichen. In grösster Eile wurden neue Standbilder des kaiserlichen Hauses aufgestellt, bereits war auch ein grosser Theil der verhängnissvollen Steuer zusammengebracht, und noch auf ihrer Hinreise nach Antiochien begriffen trafen die kaiserlichen Commissare schon auf den greisen Bischof Flavian, welcher trotz seines Alters und seiner Körperschwäche, trotz der noch frühen Jahreszeit, und obwohl er seine Schwester schwer krank zurückliess, sich dennoch selbst aufgemacht hatte, um bei Theodosius für seine Gemeinde zu bitten. [30])

Ueberhaupt bewiesen die christlichen Priester in dieser schweren Zeit, dass neben den unschönen Zügen gegenseitiger Unduldsamkeit und Hadersucht dennoch das wahre Feuer der Religion der Liebe in ihnen brannte. Der Presbyter Johannes, dem wir neben dem Sophisten Libanius die besten Nachrichten über diese Vorgänge verdanken, hielt in den Tagen der Aufregung fast täglich Predigten, um seine Gemeinde zu trösten und zu beruhigen. Während ferner die heidnischen Sophisten zumeist geflüchtet waren, erschienen in der Zeit der grössten Angst, wo Verhaftungen über Verhaftungen stattfanden, plötzlich die seltsamen Gestalten der christlichen Anachoreten in der Stadt, welche auf die Nachricht von der Gefahr, in welcher Antiochia schwebe, von den benachbarten Bergen aus ihren Höhlen und Klausen herabgestiegen waren. [31]) In Gemeinschaft mit den Priestern erwarteten sie am Eingange der Gerichtshalle die Richter und bestürmten dieselben mit freimüthigen, ja kühnen und zudringlichen Bitten, bis jene versprachen, mit Milde die Schuldigen zu richten und die letzte Entscheidung dem Kaiser zu überlassen. Dann aber warfen sie sich dankbar vor ihnen auf die Kniee und küssten ihre

---

29) Cod. Theod. IX, 39, 1: *Hellebicus comes et magister utriusque militiae.* Lib. II, 1: Ἐλλέβιχος. Theodor. V, 19: Ἐλέβιχος. Lib. I, 678: Καισάριος μάγιστρος. Vgl. Theod. V, 19 Cod. Theod. VIII, 5, 49.

30) Chrys. XVII, 172 D; VIII, 96 A; XXI, 216 B.

31) Chrys. XVII, 172—174. Lib. blieb indes, wie er wenigstens selbst behauptet, in der Stadt.

Hände. Gewiss ein schönes Zeichen von ebenso viel Muth wie
Gehorsam gegen die Obrigkeit. [32])

Noch einige Wochen schwebte Antiochien in banger Ungewissheit. Aber schon Flavian fand bei seiner Ankunft in Constantinopel den Kaiser zur Milde geneigt. Seine Vorwürfe gegen
die Stadt, welcher er stets Wohlthaten erzeigt habe, und die nun
dafür zum Danke sogar seine Todten beschimpfe, waren mehr
schmerzlich als zornig. Den Thränen und Bitten des greisen
Bischofs gegenüber blieb auch er nicht unbewegt. Mit der bestimmten Versicherung, dass Antiochien für sein Vergehen Verzeihung erlangen werde, durfte Flavian zurückkehren, ja Theodosius drängte ihn sogar zur Abreise, damit er Ostern noch im
Kreise seiner Gemeinde feiern könne. [33])

Die eigentliche Begnadigung Antiochiens sprach aber der
Kaiser erst aus, als Cäsarius in Constantinopel ankam und ihm
die Untersuchungsakten vorgelegt, sowie mündlichen Vortrag über
die Angelegenheit und zwar völlig zu Gunsten der bedrängten
Stadt gehalten hatte. [34]) Das die Amnestie enthaltende kaiserliche
Schreiben, mit welchem sofort ein Staatscourier abreiste, wurde
durch Ellebichus dem Volke in Antiochien bekannt gemacht. Es
gab der Stadt ihre vollen Rechte, den aus Anlass des Aufstandes
Verhafteten wahrscheinlich sämmtlich die Freiheit zurück.

Theodosius bewies durch diese Grossmuth, dass er sich bisher auf der einsamen Höhe des Thrones, umgeben von Schmeichlern, welche auch die schlimmste That des Herrschers zu preisen
bereit waren, sein warm und menschlich fühlendes Herz noch bewahrt hatte. Man muss es daher tief beklagen, dass dieser edel
angelegte Fürst sich den bei den römischen Imperatoren jener
Zeit so selten gefundenen Ruhm wahrer Menschlichkeit nicht un-
befleckt erhalten hat. Vier Jahre später hat die Geschichte leider
jene Bluttat von Thessalonika zu verzeichnen, deren Makel keine
Kirchenbusse von dem Namen des Theodosius hat abwaschen
können.

Bisher hatten sich in Folge der antiochenischen Vorgänge

---

32) Chrys. XVII. 175 A.
33) Chrys. XXI.
34) Lib. I, 689—690.

die Blicke der Weltstadt am Bosporus mit Theilnahme und Mitgefühl nach Osten gerichtet. [35]) Sehr bald sollten sie aber in ent-
gegengesetzter Richtung auf die ungleich bedeutenderen Ereignisse
abgelenkt werden, welche das Abendland erschütterten.

Mit Maximus war seit 383 eine der berechnendsten Naturen
auf den kaiserlichen Thron zu Trier gestiegen. Dass er es verstanden hatte sich im richtigen Augenblick zum Vorkämpfer des
nationalen Römerthums aufzuwerfen, hatte ihm den Purpur ein-
gebracht. Vier Jahre war dann jedoch sein brennender Ehrgeiz
durch die Rücksicht auf den gefährlichen Gegner im Osten nieder-
gehalten worden. Aber unausgesetzt hatte er die Verhältnisse
im Reiche Valentinians beobachtet. Und nicht umsonst. Die Unselbständigkeit eines kaum aus den Knabenjahren getretenen Jüng-
lings und die Unvorsichtigkeit einer Frau verschaffte ihm endlich
einen Vorwand zur Erreichung seines Zieles, der Alleinherrschaft
im Abendlande, welcher ihn in seiner Handlungsweise sogar dem
oströmischen Kaiser gegenüber völlig zu decken schien, falls
dieser sich nicht mit seinem Hauptprincip, der Vertretung der
Rechtgläubigkeit, in Widerspruch setzen wollte.

Valentinian war von seiner Mutter Justina im arianischen
Irrglauben erzogen worden. Unter ihrem Einfluss, vielleicht nachdem er grossjährig geworden war, hatte er am 23. Januar 386
ein Edict erlassen, welches den Arianern in den Grenzen seines
Reiches freie Religionsübung gewährte. [36]) Zwar besagte dieses
Gesetz ausdrücklich, dass den Katholiken dieselbe Freiheit zustehen
solle, indes schon damals fühlte sich die katholische Kirche als
verfolgte, sobald sie sich in ihrer Alleinherrschaft beeinträchtigt
sah. Der grosse Ambrosius stellte sich mit der ganzen rücksichts-
losen Kühnheit, welche diesen Priester auszeichnete, der ketzerischen Augusta und ihrem bethörten Sohne gegenüber, hinter sich
das furchtbar aufgeregte katholische Volk. Weit entfernt, dass
Justina jene Gesetzesbestimmung zur Ausführung bringen konnte,
gelang es ihr nicht einmal auch nur eine einzige Kirche für sich
und ihre arianische Umgebung der Glaubensstarrheit jenes Bischofs
abzuringen.

---

35) Senat und Volk von Constantinopel hatten sogar beim Kaiser
Fürbitte für Antiochia eingelegt. Vgl. Lib. I, 671.

36) Cod. Theod. XVI, 1, 4.

Diese Zustände in Italien waren es, welche dem schlauen Usurpator in Gallien zu günstig für seine Pläne schienen, um sie unbenutzt zu lassen. So wenig die katholische Kirche Italiens unter der Führung eines Ambrosius des Schutzes gegen den schwachen Valentinian bedurfte, Maximus gab sich nichtsdestoweniger den Anschein, als ihr Beschützer gegen ungerechte Verfolgungen auftreten zu müssen. Er sandte im Frühjahr 387 einen Brief an seinen jungen Mitherrscher, welcher, im Tone wärmsten Eifers für die katholische Kirche geschrieben, ganz dazu geeignet war, in den Herzen der Unterthanen desselben und besonders bei den Dienern der reinen Lehre Betrachtungen darüber anzuregen, wie erfreulich es sein würde, wenn auch in Italien ein dem wahren Glauben so ergebener und würdiger Herrscher wie Maximus das weltliche Scepter führe. Als trotz dieses Briefes das Gesetz vom 23. Januar aufrechterhalten wurde, glaubte der Usurpator den Zeitpunkt gekommen, um mit gleichem Erfolge wie einst in Britannien zu den Waffen greifen zu können. Im Palaste zu Mailand zitterte man vor den schlimmen Plänen des Mörders Gratians. Aber für den Augenblick geboten diesem die wohlbesetzten Alpenpässe noch einmal halt zu machen, welche überhaupt uneinnehmbar schienen. Jedoch den Unermüdlichen schreckte auch dieses Hinderniss nicht. Durch eine meisterhafte, Monate lang geübte Verstellungskunst wusste er den mailändischen Hof allmählich in völlige Sicherheit zu wiegen. Der Lohn seiner Ausdauer war die hohnvolle Genugthuung, dass der verschlagenste der Anhänger Valentinians, in beispielloser Weise von ihm überlistet, selbst sein Heer durch alle die gefährlichen Alpendefileen ungefährdet in die Ebenen Italiens hinabführte.

So plötzlich stand der geflüchtete Feind im Herbste 387 fast vor den Thoren Mailands, dass der unglückliche Valentinian nur noch Zeit hatte sich nach dem festen Aquileja zu flüchten. Aber auch hierhin folgte ihm sein Gegner. Furchtbar beängstigend mag damals in dem jungen Fürsten der Gedanke an das Schicksal seines unglücklichen Bruders aufgestiegen sein. Er wollte wenigstens sein Leben retten, nachdem er, wie dieser, sein Reich verloren hatte. Noch bevor das feindliche Heer vor den Mauern Aquilejas ankam, bestieg er, gefolgt von den getreuesten seiner Anhänger, mit seiner Mutter und seiner Schwester ein Schiff, um nach Macedonien überzusetzen und bei dem oströmischen Augustus Schutz und Hülfe zu suchen.[37]

In Constantinopel erhielt man bei der Raschheit, mit welcher sich der Sturz Valentinians vollzogen hatte, die erste Kunde davon wahrscheinlich nicht viel früher, als das Schreiben, in welchem der vertriebene Kaiser bereits seine Ankunft auf oströmischen Boden meldete und den Schutz seines mächtigen Mitregenten anflehte.[38]

Theodosius wurde durch diese doppelte Nachricht in eine schwierige Lage versetzt. Auf keinen Fall durfte er den Usurpator im ungestörten Besitze seiner Beute lassen. Schon seine Pflicht als legitimer Herrscher gebot ihm, dem doppelten Thronräuber entgegenzutreten. Und selbst, wenn er diese Pflicht, welche ihn zum natürlichen Verbündeten Valentinians machte, aus den Augen setzen wollte, so mahnte ihn das Vorgehen des Maximus auf's nachdrücklichste, dass dieser, unbehelligt gelassen, auch in Mailand nicht stehen bleiben werde. Entweder musste er ihn also auf seinen Reichstheil im fernen Westen beschränken, oder den Entscheidungskampf herbeiführen, so lange sich jener noch nicht in der Herrschaft des ganzen Abendlandes befestigt hatte. Andrerseits aber hatte es sein schlauer Gegner verstanden, ihn völlig unvorbereitet einer vollendeten Thatsache gegenüberzustellen. Dazu spielte derselbe seine Rolle als Beschützer der Rechtgläubigkeit mit ebensoviel Geschick als Nutzen. Der selbstlose Eifer für die Sache der katholischen Kirche, welchen er zur Schau trug, war sehr wohl dazu angethan, den Länderräuber als das erwählte Rüstzeug der strafenden Gerechtigkeit Gottes erscheinen zu lassen. Auch Theodosius musste, nach seinem orthodoxen Standpunkte, zugestehen, dass Valentinian sein Geschick selbst verschuldet habe. Ergriff er jetzt nun für den Verjagten die Waffen, so konnte es im Abendlande leicht erscheinen, als ob er für den verhassten Arianismus gegen die nicänische Lehre das Schwert ziehe, als ob er mit Gewalt den irrgläubigen Fürsten zurückführen wolle, welchen der Zorn Gottes vom Throne gestossen habe. Man wird es erklärlich finden, wenn Theodosius zwischen diesen verschiedenen

---

37) Die hier angedeuteten weströmischen Verhältnisse finden sich vortrefflich dargestellt bei H. Richter p. 612—619 und 645 ff.
38) Zos. IV, 43.

Erwägungen schwankend, sich vorerst noch zu keinem entscheidenden Schritte entschloss. Valentinian, welcher mit seinen Angehörigen in Thessalonika unruhig die Entschliessungen desselben erwartete, erhielt keine Einladung nach Constantinopel zu kommen. Statt dessen richtete Theodosius einen vorwurfsvollen Brief an ihn, in welchem er ihn darauf hinwies, wie er durch die Bekämpfung des rechten Glaubens, welchen der Tyrann beschütze, die Hülfe Gottes auf dessen Seite hinübergedrängt habe. [39]) Offenbar strebte er schon in diesem Schreiben an, den jungen Fürsten zu seiner Glaubensgemeinschaft herüberzuziehen, um dann ohne Anstoss als sein Beschützer auftreten zu können. Dieses Ziel war denn auch mit Veranlassung, dass er bald selbst, von seinen vertrauten Räthen begleitet, nach Thessalonika aufbrach. [40])

Sein Zusammentreffen mit Valentinian zeigte, dass er persönlich ein warmes Mitgefühl mit dem traurigen Geschick desselben hatte [41]).

Wenn er sich in seinen Massregeln als Regent nicht von diesen persönlichen Motiven leiten liess, so haben wir schon oben (s. p. 124) ausgesprochen, dass darin nur ein Lob für ihn liegt. Er trat nämlich, ohne sich durch die kriegerischen Wünsche der Partei Valentinians beirren zu lassen, mit Maximus in Verhandlungen wegen einer friedlichen Lösung des gespannten Verhältnisses [42]). Wir haben bei Gelegenheit der Rüstungen im J. 383 darauf hingewiesen, welche Verhältnisse seines Reiches für Theodosius einen so bedeutenden auswärtigen Krieg höchst bedenklich machten. Zwar waren dieselben am Ende des J. 387 lange nicht mehr so gespannt wie im J. 383 und erlaubten eine lange Abwesenheit des Kaisers vom Reiche viel eher, dennoch darf man annehmen, dass Theodosius auch jetzt noch den Frieden vorgezogen hätte, wenn der Usurpator auf die durch seine Gesandten gestellte Bedingung, Rückgabe Italiens an Valentinian, eingegangen wäre [43]).

---

39) Theodor. V, 15.
40) Zos. IV, 43, welcher zugleich angibt, dass bereits in Constantinopel Berathungen stattgefunden hatten, und die rastlose Thätigkeit des Theodosius rühmt.
41) Theod. V, 15.
42) Zos. IV, 44. Die neutrale Haltung, welche Theodosius zunächst zwischen Valentinian und Maximus einnahm, erwähnt auch Socr. V, 12.
43) Das sagt ausdrücklich Zos. IV, 44.

Aber seinen Raub fahren zu lassen, war Maximus, so sehr er eine deutliche Erklärung vermied, keineswegs geneigt. Obwohl aber somit die Bemühungen des Theodosius äusserlich erfolglos blieben, hatten sie doch eine höchst glücklich berechnete Wirkung auf die öffentliche Meinung zu Gunsten seiner Sache. Denn die fortgesetzte Weigerung des Gegners, Valentinian, auch nachdem dessen Bekehrung thatsächlich erfolgt war[44]), seine Länder zurückzugeben, bewies deutlich, dass ihn ganz andere Beweggründe als die bisher geheuchelten, nämlich Habsucht und Herrschbegierde, leiteten.

Schon nachdem diese Verhandlungen betreffs einer friedlichen Zurückführung Valentinians in seine Länder gescheitert waren, hatte Theodosius sicher den Entscheidungskampf beschlossen.

Zosimus berichtet uns an dieser Stelle von einem Ereigniss, dem er den letzten Anstoss des noch schwankenden Kaisers zum Kriege zuschreibt.

Theodosius war in Thessalonika bei seinem Zusammentreffen mit Valentinian auch dessen schöner Schwester Galla begegnet. Der klugen Justina entgieng der tiefe Eindruck nicht, welchen die Schönheit ihrer Tochter auf den kaiserlichen Wittwer ausübte. Sie sah darin sogleich ein Mittel, den damals noch unentschlossenen Theodosius zu dem Kriege mit Maximus zu bestimmen, um so das Ziel zu erreichen, welches ihre mütterliche Liebe anstrebte, nämlich Gratians Tod an Maximus zu rächen und Valentinian wieder zu seinem Reiche zu verhelfen. In einer Audienz, welche sie zu diesem Zwecke in der Begleitung Gallas bei ihm hatte, gelang es ihr wenigstens, den durch die stummen Thränen der schönen Tochter hingerissenen Kaiser zu allgemeinen Zugeständnissen in ihrem Sinne zu bewegen, obwohl er noch immer eine friedliche Ausgleichung mit Maximus hoffte. Als aber Theodosius bald darauf in aller Form um die Hand der Prinzessin anhielt, und sie ihr mütterliches Jawort von der Erfüllung jener beiden Bedingungen, der Rache für die Ermordung Gratians und der Wiedereinsetzung Valentinians abhängig machte, da entschloss sich der fürstliche Freier um den anmuthigen Preis in der That zu dem gefährlichen Kriege[45]). Die hier angeführte Thatsache selbst glauben wir nicht anzuzweifeln zu dürfen, und obwohl sicher zwar

---

44) Theod. V, 15.
45) Zos. IV, 44.

die schliessliche Ueberzeugung von der Unmöglichkeit einer friedlichen Lösung der Dinge und die Gefährdung des eigenen Thrones
die Hauptbeweggründe waren, welche den Theodosius zu dem
Entscheidungskampf bestimmten, so mag doch der persönliche
Wunsch, die schöne Galla zu besitzen, sehr wohl die äusserliche
Erklärung dieses bereits in ihm feststehenden Entschlusses hervorgerufen haben [46]).

Die Vermählung mit Galla erfolgte wahrscheinlich noch in
Thessalonika.

Maximus scheint indessen noch gehofft zu haben, sich durch
geschickte diplomatische Züge im Besitze Italiens erhalten und
doch die gefährliche Waffenentscheidung vermeiden zu können.
Theodosius wies in der That eine Gesandtschaft von ihm auch
jetzt nicht zurück. Aber er fand immer neue Vorwände, um die
Verhandlungen über die von ihnen überbrachten Vorschläge zu
verzögern [47]). Sein ganzes Benehmen war offenbar nur darauf
berechnet den Gegner hinzuhalten, während er die umfassendsten
Vorbereitungen zum Kriege traf [48]). An den persischen Hof ordnete er eine Gesandtschaft ab, deren Führer Sporakius durch
diplomatische Gewandtheit und die Macht des Goldes die Ruhe im
Osten sicherstellen sollte [49]). Leider hatte er gerade damals den
Mann verloren, welchem er am vertrauensvollsten die Sorge für
das Reich in seiner Abwesenheit überlassen hätte. Cynegius war
nach seiner Rückkehr aus Aegypten, dessen Metropole Alexandria

---

46) Tillem. Art. XXVIII will in der Erzählung des Zosimus allerdings nichts weiter sehen, als eine böswillige Erfindung des heidnischen
Geschichtsschreibers, aber im Wesentlichen nur, weil es ihm unmöglich
erscheint, dass ein so frommer Kaiser, wie Theodosius sich soweit von
irdischer Liebe habe fortreissen lassen. Genau entgegengesetzt ist das
Urtheil Gibbons Th. 7. — H. Richter, p. 697, Anmerk. 39 sieht in der
Erzählung des Zosimus nur eine Anekdote. Aber der histor. Glaubhaf-
tigkeit steht nur die zum J. 386 angegebene Notiz des Marc. chron.:
„*Galla Theodosii regis altera uxor his consulibus Constantinopolim venit*"
entgegen, welche indes zu dem folgenden Jahre gehören kann. Dagegen
scheint Theodosius während des Aufstandes in Antiochien noch nicht
wieder vermählt gewesen zu sein, und jedenfalls ist eine Begegnung mit
Galla bei Gelegenheit ihrer Flucht nach dem Orient am natürlichsten.

47) Socr. V, 12.

48) Zos. IV, 44 a. Schl.

49) Vgl. Laur. Lyd. l. III, c. 53. Pac. c. XXXII erwähnt die friedlichen Abmachungen mit den Königen an der Ostgrenze.

ihm für seine ausgezeichneten Verdienste ein Standbild errichtete[50]), in Constantinopel, wahrscheinlich in den ersten Märztagen des J. 388 gestorben. Am 11. März wurde seine Leiche unter allgemeiner Trauer in der Apostelkirche beigesetzt, von wo sie seine Gemahlin Achantia im folgenden Jahre nach Spanien überführte.[51])

Theodosius wählte zu seinem Nachfolger nach reiflicher Ueberlegung den Tatian, einen Mann, welcher bereits unter Valens verschiedene Aemter mit Auszeichnung bekleidet hatte. Dessen Sohne Proculus vertraute er das wichtige Amt des Stadtpräfekten von Constantinopel an[52]). Unter ihrem Schutze sollte sein jugendlicher Sohn Arkadius, welchen er noch der besonderen Fürsorge des Themistius empfohlen hatte, in Constantinopel den kaiserlichen Namen vertreten.[53]) Dass auch betreffs der religiösen Verhältnisse vor dem Aufbruche nach Italien noch vorsorgliche Bestimmungen getroffen wurden, beweisen besonders die Gesetze vom 10. März und vom 16. Juni 388, deren erstes noch einmal die früheren Erlasse gegen sämmtliche Sekten bestätigend zusammenfasste, während das zweite alles öffentliche Streiten über religiöse Fragen, sowie Aufstellungen von neuen Lehrmeinungen bei Todesstrafe untersagte, offenbar, um jedem Anlasse zu Aufständen, welche sich leicht aus religiösen Zänkereien entwickelten, vorzubeugen.[54])

Die Hauptthätigkeit des Kaisers aber wendete sich, wie natürlich, dem Heere zu. Auch hier zeugt die Wahl der Oberleitung, welche er traf, von einem glücklichen und umsichtigen Blicke.[55]) Zum Heermeister der Infanterie ernannte er den Timasius, während den Oberbefehl über die Reiterei Promotus erhielt, der bisherige Militärgouverneur (*dux*) von Thracien, welcher durch den Gothensieg im Jahre 386 seine strategischen Fähigkeiten glänzend bewiesen hatte. Neben diesen nahmen die berühmten Germanen

---

50) Corp. Inscript. Lat. Vol. III n. 19.

51) Idac. Fast. z. J. 388. Zos. IV, 45 sagt dagegen: . . . Κυνήγιος ὁ τῆς αὐλῆς ὕπαρχος ἐπανιὼν ἐξ Αἰγύπτου κατὰ τὴν ὁδοιπορίαν ἔτυχε τεθνεώς.

52) Zos. IV, 44.

53) Socr. V, 12. Soz. VII, 14.

54) Cod. Theod. XVI, 5, 14. Noch an Cynegius gerichtet, der bereits todt war, u. XVI, 4, 5.

55) Besonders hebt Pac. c. XV diese Gabe des Theodosius, die passendsten Kräfte herauszufinden, hervor.

Arbogast und Richomer eine hervorragende Stellung im Heere ein. [56]) Dieses selbst war jedenfalls das stärkste und trefflichste, welches Theodosius bisher besessen hatte. Seine kluge Politik gegen die Germanen trug jetzt ihre Früchte. Neben den Hülfstruppen, welche die westgothischen Föderaten gestellt hatten, bildeten die nach dem Tode Athanarichs und später in den römischen Kriegsdienst aufgenommenen Schaaren von West- und Ostgothen, Alanen, Hunnen den Kern und den Haupttheil der Streitmacht und besonders eine vorzügliche Reiterei. [57])

Gegen Mai war Theodosius zum Aufbruch bereit. Aber noch im letzten Augenblick bereitete ihm sein tückischer Gegner eine grosse Gefahr. Derselbe hatte Mittel und Wege gefunden, mit einem Theile der Germanen im oströmischen Heere, wohl mit erst kürzlich eingestellten, in verrätherische Verbindungen zu treten und dieselben durch grosse Versprechungen zu einer Verschwörung gegen Theodosius anzureizen. Aber noch rechtzeitig wurde das höchst verwegene Unternehmen entdeckt und die meuterische Abtheilung, welche sich in die macedonischen Sümpfe zu retten suchte, durch nachgesendete Truppen zum grössten Theil eingeholt und niedergemacht. [58])

Ungesäumt trat nun Theodosius mit seinem Heere den Marsch nach dem Westen an, um neuen Listen des Usurpators mit dem Schwerte zu begegnen. Seine Gemahlin liess er jedenfalls nach Constantinopel bringen. [59]) Er selbst mit Valentinian rückte durch Macedonien und Pannonien schnell gegen die Pässe der julischen Alpen vor. Durch das jedenfalls absichtlich von ihm verbreitete Gerücht, als bereite er eine Seeexpedition vor, war Maximus verleitet worden, seinen tüchtigsten General Andragathius mit einem Theil seines Heeres abzusenden, um im adriatischen Meere zu kreuzen. [60]) Die übrigen Truppen sollten die Landübergänge.

56) Zos. IV, 45. Philost. X, 8.

57) Vgl. die ausführliche Schilderung der trefflichen Mannszucht und Kriegsfertigkeit dieses Heeres bei Pac. c. XXXII — XXXIII. Die Vorzüglichkeit der Reiterei wird c. XXXIV geschildert.

58) Zos. IV, 45.

59) Wir finden sie dort im J. 390 nach Marc. chron., während Theodosius noch im Abendlande verweilte.

60) Nach Zos. IV, 45 soll Justina mit ihrem Sohne und ihrer Tochter zu Schiffe von Theodosius nach Rom gesandt worden, und dieses der

nach Norditalien decken. Plötzlich erschien aber das oströmische Heer in voller Stärke diesen gegenüber. Weder bei Siscia an der Save, wo der erste Zusammenstoss erfolgte[61]), noch in einer zweiten von des Usurpators eigenem Bruder Marcellin befehligten Schlacht[62]) konnten die Anhänger desselben der überlegenen Führung und dem Ungestüm ihrer Gegner widerstehen. Ueberraschend schnell stand Theodosius an den Eingängen der julischen Alpen. Das feste Hämona (*Laibach*) ergab sich fast ohne Schwertstreich.[63]) Der Stern des Maximus neigte sich seinem Untergange entgegen. In ganzen Schaaren traten seine Truppen, besonders die germanischen, zum Feinde über. Es überkam ihn jetzt dasselbe Gefühl völliger Verzweiflung, welches Gratian einst beim Anblicke der Treulosigkeit seiner Legionen ergriffen hatte. Ueberall sah er Verrath lauern. Er liess die Alpendefileen im Stich und floh nach dem festen Aquileja zurück.[64]) Aber Theodosius liess den Gegner nicht mehr zu Athem kommen. Durch die mit leichter Mühe gewonnenen julischen Pforten drang er in Gewaltmärschen dem Flüchtigen nach. Wo die Treue fehlte, boten diesem auch die festesten Mauern keinen Schutz mehr. Nach einem unbedeutenden Gefechte gaben seine Truppen den Eingang der Stadt preis.[65]) Unerwartet wurde Maximus selbst überfallen und der kaiserlichen Insignien entkleidet und gebunden von den Soldaten vor Theodosius geführt. Dieser hielt ihm seine Verbrechen in ernsten Worten vor. Doch mögen beim Anblicke des völlig gebrochenen Gegners wirklich Regungen der Milde in seinem weich angelegten Gemüthe aufgestiegen sein.[66]) Dennoch konnte das Geschick desselben nach römischen Anschauungen nicht geändert werden. Die Soldaten schleppten ihn deshalb schnell hinweg und gaben ihm den Tod.

Anlass zur Entsendung des Andragathius mit einer Flotte gewesen sein. Dies ist aber nicht wahrscheinlich, da sich Galla nachher in Constantinopel befindet und Valentinian nach Cod. Theod. XVI, 5, 15; Prosp. Aqu. z. J.388; Marc. chron. z. J. 388 den Theodosius begleitet hat. Vgl. Tillem. Note XXXVI sur Théod.

61) Pac. c. XXXIV.
62) Pac. c. XXXV.
63) Pac. c. XXXVII.
64) Pac. c. XXXVIII schildert die Rathlosigkeit des Maximus.
65) Zos. IV, 46. Vgl. Soz. VII, 14.
66) Pac. XLIV.

Es war der 28. Juli[67]) oder der 27. August[68]), an welchem Gratian an seinem Mörder gerächt wurde. Der treueste Diener des
Maximus, Andragathius, stürzte sich auf die Nachricht von dem
Schicksale seines Herrn selbst ins Meer.[69]) Der letzte Akt in der
Tragödie jedes römischen Kaisersturzes, die Ermordung der männ-
lichen Nachkommen des Gestürzten, wurde in diesem Falle dem
Franken Arbogast übertragen. Ohne Mühe bemächtigte sich dieser
des in Gallien zurückgelassenen jugendlichen Sohnes des Usurpators, des Augustus V i c t o r und liess ihn erdrosseln.[70])

Fast genau nach zehnjähriger Regierung sah sich Theodosius
thatsächlich wenigstens im Alleinbesitz der gesammten römischen
Weltmonarchie.

-----

67) Idac. chron. X u. Idac. Fast. z. J. 388. Ohne Datum berichten
dasselbe Prosp. Aqu. chron. z. J. 388 u. Oros. VII, 35.

68) Socr. V. 14.

69) Ibid., Marc. chron. z. J. 388. Zos. IV, 47.

70) Oros. VII, 35.

Zweiter Theil.

Theodosius der Grosse von der Besiegung des Maximus bis zu seinem Tode (388—395).

Von

Dr. Albert Güldenpenning.

1. Theodosius in Italien bis zum Blutbad von Thessalonich.

Der Tyrann Maximus, der Mörder Gratians und Usurpator seines Thrones, hatte, nachdem er sich fünf Jahre lang mit kluger Benutzung der kirchlichen und politischen Verhältnisse auf demselben gehalten, endlich durch Theodosius für die blutige Gewaltthat und unheilvolle Regierung den gebührenden Lohn davongetragen. In zwei Schlachten bei Siscia und am Eingang der Save in die Alpen besiegt wurde er Ende Juli oder August 388 [1]) bei Aquileja seines Lebens beraubt. Es hatte sich in diesem Kampfe nur um den Besitz der Herrschaft gehandelt, religiöse Motive spielten in ihm nicht mit. Denn Maximus hatte sich eifrig bemüht, es Theodosius an Orthodoxie [2]) gleich zu thun. Hätte er gesiegt, so wäre der Makel eines „Tyrannen", der noch an ihm haftete, in einer längeren Regierung vollständig verwischt, und er vielleicht ein keineswegs unbedeutender Kaiser geworden. Denn er besass politische Klugheit in hohem Masse und wusste auch etwas von den leitenden Ideeen seiner Zeit. So aber entschied der Ausgang der Schlachten zu seinen Ungunsten.

Während zu Lande die Entscheidung fiel, kreuzte sein treuer Diener Andragathius noch im Ionischen Meer, vergeblich sich abmühend, die Flotille, welche Justina mit ihren Kindern [3]) nach Italien bringen sollte, abzufangen. Denn diese waren schon unversehrt an Italiens Küste gelandet. In der Nähe von Sicilien

---

1) Idac. chron. 28 Juli Socr. V, 14 am 27. Aug.

2) Richter das Westr. Reich p. 624 u. ff.

3) Zos. IV, 46. Valentinian war bei ihr. Auf Marcell. Com. Nachricht, dass er sich bei Theodosius befand, ist nichts zu geben, da er in demselben Athem berichtet, dass Victor mit seinem Vater Maximus zusammen besiegt wurde.

11

hatte er ausserdem durch Schiffe des Theodosius eine Niederlage [4]) erlitten, und als nun gar die Nachricht von der Besiegung des Maximus kam, da ergriff ihn die Verzweiflung, und ein entschlossener Sturz ins Meer machte seinem verruchten Leben ein Ende. [5]) Denn seine Hand hatte den Gratian getödtet.

So war kein Feind mehr zu besiegen, und Theodosius konnte nunmehr ungehindert das von Maximus eingenommene Reich in Besitz nehmen. Was wäre wohl natürlicher gewesen für den geringen Grad der Humanität der damaligen Zeit, als dass der Sieger Rache genommen hätte an dem Leben derer, welche dem Maximus zunächst gestanden und von ihm sich hatten ehren und gebrauchen lassen. Allein dem milden Sinne eines Theodosius widerstrebte eine solche Handlungsweise. Nur die maurische Leibwache des Tyrannen war bei seiner Gefangennehmung niedergemacht worden und diejenigen seiner besonders berüchtigten Anhänger, welche zugleich mit ihm den mordlustigen Schaaren des Theodosius in die Hände fielen. [6]) Sonst aber duldete Theodosius keine Verfolgung. Ja, es wird uns berichtet, dass er sogar der Mutter seines Gegners freiwillig, um ihr das Elend fern zu halten, eine Pension aus der Staatskasse anweisen liess [7]); eine

---

4) Die Lesart bei Ambr. 40, 23: *in Sicilia* möchte man gern für falsch erklären, weil man sonst über einen Kampf dort nichts weiss. Aber nach meiner Ansicht hat das folgende: *ubique denique terrarum victus est* keinen Sinn, wenn man statt *in Sicilia Sisciae* läse. Denn von den Grenzen gegen die Franken und Sachsen, von der Gegend der Drau kann Ambr. unmöglich das sagen. Das wäre doch eine zu starke Uebertreibung. Ausserdem berichtet Oros. VII, 35, Andrag. sei *parte alia* besiegt.

5) Zos. IV, 46. Marc. com. Claud. IV. cons. H. 91 u. 92 Socr. V, 14 u. Soz. VII, 14 reden irrthümlich von einem vorbeifliessenden Fluss, nehmen also an, dass Andragathius sich in der Umgebung des Maximus befand.

6) Pac. 45.

7) Wenn man Ambr. ep. 40 a. Schl. darauf beziehen will, dass Theodosius die Töchter (oder Söhne) seines Feindes (*inimici*) einem Verwandten zur Erziehung übergeben und der Mutter desselben (*hostis*) eine Pension habe anweisen lassen, so ist doch ungewiss, ob überhaupt Maximus in beiden Fällen gemeint ist. Denn wir wissen 1) nicht, dass Maximus ausser Victor noch mehr Kinder gehabt hat 2) ist zuerst von einem *inimicus* die Rede, an der zweiten Stelle von einem *hostis*. Nur das letztere war Maximus dem Theodosius gegenüber. 3) Wären die beiden Ausdrücke gleichbedeutend, so würde Ambr. *hostis tui* fort-

seltene That zu einer Zeit, wo nach der Besiegung eines Thron-
räubers die Vernichtung seiner ganzen Familie etwas gewöhn-
liches war!

Schon nach der Schlacht an der Save waren zahlreiche Haufen von dem Heere des Maximus zu Theodosius übergegangen.
Nach der Endkatastrophe in Aquileja ergaben sich die übrigen
dem Sieger. Der Rest muss noch ziemlich bedeutend gewesen
sein, da Maximus ein sehr starkes Heer gegen Theodosius ins
Feld geführt hatte. Theodosius wählte die besten Truppen aus
und reihte sie in sein Heer ein. [8]) Die übrigen entliess er in die
Heimath.

In Italien war somit jeder Widerstand gebrochen. Noch
aber stand in Gallien ein starkes Corps, welches der Tyrann
zum Schutze der Grenzen gegen die Alamanen und Franken und
und seines Sohnes Victor dort zurückgelassen hatte. [9]) Den Befehl
über dasselbe hatten die Generale Carietto und Syrus, welche
an die Stelle des Nannenus und Quintinus getreten waren. Victor,
obwohl noch ein Knabe von wenigen Jahren [10]), war doch bereits
von seinem Vater zum Augustus [11]) erhoben, und daher konnte
der Krieg nicht früher von Theodosius für beendet angesehen
werden, als bis auch er unschädlich gemacht war. Desshalb entsandte der Kaiser bald nach dem Falle des Tyrannen den kühnen
und energischen Franken Arbogast mit einer grösseren Truppen-
abtheilung nach Gallien. [12]) Die Generale des Victor hätten ihm
vielleicht erfolgreichen Widerstand entgegensetzen können, aber die
Nachricht von der Niederlage und dem Tode des Maximus lähmte
ihre Thatkraft so, dass sie nicht einmal den Versuch dazu gemacht

---

gelassen und den letzten Satz einfach so angeschlossen haben: .. *dedisti,
matri de aerario tuo sumptus misisti.* Aus diesen Gründen kann ich die
Nothwendigkeit, das ganze auf Maximus zu beziehen nicht einsehen,
sondern halte nur für wahrscheinlich, dass die letzten Worte auf ihn
gehen.

8) Zos. IV, 47.

9) Sulp. Alex. III bei Greg. Tur. Hist. Frank. II, 9.

10) Zos. IV, 47 μειράκιον.‗ Aurel. Vict. epit. *intra infantiae annos.*

11) Nach Zos. ibid. nur *Caesar.* Dagegen bei Aurel. Vict. *Augustus.*
Diese Nachricht bestätigen die Münzen bei Cohen Descr. hist. des
monn. VI.

12) Zos. ibid. Fast. Idac.

zu haben scheinen. [13]) Noch im Jahre 388 [14]) bemächtigte sich
Arbogast des jungen Augusts, und wenn er denselben ohne weiteres tödten liess, so folgte er wohl weniger einem besonderen
Befehle des Theodosius als der richtigen Ueberzeugung, dass,
um jeden Keim zu einem neuen Aufstande zu ersticken, die Vernichtung des Sohnes des Tyrannen durchaus nothwendig sei.

Inzwischen ordnete Theodosius die durch die Tyrannis des
Maximus in Verwirrung gerathenen Verhältnisse des Westens. Es
war natürlich, dass er die von Maximus eingesetzten Beamten
nicht in ihrer Stellung beliess, sondern selbst andere dafür ein-
setzte. Mit Recht hebt ein Zeitgenosse hervor, dass dabei „Niemand
seiner Freiheit beraubt, Niemandes frühere Würde geschmälert,
Niemand dafür, dass er dem Tyrannen gedient, ein Makel angehängt wurde." [15]) Theodosius hob nur durch ein Edict vom 22.
Sept. aus Aquileja [16]) die Ehren wieder auf, welche „die tyrannische
Verwegenheit" ertheilt hatte und zwar zunächst für Italien und
Illyrien, später durch eine Verfügung vom 14. Jan. 389 aus Mailand auch für Gallien. [17]) Ebenso wurden sowohl die Rechtssprüche
und Urtheile, welche Maximus erlassen hatte, kassirt [18]), als auch
die Sentenzen aller derer, welche den richterlichen Titel nicht
führen durften, für ungültig erklärt. Niemand solle sich darauf
stützen. Ausgenommen wurden nur die durch Uebereinkommen
geschlossenen Rechtsgeschäfte, wenn sie vom dolus und vom Zwange
frei seien; Schenkungen, Käufe, Verkäufe, Freilassungen, „weil in
allen diesen der freie Wille hinreichende Rechtskraft enthalte." [19])
Noch Honorius hob 395 die Uebertragung Kais. Domaenen an Private
auf, welche die Rationales (Fiskalbeamte mit Fiskalgerichtsbarkeit,
aber dazu nicht befugt) „dem Befehle des Tyrannen Maximus
folgend" vorgenommen hatten. [20])

---

13) vgl. Sulp. Alex. IV. bei Gr. Tur. ib.

14) Idac. chron. Prosp. Aq.: *eodem anno*. Unmöglich *post paucos
dies* wie die fast. Idac. berichten.

15) Pac. 45.

16) Cod. Th. XV, 14, 6 (Ich citire nach Haenels Ausgabe).

17) ibid. XV, 14, 8.

18) ibid. XV, 14, 7. Schwerlich waren sie zu Gunsten der Heiden,
wie Gothofr. will, ertheilt.

19) ibid. XV, 14, 8.

20) ibid. XV, 14, 10.

Gallien hatte am meisten unter Maximus Regierung gelitten. [21]) Habsucht ist es neben der Grausamkeit, welche dem Tyrannen zum Vorwurf gemacht wird. Der Reichthum eines Privatmannes war hinreichend gewesen, ihn zu verderben. Aus allen Theilen des Reichs floss die Habe seiner Unterthanen in seinem Palaste zusammen, um ihm wie seinen Anhängern und Schmeichlern die Mittel zur Schwelgerei zu gewähren. Der mitleidige Sinn des Theodosius war von dem allgemeinen Elend so ergriffen, dass er vielen das ihnen vom Tyrannen geraubte Gut aus seinem Vermögen ersetzte. [22]) Aber eine ungerechte, übertriebene Milde wäre es gewesen, wenn er die hohen Hofbeamten des Maximus, welche von ihm mit dem Gute Proscribirter beschenkt waren oder auch sich selbst damit bereichert hatten, in ruhigem Genuss ihres auf so schändliche Weise Erworbenen gelassen hätte. So erfolgte denn für Gallien eine, wenn auch nicht ausgedehnte Proscription [23]), und alle diejenigen, welche auf die proscribirten Güter Ansprüche zu haben glaubten, wurden aufgefordert, bei der obersten Verwaltungsbehörde des kais. Privatvermögens diese geltend zu machen und nachzuweisen. Auch die von Maximus eingesetzten Provincialstatthalter traf eine Geldstrafe, und der heil. Ambrosius fand so Gelegenheit seine christliche Gesinnung dadurch zu bethätigen, dass er für sie wie überhaupt für die, welche sich politisch vergangen hatten, bat. [24])

Theodosius zeigte also in seinen Massnahmen gegen die Anhänger seines Gegners eine seltene Milde. Auch den Bischof Theophilus von Alexandrien bestrafte er nicht, obwohl dieser deutlich genug gezeigt hatte, wie wenig fest er an Theodosius Herrschaft hing. Denn als der Krieg noch nicht entschieden war, hatte er seinen Presbyter Isidor mit zwei Briefen und Geschenken nach Italien geschickt mit der Weisung, je nach dem Ausfall einen der Briefe und die Geschenke dem zu übergeben, welcher

---

21) Pac. 24—28.

22) Aur. V. epit: Auri argentique grande pondus sublati atque expensi a tyranno multis e suo restituere.

23) Pac. 45 sagt zwar: Nullius bona publicata. Aber dass eine Proscription für Gall. eintrat, beweist C. Th. IV 22, 3. Das Gesetz ist Treviris datirt und daher nach Gothofr., weil Valentinian in Italien war, *data* so viel als *reddita seu accepta*.

24) Symm. ep. III, 33 an Ambr. Ambr. ep. 40, 25 kann darauf bezogen werden.

Sieger bleiben werde. Allein die Briefe wurden dem Isidor durch seinen Lector entwendet, und die Sache drang in die Oeffentlichkeit.[25])

Nach dem Druck, welcher in Folge der Ungewissheit über den Ausgang des Krieges auf dem ganzen Reich geruht hatte, und nach der Befreiung Italiens und besonders Galliens von der eisernen Hand des Tyrannen durchzuckte eine allgemeine Freude das Reich vom Canal bis zum Tigris. Das Haupt des Maximus wurde überall umhergetragen und verkündete auf das deutlichste, für wen das Schicksal entschieden habe, bis es endlich ausserhalb Carthagos ausgestellt wurde.[26]) Deputationen kamen aus allen Gegenden den Kaiser zu beglückwünschen, und glänzende Spiele wurden in den grösseren Provincialstädten veranstaltet. Aber Theodosius, der vom einfachen Privatmann zum Kaiser berufen worden und aus eigener Anschauung die Schliche und Vorwände kannte, unter denen die Beamten den Bewohnern ihre Habe durch Steuern zu schmälern suchten, wusste sehr wohl, dass gerade bei solchen Gelegenheiten die Provincialstatthalter und ihr Dienstpersonal den Unterthanen Geld abzupressen pflegten. Er brachte desshalb seine Verfügung aus dem Jahre 383 wieder in Erinnerung [27]), in der er verboten hatte, dass irgend etwas von den Provincialen „unter dem Namen der Beglückwünschung" eingetrieben werde. Er hatte damals bei Zuwiderhandlung seines Gebotes die Statthalter mit dem Verlust ihrer Ehre und ihres Vermögens, ihre Unterbeamten mit einer Geldstrafe von 30 Pfund Gold (etwa 24000 M.) bedroht. Die Höhe dieser Summe einerseits und die einzelnen Ausdrücke [28]) des Gesetzes andrerseits kennzeichnen den Widerwillen des Kaisers gegen ein derartiges Gebahren, weisen aber zugleich darauf hin, wie sehr von den Statthaltern dagegen gefehlt wurde.

In Bezug auf die kirchlichen Verhältnisse war wenig zu ändern. Maximus war streng katholisch gewesen, und in Gallien desshalb eine Ketzerei nicht zu unterdrücken. In Italien freilich hatten die Arianer, so lange Valentinian herrschte, noch eine be-

---

25) Socrat. IV, 2.

26) Frgm. hist. Graec. ed. Müller IV. p. 61 bei Olympiod.

27) C. Th. VIII. 11, 4 u. 5. Theodosius ist darin strenger als Valentinian I. (Ges. 3), dass er jede Geldleistung auch die „freiwillige" der sogenannten „Geehrten" (honorati) und Reichen untersagte.

28) z. B. ne turpi colludio quaeratur ex miseria pretium gaudiorum.

deutende Stütze an seiner Mutter Justina, der eigentlichen Regen-
tin, und heftige Kämpfe hatten zwischen ihr und Ambrosius in
Mailand um die Benutzung einer Kirche stattgefunden.[29]) Allein
Justina war noch während des Krieges gestorben, und so konnte
Theodosius mit Hülfe des Ambrosius auch die letzten Spuren des
Arianismus im Westen[30]) unterdrücken, während er in Ostrom,
besonders in Constantinopel, noch eine bedeutende Zahl von An-
hängern hatte. Denn noch vor kurzem, als Theodosius auf dem
Marsche gegen Maximus, die Entscheidung aber noch nicht ge-
fallen war, hatten die Arianer dort falsche Gerüchte von einer
Niederlage des Kaisers verbreitet und ihrem heissen Glaubenseifer
folgend das Haus des nicänischen Bischofs Nectarius angezündet.
Die Nachricht vom Siege des Theodosius liess ihre Hoffnungen
bald zu Schanden werden, und nur die Bitte des jungen Kaisers
Arcadius rettete sie vor strenger Bestrafung.[31])

Aber während so Theodosius und Ambrosius gemeinsam und
im besten Einverständniss an der vollständigen Befestigung des
nicänischen Bekenntnisses im Westen arbeiteten, drohte ein Ereigniss im fernen Orient ihre Eintracht zu stören. Denn im weiteren Verlaufe dieser Angelegenheit handelte es sich um nichts
geringeres als um die noch heute unentschiedene Frage: Steht die
Kirche über oder unter dem Staate?

Nachdem nämlich der Kaiser von Aquileja nach Mailand sich
begeben hatte[32]), traf ihn die Kunde von einem bedauerlichen

---

29) Richter S. 606 u. 607.

30) Soz. VII, 14. Den Tod der Justina bezeugen Soz. ibid. Ruf. II.
17: Valentiniani quoque impia inter haec (während des Krieges) matre
defuncta. Prosp. Aquit. Justina — ne regnum cum filio reciperet morte
praeventa est.

31) Socr. V. 13 Soz. VII. 14. Ambr. ep. 40, 13. Mit Recht scheint
mir Gothofred auf diese Unruhen das Gesetz Cod. Th. XVI. 5, 16 vom
9. Aug. 388 zu beziehen. Aus demselben geht hervor, dass die Arianer
Zusammenkünfte hielten und kaiserliche Erlaubniss dazu vorschützten.
Theodosius verwahrt sich dagegen, dass dergleichen Rescripte von ihm
ausgegangen seien und bestimmt: ut falsi reus teneatur, qui deinceps ea
circumtulerit.

32) Tillem. V. p. 299 u. Mémoir. Art. St. Ambroise note 38. Clint.
F. R. I. p. 519 setzen diese Ereignisse gegen das Ende des Jahres 388.
Gothofr. dagegen mit Unrecht auf Grund von Cod. Th. XVI. 8, 9 ins
Jahr 393, da Theodosius sich damals gar nicht in Mailand, sondern in

Vorfall in Castrum Callinicum [33]) am Euphrat. Dort waren nämlich drei religiöse Richtungen vertreten: Christen, Juden und Valentinianer (Judenchristen). An der Spitze der ersteren stand ein
Bischof und diesem zur Seite Mönche. Die Juden besassen eine
Synagoge, die mit reichen Kostbarkeiten ausgestattet war, die
Valentinianer einen Tempel in der Nähe des Castrums in einem
Dorfe. Gegen diese beiden Gemeinden liessen sich die Christen
zu Ausschreitungen fortreissen: Die Synagoge wurde auf Betrieb
des Bischofs angezündet, der Tempel der Valentinianer theilte
dasselbe Schicksal. Die Mönche nämlich feierten das Fest der
Maccabäer [34]) und wollten wahrscheinlich bei der Procession das
Tempelgebiet der Valentinianer betreten. Diese verlegten ihnen
den Weg und „dadurch gereizt" zündeten die Mönche das Heilig-
thum an.

Theodosius hiervon in Kenntniss gesetzt fasste ganz richtig
diese That auf als hervorgegangen aus schrankenloser Glaubens-
wuth, und er verurtheilte daher den Bischof zur Wiedererbauung
der Synagoge, befahl Ersatz der beim Brande verlorengegangenen
Synagogenschätze und ordnete strenge Bestrafung der Mönche an.[35])

Davon erhielt Ambrosius, der sich gerade in Aquileja aufhielt, Nachricht und schrieb sofort einen glühenden Brief an den
Kaiser, ihn zum Widerruf des Edictes zu bewegen. Dieser Brief[36])
ist darum so lehrreich und interessant, weil er die Anschauungen
und Ziele des Ambrosius und damit des Clerus der damaligen

Constantinopel befand. Theodosius war seit dem 10. Oct. in Mailand
Cod. Th. XV. 14, 7.

33) Nach Pauly's Lex. ist Cast. Call. wahrscheinlich das alte Nice-
phorium an der Mündung des Belichas in den Euphrat. Nic. war auf
Befehl Alexanders d. Gr. gegründet und von Seleucus Nicator wegen eines
Sieges mit diesem Namen belegt worden. Später ist von ihm nicht mehr
die Rede. Dagegen erscheint ganz in der Nähe Callinicum. Im 11. Jahrhundert heisst es Callionicus und heute Racca. Sein langes Bestehen
verdankt der Ort offenbar seiner geographischen Lage, indem er von der
Strasse Antiochia — Persisches Meer berührt wird. Uebrigens könnte
man, weil die Bewohner so verschiedenen Bekenntnissen folgten und
Ambrosius so geflissentlich den Ort als winzig bezeichnet, gerade vermuthen, dass er nicht so unbedeutend war. — Ueber das Ereigniss und
seinen Verlauf berichtet nur Ambr. ep. 40 u. 41 vgl. Anm. 43.

34) Nach Baronius ann. eccl. 388, 54 am 1. Aug.

35) Gibbon VII. S. 59 ungenau.

36) Ambr. ep. 40.

Zeit in Betreff des Verhältnisses von Kirche und Staat ganz deutlich enthüllt. Um ihn zu verstehen, muss man wissen, dass Theodosius zwar das nicänische Bekenntniss 380 [37]) zur Staatsreligion
erhoben und alle Häresieen verboten, keineswegs aber damit den
nicänischen Gemeinden die Erlaubniss gegeben hatte, selbstständig
und auf dem Wege der Gewalt gegen Andersgläubige vorzugehen.
Vor allem aber war der Cult der Juden überhaupt von ihm nicht
verboten worden. [38]) Das Benehmen der Christen in Castrum
Callinicum liess sich daher in keiner Weise beschönigen, ihr Vorgehen war einfach Landfriedensbruch [38]), der durch das Edict
des Theodosius durchaus nicht zu hart bestraft war.

Ambrosius dagegen fasste die Angelegenheit in seinem Briefe
nicht als eine rein staatliche auf. Im Gegentheil! Er betrachtete sie als eine rein kirchliche und desshalb auch von Priestern
·zu entscheidende. „Wenn du in Geldangelegenheiten deine Beamten um Rath frägst, um wie viel mehr ist es billig, dass du
in einer Sache der Religion die Priester des Herrn zu Rathe
ziehst"! hält er dem Kaiser entgegen. Ambrosius sieht sich als
Vertreter der Christenheit an, als verantwortlich Gott gegenüber
für alles Unheil, das der Christenheit zugefügt wird. Denn „er
fürchtet, es könne ihm ein Theil des Sakrilegs zufallen, dessen
Theodosius sich schuldig macht, wenn er seine Verordnung nicht
zurücknimmt."

Bei der Erörterung des Thatbestandes weist er entschieden
den Vorwurf zurück, als sei die Synagoge auf Anstiften des
Bischofs angezündet worden, das Zeugniss desselben hätte abgewartet werden müssen, denn die Priester, ruft er begeistert aus,
sind „Beschwichtiger der Menge", friedliebend [39]), ausser wenn sie

<hr>

37) Cod. Th. XVI. 1, 2.

38) ibid. XVI. 8, 9: Judaeorum sectam nulla lege prohibitam satis
constat. Das Gesetz ist vom 29. Sept. 393 und an Addeus Comes et
magister utriusque militiae per orientem gerichtet. Goth. hält es für
einen Theil des Edikts des Theodosius, wenn er auch selbst gestehen
muss, dass der Inhalt desselben den Worten des Ambrosius nicht entspricht. — Wie sehr der Landfriedensbruch den christlichen Kaisern ver-
hasst war, geht aus den strengen Bestimmungen Cod. Th. IX 40, 4
hervor.

39) Wie unwahr für die damalige Zeit! vgl. des Ambrosius eigenes
Benehmen. Richter S. 606 und 607. Ferner das Vorgehen des Theophilus im zweiten Abschnitt. Besonders Liban. Rede ὑπὲρ τῶν ἱερῶν

selbst durch eine Gott zugefügte Beleidigung gereizt worden sind.
Der Bischof, durch das Edict des Theodosius zum Wiederaufbau
der Synagoge verurtheilt, argumentirt Ambrosius weiter, wird,
wenn es Theodosius nicht zurücknimmt, genöthigt werden, ein Verräther an seiner Pflicht oder ein Märtyrer zu werden. In jedem
Falle ist die Schuld des Theodosius gross. Die Unterordnung
unter das Staatsgebot ist also nach Ambrosius Ansicht entschieden
ein Verbrechen gegen das Amt des Priesters. Er zieht vielmehr
das Martyrium vor und erklärt, die Schuld gern selbst auf sich
nehmen zu wollen. Und in solchem Tone geht es weiter, so dass
man zweifelhaft werden könnte, ob die Juden die angegriffenen
und verfolgten waren oder die Christen. In seinem fanatischen
Eifer nennt Ambrosius die Synagoge einen Ort „der Treulosigkeit,"
ein Haus der „Gottlosigkeit," einen „Schlupfwinkel des Wahnwitzes,"
den Gott selbst verdammt hat. Er ist auch gleich bei der Hand,
diese Behauptung aus der Bibel zu belegen, ohne daran zu denken,
dass derselbe Gott den Tempel der Juden noch viel öfter segnet.
Welche Verranntheit liegt in diesen Worten: „Julian hat die ver-
brannten Kirchen nicht gerächt, weil er ein Verräther an seiner
Pflicht war; du, Kaiser, willst die Synagoge rächen, weil du Christ
bist"? Unwillkürlich wird man veranlasst einen Vergleich der
Gesinnung, wie sie sich in diesen Worten ausspricht, anzustellen
mit der wahren Lehre Christi, welche die Gerechtigkeit predigt.
— Bei dem glühenden Eifer für seine Sache kann es nicht wundern, wenn Ambrosius ganz deutlich seine Ueberzeugung ausspricht, dass die Rücksicht auf die Religion überhaupt und in
diesem Falle die auf den Staat überwiegt. Auf die inhaltsschwere
Frage: „Was also steht höher: die Forderung der Zucht
oder die Sache der Religion"? antwortet er selbst kurz und
bündig: „Die Strenge des Staats muss vor der Ergebenheit
gegen die Religion zurücktreten" [40]) und stellt damit einen
Grundsatz auf, der seit dieser Zeit der leitende der katholischen
Kirche geblieben ist.

Allein Theodosius widerrief auf diesen Brief hin, trotz der
engen Beziehungen zu Ambrosius, zunächst das Edict noch nicht.

---

in der Ausgabe von Reiske Vol. II. p. 164 u. f. Ferner Eun. vita Aed.
Zos. V. 23.

[40]) § 11 des Briefes: *Quid igitur est amplius disciplinae species
an causa religionis? Cedat oportet censura devotioni.*

In seiner nächsten Umgebung waren nicht so energische Vertreter des Clerus als Ambrosius. Aber als dieser nach Mailand zurückgekehrt war und Theodosius die Kirche besuchte, hielt er eine seiner begeisterten Predigten, und als der Gottesdienst zu Ende war, drang er so lange noch persönlich in den Kaiser, bis er das Edict zurückzunehmen ihm fest versprach. [41] Ambrosius hatte hierbei eine Charactereigenschaft des Theodosius schlau benutzt. Er wusste, dass der Kaiser je erregter er vorher gewesen — und dass Theodosius es war, zeigt die Strenge seiner Verfügung — um so milder hinterher urtheilte und um so nachgiebiger war. [42] Freilich in dem Nachgeben des Theodosius in diesem Falle lag für ihn nicht nur eine grosse Demüthigung, sondern er trat auch damit stillschweigend der verhängnissvollen Anschauung des Ambrosius bei, dass die Kirche über dem Staate stehe. [43]

Den Ausgang dieser Angelegenheit darf man nicht wunderbar finden, denn Theodosius war mit Leib und Seele ein inniger Anhänger des Nicänums, und wie sehr er alle Andersgläubigen

41) Ambr. ep. 11.

42) Ambr. de ob. Th. 13: Tunc erat veniae proprior, cum fuisset commotio major iracundiae.

43) Wenn Ambrosius sich gegen das Edikt des Theodosius auflehnt und es für möglich hält, ja empfiehlt, dass der Bischof ebenso handele, so klingt diese Lehre sehr bedenklich. Er that aber eigentlich gemäss seiner Ueberzeugung dasselbe, was der Kaiser in anderen Verhältnissen. Denn in vielen Gesetzen wird dem Dienstpersonal der Provincialstatthalter eine gleiche oder ähnliche Strafe auferlegt, wenn sie ihrem Vorgesetzten bei einem Verstosse gegen kaiserliche Befehle nicht entgegengetreten sind. Hauptsächlich ist das geboten, wenn der Statthalter den Paganismus begünstigt vgl. C. Th. XVI. 10, 10 bis 12. XII. 1, 65. XI. 30, 51 III. 5, 16. Gibbon VII. S. 94. Stuffken. p. 66 seq. — Die bei Cedren p. 571 und 572 gegebene Erzählung hat zu viel Aehnlichkeit mit der von Ambr. in ep. 40 und 41 behandelten, als dass man an der Identität beider zweifeln könnte. 1. Der Verlauf ist derselbe. 2. Die Art der Darstellung ist dieselbe. Die Worte, welche Ambr. nach Cedren an den Kaiser richtet (ep. 41), sind dieselben, wie sie Ambrosius giebt, aber ohne den Brief desselben gar nicht verständlich. Cedren hat nur den Ort verwechselt (er lässt das Ereigniss in Constantinopel vor sich gehen) und es zum Theil mit der Thessalon. Angelegenheit zusammengeworfen. Denn er lässt die Predigt des Ambrosius bei Gelegenheit des Weihnachtsfestes gehalten sein. — Ein interessantes Seitenstück bietet Euagrius I. 13. Vgl. Böhringer Die Kirche Christi I. S. 89. und Gfrörer p. 612 seq.

als Kaiser verdammte, beweisen seine scharfen Verordnungen gegen
sie. Keine andere christliche Religionsgenossenschaft, sei sie so
zahlreich wie es die Arianische war, konnte bei ihm auf Duldung
hoffen. Ebensowenig aber auch das untergehende Heidenthum.

Schon zweimal hatte sich der Senat zu Rom, der officielle
Vertreter desselben, bei Gratian und Valentinian II. um Rückgabe
der dem heidnischen Cult genommenen Einkünfte und Staatszuschüsse und um die Erlaubniss zur Wiederaufrichtung des Altars
der Victoria in der Curie bemüht. Aber beide Male war er ab-
schläglich beschieden. Das letzte Mal hatte der Senator Symmachus, einer der bedeutendsten, geistreichsten, edelsten Heiden seiner
Zeit, dessen Briefe aber zugleich den in Schmeichelei gefesselten
Geist seines Jahrhunderts athmen und die Schwachheit seines
Kreises verrathen, sich in der berühmten Relation an Valentinian
gewandt, welche Ambrosius mit einer weitläufigen Entgegnung
beantwortet hatte. Seitdem hatte der Senat keinen neuen Versuch
gemacht. Jetzt aber nach der Besiegung des Maximus und in
Erwägung der überaus grossen Milde, mit der Theodosius gegen
seine Anhänger vorging, glaubte er den Zeitpunkt gekommen, seine
alte Forderung zu erneuern. [44]) Der Sprecher der Gesandtschaft

---

44) Ambrosius ep. 53 spricht ganz deutlich davon, dass zwischen
dem ersten Versuche bei Valent. II. (384) und einem späteren ein
anderer bei Theodosius gemacht wurde. Baron. ann. eccl. 388, 93 hat
die Ansicht aufgestellt, dass dieser Versuch bald nach der Besiegung
des Maximus erfolgte. Ich trete dieser Vermuthung bei. In der Zeitfolge aber und in der Darstellung im Einzelnen schlage ich einen eigenen
Weg ein: 1) Die Worte des Symm. ep. II 13 im Anfange sind so gefasst,
dass ein Panegyricus von Symm. vor der Veröffentlichung des Gesetzes
Cod. Th. IV. 4, 2 d. h. vor dem 23. Jan. gehalten sein muss, vgl. Tillem.
V. p. 300. 2) Socr. IV, 14 (und Joh. Ant. frgm. 187 ihm folgend) erzählt
so, als ob die Flucht und Begnadigung des Symmachus erst in Rom bei
Gelegenheit der Anwesenheit des Theodosius erfolgt sei. Indess es ist
wahrscheinlicher, dass seine etwaige Anklage schon bald nach der Niederlage des Maximus erfolgte, da, wenn man überhaupt gegen ihn vorgehen
wollte, man doch nicht dreiviertel Jahr damit gewartet haben würde.
3) Ebenso ziehe ich die Notiz von der Verbannung des Symmachus bei
Prosp. Aq. de prom. III. 38 in Zweifel desswegen, weil a) Symm. seine
Bitte in eine solche Form eingekleidet haben würde, dass eine Strafe
unmöglich war. b) In Symmachus' Briefen würde darin eine An-
deutung sein. c) Diese Strafe setzt einen Zornesausbruch bei Theodosius voraus, der mit der Darstellung des Ambr. ep. 53 sich durchaus
nicht vereinigen lässt vgl. *Neander*, Allgem. Gesch. der christlichen

war auch diesmal Symmachus. Doch war seine Wahl in diesem Augenblicke keine glückliche. Denn Maximus, unter dessen Regierung es ein Verbrechen war, ihn nicht zu rühmen, hatte, als er nach Italien kam, den berühmten Redner veranlasst, auf ihn einen Panegyricus zu verfassen und vor ihm zu recitiren. Natürlich that Symmachus, der erst vor wenigen Jahren von Valentinian und Theodosius durch die Praefectur der Stadt Rom geehrt worden war, es nur gezwungen. Dennoch hatte er nach dem Tode des Tyrannen, als die neuen Beamten des Theodosius überall die Verwaltung wieder in die Hand nahmen, eine Strafe gefürchtet und war in Rom in eine Kirche geflohen, das Asylrecht derselben in Anspruch nehmend. Allein die Güte des Theodosius schenkte ihm gern Verzeihung [45]), und voll Freude über seine Begnadigung schrieb Symmachus eine „Vertheidigung seines Panegyricus" auf Maximus und sandte sie an Theodosius. So glaubte er denn getrost das Amt eines Sprechers der Gesandtschaft des Senats übernehmen zu können. Vielleicht bei Gelegenheit der Gratulationscour zu Mailand Neujahr 388 oder am 19. Januar bei der Beglückwünschung des Kaisers zum Beginne des 11. Jahres seiner Regierung war es, wo Symmachus in einer Lobrede geschickt die Bitte um Gewährung der alten Forderungen des Heidenthums einflocht. In der That scheint Theodosius geschwankt zu haben. Denn er für seine Person war den Heiden so abgeneigt nicht, hatte er doch unter seinen Generalen wie höchsten Beamten und in seiner näheren Umgebung eine grosse Anzahl Männer, welche noch zu den alten Göttern Roms beteten. Vielleicht waren es die letzteren, welche einen Bescheid verzögerten, der, wenn Theodosius seiner ganzen religiösen Politik treu bleiben wollte, unbedingt erfolgen musste. Der heilige Ambrosius konnte bei dieser Gelegenheit, da der Kaiser sich noch immer in Mailand aufhielt, die Kraft seiner Beredtsamkeit von neuem erproben. Er entzog ihm, weil Theodosius nicht sofort die abschlägige Antwort ertheilte, seine Gegenwart auf mehrere Tage. [46]) Endlich wurde der Gesandtschaft der Bescheid mitgetheilt: Die Bitte wurde abgeschlagen.

Religion und Kirche II. B. 1. Abthl. p. 166. Daher ist die panegyrici defensio (erwähnt Sym. ep. II. 31. Socr. V. 14. Cassiod. hist. trip. IX. 23. Suidas unter καθοσίωσις noch ins Jahr 388 zu setzen.

45) Er nennt ihn desshalb conservator mei ep. II. 30.

46) Amb. ep. 53. vgl. Siev. Stud. p. 471.

Der Senat konnte daraus zugleich den Wink entnehmen, dass er nicht etwa bei dem nahe bevorstehenden Besuch des Kaisers in Rom seinen heidnischen Gesinnungen einen zu offenen Ausdruck verleihe.

Der Kaiser beabsichtigte nämlich die seit längerer Zeit von den Regenten vernachlässigte alte Hauptstadt des Reichs Rom durch einen besonders glänzenden Besuch zu ehren. Er wollte den Römern ausser dem jungen Kaiser Valentinian II. auch seinen eigenen Sohn Honorius zeigen und liess ihn desshalb von Constantinopel, wo er mit Arcadius bei Beginn des Krieges zurückgeblieben war, herbeiholen. [47])

Diese Thatsache nun treibt mich in Verbindung mit anderen Gründen, hier eine Ansicht auszusprechen, welche sowohl der der Zeitgenossen des Theodosius als auch der neuerer Historiker widerspricht. Es sind besonders die christlichen Schriftsteller, welche die bewunderungswürdige Grossmuth rühmen, mit der Theodosius dem Valentinian nicht nur seine frühere Herrschaft, sondern auch die wiedergewonnene seines Bruders zurückgab, so dass er also den ganzen Westen: Italien, Afrika, Spanien, Gallien, Britannien, das westliche Illyrien beherrschen sollte. [48]) Allein diese Grossmuth, dünkt mich, verliert einerseits dadurch etwas an Werth, dass schon das jugendliche Alter des Valentinian eine vollständige Mitregierung des Theodosius nöthig machte. [49])

---

47) Socr. V. 14 — Idac. chron. und fast. Marc. com.

48) Ang. de c. D. V. 26. Valentinianum puerum imperii sui partibus unde fugatus erat cum misericordissima veneratione restituit vgl. Theod. V. 15; auch Zos. IV. 47 sagt von dieser Grossmuth: καὶ τοῦτο περὶ τοὺς εὐεργέτας καθῆκον ἔδοξεν εἶναι.

49) Nicht Justina stand dem Valentinian zur Seite, wie Zos. ib. will. vgl. Anmerk. 30. Das Verhältniss, welches zwischen Theodosius und Valentinian obwaltete, versinnbildlicht No. 25 der Münzen des Valentinian bei Cohen VI verglichen mit No. 46 der des Theodosius. Der auf jener das Steuerruder lenkende Mann ist entschieden Theodosius. Schon vor der Besiegung des Maximus wurde in allen wichtigen Angelegenheiten der Rath und Wille des Theodosius von Valentinian eingeholt. Das beweist die Stelle bei Ambr. ep. 17, welche dieser in Bezug auf die Relation des Symmachus an Valentinian schrieb: Refer ad parentem pietatis tuae principem Theodosium, quem super omnibus fere majoribus causis consulere consuesti. Oros. VII. 35 sagt sogar ausdrücklich: Theodosius interfecto per Maximum Gratiano imperium Romani orbis *solus* obtinuit.

Zudem blieb Theodosius in Italien noch zwei volle Jahre und konnte so den Valentinian heranbilden und einer solchen Regierungsform geneigt und fähig machen, wie er sie selbst im Osten verfolgte. Schwerlich aber hatte Theodosius im Sinne, ihm für immer das grosse Reich zu lassen. Der Umstand, dass er den Honorius, obwohl dieser noch ein Knabe von fünf Jahren war, nach Rom nachkommen liess, dass er ihn den Römern zeigte, sollte vielleicht seine Absicht vorbereiten, dem Honorius einst Italien und Afrika zu geben. Die Theilung Gallien, Spanien, Britannien; Italien, Afrika; Orient war keine ungewöhnliche. Gratian, Valentinian und Valens, dann Theodosius hatten in solcher Theilung bereits geherrscht. Sodann war Theodosius sicherlich nicht gewillt, bei seinem Tode den Osten wieder zwischen Arcadius und Honorius zu theilen. Darum, da Arcadius schon jetzt seine Stelle im Orient vertrat, musste er für den jüngeren im Occident eine Entschädigung suchen. Er traf vielleicht desfallsige Verabredungen mit Valentinian, deren Verwirklichung desshalb der Nachwelt entgangen ist, weil ein frühzeitiger Tod dem jungen Herrscher das Leben raubte.

Am 13. Juni [50] 389 hielt Theodosius seinen Einzug in Rom. [51] Es war ein Triumphzug; die Kaiser und Honorius im Purpurgewande, Honorius auf dem Schoosse des Vaters. Der Senat kam ihnen ehrfurchtsvoll entgegen, das Volk, das bei solchen Gelegenheiten nie leer ausging, rief ihnen jauchzend seine Glückwünsche zu. In der Curie fand die officielle Begrüssung statt, auf dem Markte auf der ehrwürdigen Rostra stellte Theodosius dem Volke seinen Sohn vor. Glänzende Spiele befriedigten die Schaulust, und eine Geldspende steigerte die allgemeine Freude noch mehr. Die Freundlichkeit und Zugänglichkeit des Theodosius gewann auch hier aller Herzen. Er glich mehr einem einfachen Senator, denn dem Kaiser. Ohne militärisches Gefolge besichtigte er nicht nur die öffentlichen Gebäude, sondern auch Privatleute ehrte er durch seinen Besuch. Rom muss in diesen Tagen mehr als je ein Spiegelbild des damaligen Weltverkehrs gegeben haben. [52]

50) Fast. Idac.

51) Ueber den Aufenthalt des Theodosius in Rom berichten ausführlich Claud. VI. cons. II. 53—76 vgl. 422 u. f. Socr. V. 14 Pacat. 47. Sodann erwähnen ihn Ruf. II. 17. Soz. VII. 14. Idac. Fast. Marc. Com.

52) Claud. berichtet, dass auch eine persische Gesandtschaft zu

Sicherlich strömten in dieser Zeit aus allen Provinzen ausser den officiellen Beglückwünschungsdeputationen auch Schaulustige in Menge zusammen. Gallien sandte seinen gefeiertsten Redner den **Latinus Pacatus Drepanius**, um den Ruhm des Theodosius in einer Lobrede zu verherrlichen. Er hielt sie im Senate und im Beisein des Kaisers.[53] Er pries darin die Vergangenheit des Theodosius, seine militärische Tüchtigkeit, seine Milde, besonders nach dem Tode des Maximus, und wenn seine Art zu reden auch diejenige dieser ganzen Periode ist: bombastisch im Stil, übertrieben in den Gedanken und das Alterthum mit Vorliebe mit der Gegenwart, natürlich zu Gunsten der letzteren, vergleichend — so muss man sie doch als diejenige bezeichnen, welche dem Vorbilde aller Lobreden der letzten Jahrhunderte des römischen Reichs, der Rede des jüngeren Plinius auf Trajan, am nächsten kommt[54] und zwar hauptsächlich desswegen, weil ihr wie jener ein wirklicher Stoff zum rühmen zu Grunde liegt.

Theodosius dagegen unterliess nichts, sich die Römer geneigt zu machen. Ausserdem, dass er dem Volke Geld spendete, vornehme Private besuchte, benutzte er auch die Gelegenheit zu zeigen, dass seine Strenge gegen den heidnischen Cult an sich gerichtet sei, nicht gegen die Personen. So ertheilte er denn zahlreiche Ehrenstellen an Senatoren und Glieder der alten Patricierfamilien, und jedenfalls hat dieses überaus gnädige und freundliche Benehmen dazu beigetragen, manche von dem alten Götterglauben zum Uebertritt zum Christenthum zu bewegen.[55]

dieser Zeit in Rom erschien; aber es weiss kein anderer Schriftsteller davon.

53) Pac. 1 und 47. Ueber seine Person vgl. Till. V. p. 303.

54) Vgl. XII. panegyrici Lat. ed. Em. Baehrens, Leipz. 1874.

55) Prudent. lib. 1. contra Sym. erzählt, dass bei dem Aufenthalte des Theodosius in Rom wie mit einem Schlage die Götteranbetung dort aufhörte. Tillem. V. p. 303 nimmt an, dass das bei diesem Aufenthalte des Kaisers in Rom 389 geschehen sei. Doch die Schilderung des Prud. bezieht sich vielmehr auf das Jahr 394, indem der Dichter den Theodosius Rom in diesem Jahre zum zweiten Male besuchen lässt. Denn 1) nachdem Theodosius v. 410 *gemini* bis victor caede tyranni genannt ist, heisst es

v. 462: seu debellata duorum
Colla tyrannorum media calcemus in urbe.
2) der Dichter fährt fort
v. 464: Agnoscas, regina, libens mea signa necesse est

Was die Stadt Rom und ihre Körperschaften anbetrifft, so
wird berichtet, dass er jene von manchem Makel reinigte und
diesen wiederaufzuhelfen suchte. Die wunderbaren und schauer-
lichen Geschichten, welche ein Kirchenhistoriker [56]) auftischt, sind
wohl darauf zurückzuführen, dass Theodosius einmal winklige,
krumme, schmutzige Strassen, die Schlupfwinkel des Lasters, ab-
reissen liess, und dass er andererseits die zusammengeschmolzene
Körperschaft der mancipes wiederherstellte. Bei der Erstarrung
des socialen Lebens lag wie die Eintreibung der Steuern so überhaupt die Unterhaltung von Staatsinstituten bestimmten Klassen
oder Kasten der Bevölkerung ob. Das ärmere Volk in Rom
erhielt von Staatswegen Brod, das in besonderen Häusern zube-
reitet wurde. Diese Leistung war eine Pflicht der sogenannten

---

In quibus effigies Crucis aut gemmata refulget
Aut longis solido ex auro praefertur in hastis.

Diese Worte können, da kurz vorher von den Tyrannen die Rede ist,
nur auf die Besiegung des Eugenius gehen, dessen Heer Herculesbilder
mit in die Schlacht geführt haben soll, während das des Theodosius
unter dem Zeichen des Kreuzes focht. 3) Selbst wenn man gegen diese
Gründe die Freiheit des Dichters geltend machen wollte, dass er den
Theodosius bereits 389 als Sieger über zwei Tyrannen bezeichnen könne,
so würde doch gegen 389 sprechen, dass der Senat noch einmal bei
Valent II. um Bewilligung der bekannten Forderungen anhielt. 4) Nach
390 bestanden noch die alten heidnischen Priesterämter und wurden den
„allmächtigen Göttern" Altäre errichtet. Orelli 2130. 2355. 5) Ein für
die Christenheit so wichtiges Ereigniss würden die Kirchenhistoriker
sich nicht haben entgehen lassen. Sie wissen davon nichts; vgl. Schroekh,
VII. p. 247 und A. F. Gfrörer p. 187. — Da Theodosius 394, wie später
nachgewiesen werden wird, gar nicht in Rom war, so nehme ich an,
dass Prudent. die Ereignisse von 389 und 391 zusammengeworfen hat,
und habe für 389 das entnehmen zu können geglaubt, was ich oben gegeben; vgl. den Abschnitt bei Stuffken p. 73—83.

56) Socr. V. 18 erzählt, die mancipes hätten durch Errichtung von
Bordellen im Anschluss an die Brodhäuser viele besonders Fremde, ange-
lockt und sie gezwungen, ihr Leben lang als Arbeiter in den Mühlen zu
bleiben. Endlich sei die Sache durch einen Soldaten herausgekommen,
und Theodosius habe die Häuser zerstört und die mancipes bestraft.
Ebensowenig verdient Socr. ib. Glauben, wenn er berichtet, dass die
Ehebrecherinnen öffentlich der Prostitution preisgegeben wurden unter
dem Schall von Schellen und dass Theodosius andere Gesetze über den
Ehebruch gegeben habe. Nur das mag daraus gefolgert werden, dass
er überhaupt der Unsittlichkeit entgegentrat. Vgl. v. Wietersheim,
Gesch. d. V. IV. p. 141.

mancipes, die, wenn sie einmal in dieser Kaste geboren waren, ihr zeitlebens angehören mussten. Begreiflicherweise suchten sich viele ihrer Verpflichtung zu entziehen, erschlichen auch zuweilen ein Befreiungsdekret. In Rom nun war ihre Zahl wahrscheinlich sehr herabgesunken, denn Theodosius verfügte,[57]) dass alle ohne Ausnahme zu ihrer Körperschaft zurückkehren, und dass aus anderen kleineren Korporationen taugliche Leute zur Ergänzung herangezogen werden sollten.

Ebenso wandte der Kaiser seine Sorge der Klasse der Suarii oder Porcinarii zu (Schweinehüter). Sie hatten dadurch abgenommen, dass durch Testamente oder Verschenkungen der Besitz einer Anzahl von Mitgliedern an andere ausserhalb der Korporation stehende Personen gelangt war. Theodosius verordnete daher[58]), dass diese Güter an die ursprünglichen Besitzer zurückgegeben werden sollten. Wer sie aber behalten wolle, der müsse in die Körperschaft eintreten. Diese Suarii müssen ganz angesehene Leute gewesen sein, da ihnen bereits Gratian die Freiheit von den sogenannten sordida munera verliehen hatte, und Theodosius sie ihnen jetzt bestätigte, eine Freiheit, welche nur die höchsten Militär- und Civil-Beamten, Kirchen, Rhetoren, Grammatiker genossen[59]).

Es ist eine allgemein bekannte Thatsache, dass unter den Kaisern der Müssiggang in Rom und damit die Schaulust wuchs[60]). Litten unter der grossen Anzahl von „Ferientagen" alle Zweige der Verwaltung, so musste ihr verderblicher Einfluss doch besonders die richterliche Thätigkeit treffen. Es war daher eine grosse Wohlthat, wenn Theodosius bei seinem Aufenthalte in Rom die Anzahl der Feiertage gesetzlich beschränkte und regelte[61]). Wohin sein Streben ging, zeigt der Anfang seines Gesetzes. „Alle Tage — befehlen wir — sind Gerichtstage." Und dann folgt die Aufzählung der freien Tage: Zwei Monate sollen vollständig ausfallen, der eine wegen der Hitze, der andere zur Ernte, die gewöhnlichen Tage der Kalenden des Januar, die „Geburtstage" der Städte Rom

---

57) Cod. Th. XII. 16, 1. 16. Aug. vgl. Symm ep. X. 58.

58) ib. XIV. 4, 5 und 6. 18. Aug.

59) ib. XI. 16, 18. Hier werden die sord. mun. einzeln aufgezählt.

60) Ph. Er. *Müller*. Comm. hist. de genio etc. aevi Theod. Havniae 1797 1 p. 49.

61) Cod. Th. II. 8, 19. 7. Aug. Die beiden Monate waren nach dem Klima der Provinzen verschieden. Vgl. Müller I. p. 32.

und Constantinopel, die Tage des hl. Osterfestes, die Sonntage, die Feier der Geburt oder des Regierungsantrittes der Kaiser. Die Feiertage zusammengerechnet ergeben 125, und es bleiben demnach 240 Gerichtstage.

In Folge der zahlreichen Spiele, welche zu Rom statt fanden, war die Zahl der Wagenlenker natürlich eine bedeutende. Sie besonders standen in dem Rufe, der Zauberei zu huldigen und sich ihrer zu bedienen, um dem Nebenbuhler beim Wettkampf den Sieg zu entreissen. Es kam dabei häufig vor, dass Einer den Andern aus Privatfeindschaft tödtete unter dem Vorgeben, jener habe ihn verzaubert. Um diesem Uebel zu steuern, gebot Theodosius durch ein Gesetz [62]), zwar jeden, der der Zauberei überwiesen wäre, als „Feind des allgemeinen Wohles" zu betrachten und ohne weiteres der Behörde namhaft zu machen, nicht aber selbst ihn aus dem Wege zu räumen. Dieses Vergehen wird vielmehr mit dem Tode bedroht.

In einer so volkreichen Stadt wie Rom waren alle Culte vertreten, und die verbotenen Secten konnten hier am leichsten sich der Oeffentlichkeit entziehen. Dennoch war es lautbar geworden, dass Rom Manichaeer beherberge. Diese aber waren die den Nicaenern verhasstesten Haeretiker. Sie, „die die Welt erregen", gebot daher Theodosius [63]), sollen „vom ganzen Erdkreis", besonders aber aus Rom vertrieben, ihr Vermögen dem Volke preisgegeben, ihnen selbst das Recht zu testiren und Testamente anzunehmen genommen werden. „Nichts überhaupt, schliesst das Gesetz, sei ihnen gemeinsam mit der Welt."

Während so Theodosius für das Wohl Roms sorgte, erschreckten ein Komet und andere ungewöhnliche Dinge die Menschen. Ein Hagelschlag zwei Tage dauernd brachte den Heerden und Bäumen Verderben [64]).

Nach einem mehr als elf wöchentlichen Aufenthalte verliess Theodosius am 1 Sept. Rom und schlug die via Flaminia ein. Am 3. war er in Falerii (?) [65]), am 6. in Forum Flaminii. Da er

---

62) Cod. Th. IX. 17, 11. 16. Aug.

63) ib. XVI. 5, 18. 17. Juni. Baronius a. eccl. 389, 62 bezieht Ambr. ep. 62, 12 u. 13 hierauf. Jedenfalls nur Vermutbung.

64) Philost. X. 9, Marcell. com.

65) Marcell. com. — Ich lese in Cod. Th. VIII. 5, 49 Falerii statt des nicht unterzubringenden Valentia der Handschriften. Vgl. IX. 35, 5 und XVI. 5, 19.

nachweislich erst am 26. Nov. in Meiland war und auch nicht den
graden Weg dahin verfolgte, so hielt er sich wahrscheinlich vorher
noch in anderen Orten kürzere Zeit auf. Valentinian und Honorius
waren in seiner Begleitung. Der erstere wurde immer mehr von
dem Gifte der Ketzerei des Arianismus, welches ihm seine Mutter
Justina eingeflösst hatte, durch Theodosius Lehre und Beispiel befreit.

Unterdessen schützte Arbogast Gallien gegen die Germanen.
Schon als Maximus mit Theodosius im Kriege lag, hatten die
Franken einen Einfall ins römische Gebiet gemacht; er war von
Erfolg begleitet gewesen. Der eine römische Feldherr Quintin
war bei ihrer Verfolgung jenseits des Rheins fast mit seinem gesammten Corps vernichtet worden [66]). Die bereits erwähnten Generale des Victor Carietto und Syrus hatten ebenfalls nicht hindern
können, dass die Franken von Neuem die Provinz Germanien
plündernd durchzogen. In diese Verhältnisse hatte nun Arbogast
eingegriffen. Da er aber nicht auf eigenen Befehl handeln wollte
oder durfte, so bat er den Valentinian brieflich [67]) um die Erlaubniss,
an den Franken die gebührende Strafe vollziehen zu dürfen,
wenn sie nicht, was sie im vorhergehenden Jahre nach Vernichtung
der Legionen geraubt hätten, sofort zurückerstatteten und die
Urheber des Krieges auslieferten. Welcher Befehl dem Arbogast
gegeben wurde, wissen wir nicht. Jedenfalls suchte er wegen des
nahen Winters einen gütlichen Ausgleich herbeizuführen. In der
That gelang ihm dies in einer kurzen Zusammenkunft mit den
beiden Frankenhäuptlingen Marcomares und Sunno. Der Sieg
des Theodosius über Maximus war es wohl, der die Barbaren zur
Nachgiebigkeit bestimmte. Sie gaben wie gewöhnlich Geisseln,
und so konnte sich Arbogast zur Ueberwinterung nach Trier
begeben.

---

66) Sulp. Alex. III. bei Greg. Tur. hist. Fr. II. 9.

67) ib. Ganz richtig nimmt Sievers Stud. z. Gesch. d. röm. Kaiser
p. 316 an, dass Valentinian bei Theodosius in Mailand blieb. Gothofr. zu
Cod. Th. VI. 26, 5 und Tillem V. p. 309 behaupten das Gegentheil.
Ihnen folgt v. Wietersheim IV. p. 140.

2. Das Blutbad in Thessalonich. Die Zerstörung des Serapeums in Alexandrien.

Der Kaiser brachte mit Valentinian und Honorius den Winter 389/390 in Mailand zu. Diese Stadt war seit nunmehr einem Jahrhundert zur eigentlichen Residenz des Occidens geworden. Ihre geographische Lage setzte sie in leichtere Verbindung mit den beiden andern Hauptstädten Trier und Constantinopel. Ausserdem erhöhte zu dieser Zeit wenigstens die Berühmtheit des Ambrosius ihren Glanz. Denn wenn auch bereits damals der römische Bischof eine höhere Stellung beanspruchte und einnahm, so war doch Ambrosius unstreitig durch seine hervorragenden Eigenschaften das wirkliche Haupt der westlichen Christenheit. Seine nahe Beziehung zu den Kaisern hob ihn noch mehr. Den Gratian hatte er vollständig geleitet, im Kampfe mit Valentinian und Justina war er Sieger geblieben und hatte dann mehrere Gesandtschaften für den jungen Kaiser an Maximus übernommen; mit Theodosius endlich verband ihn enge Freundschaft[1]) und ein lebhafter Briefwechsel. Dennoch war ihr Verhältniss nicht ganz so wie Ambrosius es wünschte. Denn vielleicht verwöhnt durch seine frühere Stellung am Hofe Gratians und Valentinians hätte er gerne zu den nächsten Rathgebern des Theodosius gehört. Allein am Hofe des Theodosius waren, wie wir noch später sehen werden, andere Männer massgebend, auch liess dessen persönliche Selbstständigkeit die Einmischung eines Priesters in alle Reichsangelegenheiten nicht zu[2]).

---

1) Ambr. ep. 51.

2) Man gelangt leicht zu diesem Resultate, wenn man die Verfügungen kirchlichen Inhalts vergleicht, welche Theodosius in dieser Zeit und in der Nähe des Ambrosius erliess. Schwerlich wird man behaupten, dass die rechtliche Vernichtung der Eunomianer, welche Theodosius durch ein Dekret vom 5. Mai 389 in Mailand (an Tatian, den Prf. Pr. des Orients, gerichtet, Cod. Th. XVI. 5, 17) aussprach, ein Werk des Ambrosius sei, weil Theodosius sie 394 „pleniore consilio" widerruft (Cod. Th. XVI. 5, 23). Denn seine Nachfolger schwanken ebenso in ihrem Vorgehen gegen diese Secte (vgl. den Commentar des Gothofred zu den citirten Ges.). Ebensowenig wird man das annehmen dürfen bei der Verfügung aus Mailand vom 26. Nov. desselben Jahres (Cod. Th. XVI. 5, 19), welche verordnet, dass die Bischöfe, Presbyter, Diakonen, Lectoren der Häretiker aus ihren „unheilvollen Versammlungsorten" innerhalb wie ausserhalb der Städte vertrieben werden sollen. Denn Theod. wiederholt damit nur, was er bereits früher eingeschärft hatte (vgl. Cod.

Ambrosius dagegen, der vielleicht die Ueberzeugung hatte, dass
jede Massregel der bürgerlichen Verwaltung mit der Ehre Gottes
und mit dem Interesse der wahren Religion in irgend einer Beziehung stehe, suchte dann wenigstens durch Verbindungen, welche
er mit eingeweihten Hofleuten unterhielt, von allem, was im Kais.
Consistorium vorging, sich Kunde zu verschaffen. Dies gelang
ihm natürlich nur zu gut. Aber bei seinem leidenschaftlichen
Wesen verrieth er selbst sich dem Kaiser gegenüber, dass er von
allen seinen Entschliessungen wisse. Dieser wurde öfter darüber
aufgebracht, und Ambrosius andrerseits konnte selbst in Briefen an
den Kaiser seinen beleidigten Ehrgeiz nicht unterdrücken, indem
er sich darüber beklagte, dass „es ihm allein aus der Umgebung
des Kaisers nicht gestattet sei zu hören"[3]). Dieses gespannte

---

Th. XVI. tit. 5). Nur in den Bestimmungen, welche Theodosius im Laufe
des Jahres 390 in Bezug auf das Vermögen der in den Stand der
Diakonissen übergetretenen Frauen traf, scheint Ambrosius eine verhältnissmässig geringe Aenderung herbeigeführt zu haben. In einer Verfügung nämlich vom 21. Juni aus Mailand an Tatian (Cod. Th. XVI. 2, 27.)
verordnet Theodosius, jedenfalls durch die vielfachen Uebergriffe der
Geistlichkeit dazu veranlasst, dass keine verheirathete Frau vor ihrem
sechszigsten Jahre Diakonissin werde. Sie soll dann ihren Kindern, wenn
sie dessen noch bedürfen, einen Vormund bestellen, ihre Güter geeigneten Männern zur Verwaltung übergeben. Sie selbst geniesst die Einkünfte derselben und kann damit schalten und walten wie sie will.
Dagegen darf sie von ihrem Schmuck, Hausrath, Gold, Silber u. s. w.
nichts unter dem Vorwande der Religion (religionis defensione) aufwenden,
sondern nur auf Kinder, Verwandte, oder auf wen sie sonst will, vererben.
Wenn sie stirbt, darf sie keine Kirche, keinen Geistlichen oder Armen
zum Erben einsetzen. Und falls der Sterbenden von den Klerikern etwas
abgedrungen ist, so soll es diesen nicht verbleiben, ebenso wenig, was
den oben Erwähnten durch irgend eine testamentarische Bestimmung
ausgesetzt ist, sondern der wirklich Erbberechtigte soll in den Genuss
der Hinterlassenschaft gelangen. — Kaum zwei Monate später, am 23. August, hebt Theodosius dagegen die Verordnung dahin auf, dass die Dia-
konissinnen, so lange sie leben (nicht auf dem Sterbebette und unter
Druck) ihr bewegliches Familiengut (mancipia, monilia, suppellectilis)
an Kleriker verschenken dürfen (Cod. Th. XVI. 2, 28). — Gothofred hat
im Commentar zu dieser Verfügung die Vermuthung ausgesprochen,
dass Ambrosius der Urheber jener Aenderung sei. Auch ich halte es
für wahrscheinlich, trotzdem aber zeigt auch dieser Fall, dass Ambrosius
die Selbstständigkeit des Theodosius nicht immer wie in der Angelegenheit des Castr. Call. zu beeinflussen vermochte.

3) Ambr. ep. 51.

Verhältniss wurde offenkundig durch ein Ereigniss, das den reinen Namen des Theodosius für immer durch einen Makel entstellte und das die christlichen Historiker sich desshalb nicht anders erklären konnten, als dass ein Daemon daran Schuld sei [4]).

Thessalonich auf fruchtbarem Boden erbaut und in seiner Lage an der innersten Spitze eines tief einschneidenden Meerbusens, an der Strasse Constantinopel — Dyrrachium — Brundusium — Rom und Aegaeisches Meer — Pannonien war schon damals eine volkreiche Stadt, die zweite der Balkanhalbinsel, die Hauptstadt Macedoniens und Illyriens [5]). Ein reger Fremdenverkehr belebte die Strassen, und eine hohe Handelsblüthe nährte den Wohlstand seiner Bewohner. Es war der Sitz des praefectus praetorio Illyrici. Eine germanische Besatzung lag darin. Der geborene Römer hasste noch immer diese Barbaren, welche er stolzen Schrittes und in Waffen klirrend dahinschreiten sah, die ihm im Hause als Sclaven dienten und denen er zugleich als den obersten Beamten im Civil- und Militär-Dienst zum Gehorsam verpflichtet war [5]). Das Betragen der Soldaten machte sie den Bürgern nicht beliebter. Nicht allein, dass sie übermässige Anforderungen an ihre Quartiergeber stellten, auch in deren eheliche Verhältnisse brachten sie häufig Verwirrung und Unglück [6]). Es ist möglich, dass gerade in Thessalonich die Einwohner von ihnen besonders geplagt wurden, und dieser Um-

---

4) Ruf. II. 18. — Ueber das Ereigniss berichten Ruf. ib., Soz. VII 25. Theod. V. 18. Paul. vita Ambr. 26. Moses von Chorene Gesch. Gross-Armeniens (übersetzt von M. Lauer. vgl. A. v. Gutschmidt. Ber. d. kgl. Sächs. Ges. d. Wiss. 1876 über seine Glaubwürdigkeit) III. 37. Tiro Prosp. Theophan. A. C. 381. Cedren p. 554. Von diesen setzen das Ereigniss vor die Rückkehr des Theodosius nach Constantinopel Paulin und Tiro. Pr., nach der Rückkehr Theodor. Ruf., aber vor den Zug gegen Eugen. Mit diesem verbunden erscheint es bei Soz., Moses v. Ch., Theoph. Cedren. Ich lege von allen diesen Berichten dem des Paulin den grössten Werth bei, weil er dem Ambrosius sehr nahe gestanden hat (vgl. seine einleitenden Worte zur vita A.) Dazu kommt, dass die Notiz des Theodor. V. 18 ὀκτὼ γὰρ ἀπλώθησαν μῆνες κατέλαβεν ἡ τοῦ σωτῆρος ἡμῶν γενέθλιος ἑορτή nur auf das Jahr 390 gehen kann, welches Theodosius noch vollständig in Italien zubrachte. Er war, wie der Verlauf es verlangt, im März (Cod. Th. IX. 10. 1 und X. 22, 3 und im April XV. 1, 27 und 28) und im December (Cod. Just. 1. 40, 9) in Mailand. Vgl. Gothofr. chronol. p. 122, Baronius 390, 2 u. f. Clint. F. R. I. 520 u. 522.

5) Theod. V. 17. Synesius περὶ βασιλείας ed. Krabinger p. 100.

6) Cod. Th. VII. 4, 20; 4, 18; IX. 7, 9.

stand der tiefere Grund zu dem Aufstande war, dessen äussere Veranlassung die folgende ist [7]).

Das Volk von Thessalonich verlangte von Botherich, dem Stadtcommandanten, die Herausgabe eines beliebten, aber wegen eines Vergehens ins Gefängniss geworfenen Wagenlenkers zu den bevorstehenden Circusspielen. Botherich verweigerte sie. Wer aber den hohen Grad der Schaulust in damaliger Zeit [8]) und die oben erwähnten Verhältnisse erwägt, begreift, dass diese Weigerung die Wuth des Pöbels aufs höchste steigerte. Es entstand ein Tumult, in dem Botherich und andere Magistrate das Leben verloren.

Die Nachricht hiervon empfing Theodosius in Mailand. Der leicht zum Zorn geneigte Kaiser gerieth ganz ausser sich. Denn erst vor wenigen Jahren hatte ein ähnlicher Vorfall in Antiochien die Ruhe des Reiches gestört. Damals war Theodosius durch eine Gesandtschaft im letzten Augenblicke zur Milde bewogen worden. Die Umgebung des Kaisers, von der der magister officiorum [9]) Rufinus ein besonderes Ansehen und Vertrauen beim Kaiser genoss, suchte ihn jedenfalls zu überreden, dass er diesmal nur die Strenge walten lassen dürfe, um die beleidigte Staatsgewalt zu rächen. Und wenn dem Kaiser in seinem Zorn noch zugeredet wurde, so kannte er keine Grenzen. So erliess er denn den Befehl zur Bestrafung nicht nur der Anstifter des Aufruhrs, sondern die ganze Stadt sollte das Vergehen büssen. Allein Ambrosius, der wie wir sahen, alles, was im Rathe des Kaisers verhandelt wurde, wusste, eilte herbei, um den erregten Sinn des Kaisers zu besänftigen, und auch hier trug seine Beredtsamkeit den Sieg davon: der Kaiser versprach ihm Milde zu üben [10]). Doch sei es, dass Theodosius ihm das nur verhiess, um den ausdauernden Dränger

---

7) Vgl. Pallmann, Gesch. der Völkerw. I. p. 199. Soz. giebt nur die Veranlassung, Mos. v. Ch. und Cedr. den tieferen Grund (Cedren τῶν δὲ στρατιωτῶν αὐτοῦ ταραξάντων τὴν πόλιν διὰ μιτάτα (castrorum metationes) ἐστασίασαν οἱ Θεσσαλονικεῖς Mos. „wegen der Einquartirung". Sie haben offenbar ein und dieselbe Quelle benutzt) Theoph. hat beides zusammengeworfen: ἐταράχθη ἡ πόλις διὰ τὰ μιτάτα τοῦ στρατοῦ καὶ διὰ πρόφασιν ἡνιόχου καὶ τοῦ παιδὸς τοῦ ἐπάρχου Ruf. und Paul. schweigen darüber.

8) Vgl. Müller I. p. 67.

9) Theod. V. 18 Cod. Th. X 22, 3 Zos. IV. 51.

10) Paul. v. A. 24 vgl. Ambr. ep. 51.

loszuwerden, sei es dass die übrige Umgebung ihn von neuem aufstachelte [11]) — genug, der harte Befehl blieb in Kraft und wurde mit der grössten Genauigkeit ausgeführt.

Das nichtsahnende Volk von Thessalonich hatte sich mit den schaulustigen Fremden, die von nah und fern herbeigeströmt waren, im Circus versammelt. Während es aber den Spielen mit ungetheilter Aufmerksamkeit folgte, umzingelten Soldatenschaaren den Ort und auf ein gegebenes Zeichen stürtzten sie sich auf das unbewaffnete Volk. Ein grässliches Morden begann. Die Unschuldigen wurden mit den Schuldigen geschlachtet, kein Alter, kein Geschlecht wurde geschont. Denn jeder Soldat musste seine bestimmte Anzahl auf höheren Befehl tödten [12]). Ergreifende Scenen trugen sich dabei zu. Nach den höchsten Angaben fielen 15000, nach den niedrigsten 7000 der entfesselten Wuth der Soldaten zum Opfer [13]). Welch' eine Trauer dieses Blutbad in Thessalonich hervorrief, und welch' unheilbare Wunden Tausenden von Familien geschlagen wurden, kann man sich lebhaft vorstellen, und dass der Hass und die Erbitterung den Kaiser traf, auf dessen Befehl es vollführt war, ist ebenso natürlich.

Ambrosius wurde über diese Vorgänge durch einen Brief des Bischofs von Thessalonich in Kenntniss gesetzt und aufgefordert „die Ohren der Herrscher zu belagern", damit sie Mitleid empfänden mit der sonst so treuen Stadt [14]). Grade damals waren die gallischen Bischöfe in Mailand zu einer Synode zusammen getreten. Sie erklärten einstimmig, dass die That eine Versöhnung Gottes durchaus nothwendig mache. Zu dieser Erklärung wird das Urtheil des Ambrosius als des Vorsitzenden, der ja persönlich durch die Sache berührt wurde, nicht wenig beigetragen haben.

Theodosius befand sich damals nicht in Mailand. Aber bald

---

11) Ambr. de ob. Th. 34 . . . peccatum suum, quod ei *aliorum* fraude obrepserat. Jedenfalls verliess Theodosius Mailand, wenn auch auf kurze Zeit, und war so dem Auge des Ambrosius entrückt.

12) Soz.

13) Mos. v. Ch. 15000. Cedren χιλιάδες ἑπτα ὡς δέ τινες πεντεκαίδεκα.

14) Theod. V. 18. Ausgabe von Gaisford. Dieser Brief ist zuerst von Gaisford aus dem mit B bezeichneten Codex der Bodleianischen Bibliothek herausgegeben. Doch wird hier der Schreiber Acholius genannt. Da dieser aber bereits 383 gestorben war (Ambr. ep. 15; 16) so kann der Brief, wenn er überhaupt echt ist, nur von seinem Nachfolger Anysius geschrieben sein.

darauf näherte er sich wieder dieser Stadt. Sein sonst so milder
Sinn litt sicherlich längst unter den Qualen der Gewissensbisse,
und es war wohl bittere, ernste Reue, welche ihn wieder dahin
trieb. Allein den Ambrosius traf er dort nicht mehr, denn dieser
war der Ankunft des Kaisers als eines mit Gott unversöhnten ausgewichen. Er sandte vielmehr einen Brief [15]) an den Kaiser, in
dem er seine Ansicht über den Vorfall und das Benehmen des
Kaisers klar aussprach.

Eingedenk der alten Freundschaft mit Theodosius — schreibt
er — und der Wohlthaten, welche der Kaiser häufig Anderen auf
seine Fürbitte erwiesen hat, kann er desshalb nicht aus Undankbarkeit der ihm sonst so erwünschten Ankunft des Kaisers ausgewichen sein, sondern das Blutbad in Thessalonich ist die Veranlassung dazu gewesen. Was sollte Ambrosius in diesem Falle
thun? Schweigen! Unmöglich! Sagt doch schon die Schrift: Wenn
ein Priester einem Irrenden nicht den rechten Weg zeigt, so macht
er sich selbst eines Vergehens schuldig. Der Kaiser hat Glaubenseifer, hat Gottesfurcht. Das lässt sich nicht leugnen. Aber er
besitzt einen natürlichen Ungestüm, der wenn ihn Jemand zu
besänftigen versteht, sich sogleich zur Milde wendet, der, wenn
man ihn reizt, solche Gewalt annimmt, dass Theodosius ihn kaum
bändigen kann. Um eben diesen Ungestüm nicht durch sein
öffentliches Handeln zu reizen, hat Ambrosius es vorgezogen
Mailand zu verlassen, damit, wenn der Zorn vorüber, Theodosius
der freie Weg zum Handeln offen stehe. Desshalb hat Ambrosius
eine Krankheit vorgeschützt und ist abgereist.

Man muss zugeben, dass zu den den Ambrosius ehrenden
Eigenschaften auch die gehörte, wenn es seine Pflicht zu erheischen
schien, nicht zu schweigen, sondern Jedem, wer es auch sei, die
Wahrheit ins Gesicht zu sagen. Hier aber muss man seine Frei-
müthigkeit um so höher anschlagen, als Theodosius ein eifriger
Bekenner des Nicaenums war, also auf eine gewisse Nachsicht
hätte rechnen dürfen. Man darf ausserdem nicht vergessen, dass
Theodosius eigentlich ein unumschränkter Autokrat war, also nicht
unter dem weltlichen Gesetze stand. Wenn dennoch Ambrosius
dem Kaiser in solcher Weise seine Schuld vorhielt, so liegt darin
ein grosser Fortschritt, den die Römerwelt aus der knechtischen

15) Ambrosius ep. 51.

Unterwerfung unter die Caesaren herausthat, ein Fortschritt, den sie allein dem Christenthum verdankte.

Um nun den Theodosius zu einer Versöhnung mit Gott zu bewegen, hält ihm Ambrosius schlagfertig wie immer das Beispiel Davids und Hiobs vor, die sich vor Gott demüthigten. So soll es auch Theodosius thun, vorher aber „wagt Ambrosius nicht das Messopfer darzubringen, wenn der Kaiser dabei stehen will;" d. h. Ambrosius will bis dahin den Kaiser von der Kirche und dem gemeinsamen Gottesdienst ausschliessen. Aber einen Kaiser und noch dazu den mächtigsten der Erde gewissermassen in den Bann zu thun, war immerhin trotz seiner Schuld ein gewagtes Ding, und desshalb schützt sich Ambrosius schlau hinter einer Vision, die er gehabt haben will: „Es ist ihm (das Messopfer darzubringen) nicht von Menschen noch durch einen Menschen, sondern offen von Gott untersagt. Denn gerade in der Nacht, in der er Mailand verliess, schien ihm Jemand zur Kirche zu kommen, aber die Oblation darzubringen war ihm nicht erlaubt." Nun, es ist nicht schwer zu sagen, was man von dem Traumgesicht zu halten hat. Ambrosius lässt sich einfach das, was er für nothwendig hielt, durch einen göttlichen Wink eingeben.

Trotz dieses abmahnenden Briefes versuchte der Kaiser bald danach, als Ambrosius wieder nach Mailand zurückgekehrt war, den harten Sinn des Bischofs zu brechen und seine eigene Sehnsucht nach dem Worte Gottes und seiner Vergebung zu stillen.[16] Aber als Theodosius gerade die Kirche betreten wollte, trat ihm Ambrosius entgegen und machte seine Hoffnung, dass Ambrosius seine Gesinnung inzwischen gemildert hätte, durch Worte des Inhalts zu nichte: Die Kaiserliche Macht verhindere vielleicht, dass er die Grösse seiner Schuld erkenne. Aber auch er, der Kaiser, sei nur ein schwacher Mensch seiner Natur nach und ein Diener Gottes: „Mit welchen Augen willst du den Tempel des gemeinsamen Gottes anschauen, mit welchen Füssen den heiligen

---

16) Theod. V. 18. Ich folge hier dieser Quelle desswegen, weil die ganze Art des Benehmens des Ambrosius mit seinem Charakter vollständig übereinstimmt. A. F. Gförer freilich, welcher p. 614 seq. über das Ereigniss berichtet, hält die Darstellung des Theodoret für eine fabelhafte Ausschmückung der einfachen Thatsache. Er beruft sich dabei auf einige ächte Aktenstücke, welche dem Theodoret widersprächen. Doch welche diese sind, giebt er nicht an, noch sind sie mir bekannt.

Boden betreten, mit welchen Händen, die noch vom Blute der ungerecht hingemordeten triefen, den heiligen Leib Gottes empfangen, wie das theure Blut an deinen Mund bringen?" Traurig kehrte der Kaiser um.

Acht Monate verstrichen so, da kam Weihnachten heran. Weinend sass Theodosius in seinem Palaste. Rufin fragte ihn nach der Ursache. Dienern und Bettlern, antwortete der Kaiser, sei es erlaubt, die Kirche zu besuchen, ihm nicht. Da machte Rufin sich anheischig, den Ambrosius zur Abnahme der Fesseln zu bewegen. Der Kaiser aber glaubte den Ambrosius besser zu kennen und meinte, er werde nicht darauf eingehen. Endlich gab er seinem Drängen nach und folgte ihm später. Aber Ambrosius fuhr den Rufin hart an, weil er in ihm den sah, der den Kaiser bewogen hatte, sein Versprechen zu brechen. „Du ahmst die Unverschämtheit der Hunde nach, Rufin. Trotzdem du Schuld bist an jenem Blutbad und gegen Gottes Antlitz gefrevelt hast, so hast du doch jegliche Scham abgeworfen, erröthest weder noch fürchtest du." Als aber Rufin bat und sagte, der Kaiser werde gleich selbst kommen, antwortete Ambrosius: „Sage ihm, dass ich ihn von der Schwelle zurücktreiben werde. Will er aber Tyrann sein, so biete ich mich gern dem Tode dar." Dies liess Rufin dem Kaiser melden. Theodosius aber ging dennoch zur Kirche und bat den Bischof, ihn von dem Banne zu befreien. Ambrosius fragte, was er für Beweise der Reue gegeben habe. „Deine Sache ist es, antwortete Theodosius, mir den Weg zur Versöhnung zu zeigen, meine, Dir zu folgen." Doch nicht eher liess Ambrosius den Kaiser in die Kirche, als bis er ein Gesetz [17], das Gratian bereits gegeben hatte, das aber in Vergessenheit gerathen war, wieder erneute, nämlich, dass die Todes- und Proscriptionsurtheile dreissig Tage unausgeführt liegen bleiben und dann von neuem ihm vorgelegt werden sollten, damit die Vernunft inzwischen den Zorn besiege. Da erst durfte der Kaiser in die Kirche. Er warf sich reumüthig auf den Boden und brach schluchzend in die Worte des Psalmisten aus: Meine Seele liegt im Staube; Herr, erquicke mich nach deinem Wort!

17) Cod. Th. IX. 40, 13. Gothofr. und Baron. wollen in der Ueberschrift den Namen des Gratian und Flavian tilgen und so das Gesetz ins Jahr 390 verlegen.

Dies ist die berühmte [18]) Kirchenbusse des Theodosius und
die erste eines Kaisers, von der zeitgenössische und spätere Berichte mit Freude und Befriedigung erzählen. Und in der That,
die öffentliche Busse des Theodosius ist ein hochwichtiges Ereigniss.
Denn sie zeigt auf das deutlichste den Umschwung, der allmählich
in der Römerwelt sich zu vollziehen anfing, seitdem das Christenthum auch vom Throne Besitz ergriffen hatte. Wieder geht ein
neues Leben durch die erstarrten Glieder des grossen Reichs.
Nicht mehr darf der Kaiser ungestraft die grössten Grausamkeiten
begehen und dabei göttliche Verehrung beanspruchen. Eine öffentliche Meinung macht sich wieder mit Macht geltend. Die Kirche
ist das Organ derselben und die Priester der Mund, durch den
sie spricht. Welch' ungeheurer Fortschritt!

Die Kirchenbusse des Theodosius fand ungefähr zu Weihnachten 390 Statt. Der Kaiser verweilte noch immer im Occident
und blieb auch noch bis Mitte 391 dort. In diesem Jahre war
es, wo im Orient in Egypten ein Hauptschlag gegen das Heidenthum geführt wurde. Schon seit dem Jahre 386 hatte man, da
das Opfern gesetzlich verboten [19]) war, von Seiten der christlichen
Gemeinden und besonders der Mönche im Orient auf eigene Hand
einen kleinen Krieg gegen die Tempel und Heiligthümer geführt.
Die Thäter sagten, heiliger Eifer für ihren Glauben treibe sie dazu
an, die Heiden dagegen sahen in ihrem Vorgehen nur die Absicht,
einer unbeschränkten Habsucht zu genügen. Einer der angesehen-
sten und bedeutendsten Heiden seiner Zeit, der Sophist Libanius,
hat das Benehmen der Christen dabei höchst anziehend und dras-
tisch, wenn auch jedenfalls übertreibend, geschildert. [20]) Er hebt
in seiner Rede hervor, warum der Kaiser, wenn er solch' ein
Treiben dulde, noch die Tempel in den grossen Städten Rom,
Constantinopel, Alexandrien stehen lasse. Es wäre doch nur folge-
recht, auch sie zu zerstören. Und diese Consequenz ist es eben,
welche in Alexandrien und überhaupt in Egypten im Beginn des
Jahres 391 gezogen wurde. [21])

---

18) Ambros. de ob. Th. 34. Aug. de c. d. V. 26.
19) Vgl. Cod. Th. XVI. tit. 10.
20) In der Rede ὑπὲρ τῶν ἱερῶν.
21) Tillem. V. Note 40 sur Th. entscheidet sich für 389 auf Grund
des Marcellin, Gothofr. auf Grund von Cod. Th. XVI. 10, 11 für 391.
Clinton Fast. R. I. p. 522 hält es für wahrscheinlich, dass das Ereigniss

Auf dem Bischofsstuhl in Alexandrien sass damals der uns bereits bekannte Theophilus.[22]) An seinem Eifer für die christliche Sache wird nicht zu zweifeln sein, wohl aber an der Reinheit seiner Beweggründe. Er machte sich der Mit- und Nachwelt noch dadurch bekannt, dass er eine Ostertafel verfasste. Alexandrien war ein bedeutender, vielleicht der bedeutendste Sitz des Heidenthums. Philosophen gab es hier in Menge. Sie lehrten das Volk und unterrichteten in der heidnischen Theologie oder Philosophie. Besonders scheint der Neuplatonismus hier vertreten gewesen zu sein. Der Staat selbst genoss bei den Heiden des Orients eine überaus grosse Verehrung wegen des Tempels des Serapis. Dieser wird von einem christlichen Chronisten geradezu als die Säule der sinkenden Götzenanbetung bezeichnet.[23]) Er war von Alexander dem Grossen auf das prachtvollste erbaut[24]) und muss von aussen wie innen einen grossartigen Anblick dargeboten haben. Der Cult des Serapis war ein sehr alter.[25]) Der Name ist egyptischen Ursprungs, eigentlich ein Beiname des Osiris. Der Begriff des Gottes war ein synkretistischer d. h. aus den Elementen der verschiedensten Religionskreise gemischter. Der Cult hatte sich über den ganzen Westen bis nach Gallien und Deutschland hin verbreitet.

ins Jahr 390 fällt. Denn 1) 389 stand der Tempel des Serapis noch nach Ammian Marc. XXII. 16, 2 und dieser schrieb noch 390. vgl. Sievers Leb. des Lib. p. 272; 2) der hl. Hieronymus schrieb 393 seinen Catalogus und sagt in demselben c. 134: Sophronius . . . . nuper de subversione Serapis insignem librum composuit; 3) das Gesetz an Euagrius und Romanus vom 16. Juni 391 Cod. Th. XVI. 10, 11 wurde durch diesen Aufstand hervorgerufen; 4) Tiro Prosp. bezieht das Ereigniss auf das 8. Jahr nach dem Tode Gratians. Dieses begann mit dem 25. Aug. 390. Clint. 1. p. 504; aber wenn Clint. sagt: But as its fall was described in a work composed before 392, that event could not have been delayed till the close of 391 as Pagi tom. 1. p. 577 and Goth. Cod. Th. Vol. 6 p. 273 suppose — so ist doch einzuwenden, dass, wenn der hl. Hieronymus 393 ein Buch als kürzlich verfasst bezeichnet, dieses nicht vor 392 geschrieben sein muss. Erfolgte der Aufstand 391, so konnte Sophronius sehr wohl 392 sein Werk darüber schreiben, und Hieronymus es 393 als nuper comp. erwähnen. Desswegen setze ich das Ereigniss ins Jahr 391.

22) Vgl. bei Gfrörer p. 362 seine Charakteristik. Ausserdem Neues Archiv für ält. deutsche Gesch. 1877 II. p. 71. Zos. V. 23.

23) Tiro Prosp.

24) Suidas unter Σάραπις. Amm. Marc. XXII. 16, 12.

25) L. Preller, Röm. Mythol. p. 724 u. f. vgl. Coh. descr. VI. p. 548.

Zwei Feste fanden jährlich Statt, im Frühling bei Eröffnung der Schiff-
fahrt und im Spätherbst vor Eintritt des Winters. Das letzte war das
bedeutendere. Dann strömten von allen Seiten heilsbedürftige dort
zusammen, und Alexandrien war dann „gewissermassen eine heilige
bewohnte Erde" [26] im Kleinen. Das Heidenthum war demgemäss
in Alexandrien noch sehr stark vertreten, und so verdienstlich es
einerseits war, hier mit fester Hand ihm ein Ende zu bereiten, so
gefährlich war andererseits dieser Versuch.

Dennoch wagte ihn Theophilus [27]. Er liess sich vom Kaiser
einen Tempel des Bacchus zuweisen, um an seiner Stelle eine
Kirche zu erbauen. Er benutzte die Gelegenheit, um das Lächer-
liche des heidnischen Cultus der Oeffentlichkeit zu zeigen, indem
er die Götterbilder in der Stadt herumtragen liess. Diesen Hohn
aber ertrugen die Heiden nicht ruhig. Der längst in der Brust
genährte Hass gegen die Christen kam mit Ungestüm zum Ausbruch, und besonders die Philosophen waren es, welche das Feuer
anfachten. Aus ihnen sind uns die Namen des Helladius, Ammonius und Olympus erhalten. Jene beiden lehrten später in Constantinopel. Von Olympus wissen wir etwas mehr: Er stammte
aus Cilicien. Seine hohe Gestalt, seine Klugheit und Freundlichkeit,
die „göttliche" Kraft seiner Rede werden gerühmt. Er bildete in
Alexandrien heidnische Theologen zu Priestern heran, unterwies
in den alten Gebräuchen und in der damit verbundenen Lehre
von der Glückseligkeit. Er wurde das Haupt und der Leiter der
Bewegung. Er forderte die Heiden auf für ihren Glauben zu
sterben, indem er ihnen auseinandersetzte äusserlich seien die
Götterbilder allerdings nur Materie, aber in ihnen wohnten gewisse
überirdische Kräfte.

---

26) Eunap vita Aed. ἱερά τις ἦν οἰκουμένη.

27) Ruf. II. 22—30 hat den ausführlichsten Bericht. Die Beschreibung des Tempels beruht auf Autopsie. Denn er war in Aegypten gewesen. II. 4. Socr. V. 16 und 17 verdient Berücksichtigung, weil seine
Lehrer, die Grammatiker Helladius und Ammonius, an dem Aufstande betheiligt waren. Soz. VII. 15 schliesst sich mehr Ruf. an. Theod. V. 22
weiss von dem Aufstande nichts. Eun. vita Aed. berichtet vom heidnischen Standpunkte. Vgl. Schröckh. Kirchengesch. VII. p. 212—216.
Neander II. 1, p. 162 seq. Stuffken p. 57 seq.

28) Suidas unter Ὀλυμπος hat diese Stelle aus Damascius abgeschrieben, einem Neuplatoniker aus der Zeit Justinians. Vgl. J. Kopp,
praef. der Ausgabe des Dam. quaest. de prim. princ. p. 5.

Der Aufstand begann. Der auf der Burg von Racotis hoch-
gelegene feste Tempel des Serapis bot einen bequemen Stützpunkt,
von dem aus der Kampf geführt werden konnte. Es kam zu
heftigen Strassentumulten, in denen die Heiden Sieger blieben.
Denn sie waren zum äussersten entschlossen. Das und nicht „die
Bescheidenheit der Religion" (modestia religionis) war es, was die
Christen unterliegen liess. Der oberste Civilbeamte der Stadt, der
praefectus augustalis Euagrius und der militärische Oberbefehlshaber der Provinz Romanus [29]) waren vielleicht selbst Heiden,
oder sie wollten nicht ohne ausdrücklichen kaiserlichen Befehl
einschreiten. Sie versuchten einen gütlichen Ausweg, und erst als
dieser misslungen, wandten sie sich um Verhaltungsmassregeln an
den Kaiser. Nach einiger Zeit, während dem die Heiden ihre
Vertheidigung fortsetzten, kam das Edict des Theodosius. Es verbot
einerseits, für die getödteten Christen Rache zu nehmen, andererseits
aber befahl es, den Aufstand mit der Wurzel auszurotten d. h. die
Tempel zu zerstören [30]). Die Festigkeit, mit der der Kaiser gegen

---

29) Eunap. vita Aed.

30) Es entsteht hier nun die Frage, ob das von den Kirchenhistorikern erwähnte Edikt mit der Verfügung des Cod. Th. XVI. 10, 11
vom 16. Juni 391 aus Aquileja identisch ist. Die letztere lautet wörtlich: Nulli sacrificandi tribuatur potestas; nemo templa circumeat, nemo
delubra suspiciat, interclusos sibi nostrae legis obstaculo profanos aditus
recognoscat, adeo ut si qui vel de Diis aliquid contra vetitum sacrisque
molietur, nullis exuendum se indulgentiis recognoscat. Judex quoque,
si quis tempore administrationis suae, fretus privilegio potestatis, polluta
loca sacrilegus temerator intraverit, quindecim auri pondo, officium vero
ejus nisi collatis viribus obviarit parem summam aerario nostro inferre
cogatur. — Nach meiner Ansicht lässt sich jener Bericht und dieses
Rescript durchaus nicht als identisch auffassen. Denn von dem Verbot,
für die getödteten Christen Rache zu nehmen, und dem Befehle, alle
Tempel zu vernichten, findet sich in der Verfügung nichts. Da sie vielmehr, wie der Wortlaut zeigt, noch das Vorhandensein der Tempel voraussetzt, diese aber gerade jetzt nach dem Aufstande zerstört wurden,
so scheint sich mir von selbst zu ergeben, dass die Verfügung noch
kurz vor den Ereignissen in Alexandrien an Euagrius und Romanus
erlassen wurde. — Der letzte Theil des Dekrets, welcher den judex
und sein officium mit einer harten Geldbusse bei Nichterfüllung des
Befehls bedroht, deutet darauf hin, dass Euagrius in der Ausführung
der bereits bestehenden Gesetze gegen die Heiden nachlässig war, und
giebt somit zugleich eine Handhabe, sein wenig energisches Vorgehen
beim Aufstande zu erklären.

die Heiden vorging, war bekannt. Mit einem Schlage war der Aufstand zu Ende. Die Christen jubelten, die Heiden flohen. Nunmehr konnte Theophilus, ohne auf Widerstand zu stossen, die Vernichtung der Tempel vornehmen. Vom Serapeum blieb nur das Fundament übrig. Es war zu fest gelegt und spottete aller Zerstörungsversuche. Die Kostbarkeiten in den Tempeln fielen dem Bischof in die Hände, und wohl nicht ohne Grund wird ihm von heidnischer Seite vorgeworfen, dass sie dabei vom Golde nicht rein blieben. Von christlicher Seite dagegen wird berichtet, dass die Tempelgeräthe zum Nutzen der Alexandrinischen Gemeinde verwandt wurden. Bei der Zerstörung der Tempel kamen nun alle die trüglichen Künste zum Vorschein, mit denen die heidnischen Priester das Volk betrogen hatten. Auch hieroglyphische Inschriften wurden gefunden und von den Christen zu ihren Gunsten gedeutet. Der Nilmesser wurde fortan in einer Kirche aufbewahrt. Und wie in Alexandrien, so wurden in Canopus, einer nicht minder heiligen Stadt, und überhaupt in Egypten die Tempel vollständig vom Erdboden vertilgt.

3. Theodosius in Constantinopel. Sein Hof. Der Sturz des Tatian und Proclus.

Der Kaiser hatte in einem fast dreijährigen Aufenthalt in Italien die kirchlichen und socialen Verhältnisse des Occidents geordnet. Valentinian war unter seiner Leitung allmählich zu der geistigen Reife herangewachsen und hatte sich diejenigen religiösen [1] wie

---

1) Das beweisen vier Verfügungen von Valentinian aus dem Jahre 391, von denen die erste (Cod. Th. XVI. 5, 20) am 20. Mai in Rom gegeben ist, oder, wenn man data für reddita nimmt, dorthin bestimmt war (data accipiendum). Liest man in diesem Dekret mit Gothofred urbibus vicinis, so verordnet es, dass die Haeretiker aus den Rom innerhalb der praefectura urbana (d. h. innerhalb eines Umkreises von 20 Meilen) benachbarten Orten vertrieben werden sollen. Liest man dagegen mit Hänel urbibus, vicis proturbari, so bestimmt es, dass sie überhaupt aus dem Erdkreise weichen sollen. — Die zweite ist vom 24. Febr. aus Mailand an Albinus Prf. Pr. (oder U. wie Gothof. emendirt) und gegen den Paganismus gerichtet. In diesem Gesetze (Cod. Th. XVI, 10 10) wird verboten, sich durch das Schlachten von Opferthieren zu besudeln, die Tempel zu besuchen und die „von Menschenhänden geform-

politischen Ansichten angeeignet, welche es ungefährlich erscheinen
liessen, ihm, wenn auch immer unter der oberen Lenkung des
Theodosius, sein Reich nunmehr allein anzuvertrauen. Bis Mitte
Juli verweilten beide Kaiser noch in Italien, zuletzt in Aquilija
sich aufhaltend. [2]) Dort trennten sie sich. Den Theodosius riefen
die Sorgen für sein eigenes Reich in den Orient. Hier hatte Ar-

---

ten Bildwerke" anzubeten. Wenn ein Provinzialstatthalter, der heidnischen Religion ergeben, irgendwo, sei es auf der Reise, sei es in einer
Stadt, einen Tempel betritt, so soll er 15 Pfund Gold sowohl selbst sofort
zahlen, als auch sein Dienstpersonal, wenn es ihm nicht entgegen getreten ist oder die Sache zur öffentlichen Kenntniss gebracht hat. Wir
erkennen übrigens aus dieser Verfügung, dass das Heidenthum unter
den hohen Staatsbeamten noch zahlreiche Anhänger zählte, und verstehen daher um so besser die überraschende Thatsache, dass später
bei der Erhebung des heidenfreundlichen Eugen zum Kaiser kein einziger
von ihnen sich derselben widersetzte. — Die dritte und vierte endlich
(Cod. Th. XVI. 7, 4 und 5) vom 11. Mai aus Concordia zeigen, wie sehr
auch Valentinian bereits den Geist der christlichen Intoleranz, der dieses
Zeitalter kennzeichnet, in sich aufgenommen hatte. Denn in jener beraubt er diejenigen Apostaten, welche bereits die Taufe empfangen
hatten, des Rechts, Zeugniss vor Gericht abzulegen, zu testiren (das
hatte ihnen auch Theodosius längst genommen, Cod. Th. XVI. 7, 1 u. 2)
und zu beerben. Ja, er würde sie ausser Landes gewiesen haben, „wenn
es nicht eine schwerere Strafe wäre versari inter hominis et hominum
carere suffragiis". Niemals dürfen sie in den alten Stand zurückkehren;
keine Reue soll ihnen nützen. — Die andere nimmt den Apostaten die
angeborenen wie übertragenen Ehren und belegt sie mit ewiger Infamie.
Denn (man beachte die fromme Verblasenheit!): Quid enim his cum hominibus potest esse commune, qui infandis et feralibus mentibus gratiam
communionis (der Taufe) exosi ab hominibus recesserunt?

    2) Marc. com. giebt durch die Consuln als Jahr der Rückkehr des
Theodosius 391 an. Näher Socr. V. 14: Theodosius kam am 10. Nov. in
Constantinopel an. Nach Cod. Th. XIII. 9, 4 war Theodosius bereits
am 18. Juli dort. Allein die Datirung dieses Gesetzes wie auch derjenigen
vom 28. Juli XII. 1, 123, vom 17. Sept. XI. 3, 5 kann nicht richtig sein.
Denn wenn man auch als das letzte der von Theodosius erlassenen Gesetze das vom 16. Juni aus Aquileja annimmt (XVI. 10, 11), so konnte
Theodosius, da er sein Heer bei sich und noch mit den Barbaren zu
kämpfen hatte, unmöglich bereits im Juli und schwerlich im September
in Constantinopel eintreffen. Ich halte desshalb für wahrscheinlich, dass
er mit Valentinian bis Mitte Juli zusammenblieb (XVI. 2, 2 ist vom
14. Juli aus Aquileja) und am 10. Nov. seinen Einzug in Constantinopel
hielt (ganz unrichtig chron. pasch., nach dem er bereits am 18. Februar
dort war) vgl. Sievers Stud. p. 319.

cadius die Verwaltung geleitet. Aber nur dem Namen nach, denn sein jugendliches Alter von 14 Jahren machte ihn noch nicht fähig dazu, selbstständig zu regieren. Er befand sich in Constantinopel in der Pflege seiner Stiefmutter Galla, der Schwester Valentinians. Die Leitung des Orients lag in den Händen des Tatian; und wenn dieser auch dem Theodosius als ein geeigneter Diener und tüchtiger Beamter galt, so wurde es doch Zeit, dass der Kaiser selbst wieder Hand anlegte und die in seiner Abwesenheit getroffenen Massregeln einer näheren Prüfung unterzog.

Zudem machte die Lage Macedoniens und Thessaliens die persönliche Anwesenheit des Kaisers nothwendig. Als nämlich Theodosius im Begriff war, gegen Maximus ins Feld zu ziehen, hatte dieser die im oströmischen Heere sehr zahlreich vertretenen Barbaren, hauptsächlich Gothen, die in Macedonien standen, zum Abfall durch Bestechung zu verleiten gesucht, und eine Verschwörung war wircklich im Schwange. Aber der Anschlag wurde noch rechtzeitig entdeckt. Die Barbaren von dem Nahen des Theodosius mit einem grossen Heere hörend und seine Rache fürchtend flohen erschreckt in die Sümpfe und Einöden Macedoniens. Sie wurden verfolgt, zum Theil niedergemacht, und Theodosius hatte damals seinen Marsch ruhig fortgesetzt.[3] Indess es war noch eine bedeutende Anzahl von ihnen übrig geblieben, die im Laufe der Zeit sich verstärkten und frei und offen dem Raube und der Plünderung in Macedonien und Thessalien oblagen. Nachts suchten sie die Felder heim, belagerten die Landstrassen, und eine allgemeine Unsicherheit trat ein. Eine Verfolgung führte zu keinem Resultat. Denn die verborgensten Schlupfwinkel in Wald und Sumpf entzogen sie dem Auge der Gerechtigkeit. Die Noth und Bedrängniss der Bewohner war in dem Masse gewachsen, dass Theodosius bereits am 1. Juli von Aquileja aus[4] ein Gesetz erliess, welches jedem Privatmanne gestattete, Waffen zu tragen und jeden Räuber ohne Weiteres niederzumachen. „Denn es sei besser zu rechter Zeit dem Unwesen entgegenzutreten, als dann erst, wenn man es habe wachsen lassen."

Als nun aber Theodosius selbst auf seinem Zuge nach Constantinopel Macedonien berührte und nach Thessalonich kam, da

---

3) Zos. IV. 45.
4) Cod. Th. IX. 14, 2.

war es seine erste Sorge, diesem gefährlichen Treiben für immer
ein Ende zu machen. Es galt vor allem die Schlupfwinkel der
Barbaren aufzufinden. Hatte Theodosius vor Kurzem seinen
Namen durch das Blutbad gehässig gemacht, so suchte er sich
nun die Liebe der Bewohner wiederzugewinnen dadurch, dass er
sich selbst kühn in die Gefahr begab und sein eignes Leben aufs
Spiel setzte. Denn verkleidet und nur von fünf Reitern begleitet
durchstreifte er das von den Räubern heimgesuchte Gebiet unter
mannigfachen Anstrengungen. Endlich gelang es ihm in der Hütte
einer alten Frau den Spion der Barbaren abzufangen und so den
Versteck derselben zu erfahren. Nunmehr war es ein leichtes,
den Räubern nahe zu kommen. Theodosius rückte mit seinem
in der Nähe lagernden Heere an ihre Schlupfwinkel heran, um-
zingelte sie, trieb sie aus den Sümpfen heraus, tödtete sie oder
liess sie im Wasser elendig umkommen. Doch war es ihm nicht
möglich alle zu erwischen.

Nach diesem heissen Gefechte gab der Kaiser der Bitte des
Timasius Gehör und gestattete den Truppen, die ungegessen in
den Kampf gegangen waren, sich zu lagern und für die weiteren
Strapazen zu stärken. Allein die siegesfreudigen Soldaten ver-
gassen bei ihrem Mahle die Mässigung [5]), und die Folge ihres Ge-
lages war, dass sie sorglos dem Schlafe in die Arme sanken.
Diesen Moment benutzten die wachsamen, noch übrig gebliebenen
Barbaren, überfielen die Schlafenden und richteten ein grosses
Blutbad unter ihnen an. Nur der Wachsamkeit einiger, welche
mässig gewesen waren, rettete den Kaiser. Sie setzten ihn von
der Gefahr in Kenntniss, und Theodosius war im Begriff zu fliehen.
Da aber kam zum Glück Promotus, dem der Kaiser vorher Befehl zum Nachrücken gegeben hatte, mit frischen Kräften den
Fliehenden entgegen. Er seinerseits machte sich nun an die noch
im Lager mordenden Barbaren und schlug sie so, dass nur äusserst
wenige entkamen. [5])

---

5) Zos. IV. 48 und 49 einzige Quelle. Vgl. v. Wietersh. IV. p. 141
und 142. Die Erörterung bei Müller I. p. 11 u. f. zeigt, dass die Ueber-
rumpelung der Barbaren sehr wohl möglich war und nicht bloss ein
Hieb des Zos. auf die Disciplin des Theodosius ist. Vgl. besonders
Veget. I. 21, der in Bezug auf die Zeit sagt: sed hujus rei (des befes-
tigten Lagers) scientia prorsus intercidit.

Diese schweren Kämpfe[6]) waren die Veranlassung, wesshalb der Kaiser erst am 10. November seinen feierlichen Einzug in Constantinopel halten konnte. Er zog ein mit Honorius durch das „goldene Thor"[7]), welches er zum Andenken an die Besiegung des Maximus hatte erbauen lassen. Nach den Anstrengungen des letzten grossen Krieges, dem fortwährenden Umherziehen in Italien und den Strapazen, welche die Vernichtung der Räuber in Macedonien ihm bereitet, musste sich Theodosius doppelt glücklich fühlen, wieder in seiner alten Residenz zu sein und der Hoffnung auf ruhigere Tage sich hingeben zu können. Eine Reihe von Festen wurden in der Hauptstadt zu Ehren des wieder anwesenden Kaisers veranstaltet[8]) und gaben hämischen Neidern seines Ruhmes und Andersgläubigen Gelegenheit, seinen Hang zur Schlaffheit und Schwelgerei neu aufzumutzen. Aber wenn Theodosius gehofft hatte, wenigstens die nächste Zeit der Erholung widmen zu können, so machten Intriguen und Vergehen an seinem Hofe ihm neue Unruhe und Verlegenheit.

Christliche wie heidnische Verehrer des Kaisers rechneten es ihm zu hohem Ruhme an, dass er ohne auf das Bekenntniss zu achten die fähigsten Köpfe zur Verwaltung der höchsten militärischen und civilen Aemter heranzog.[9]) Seine principielle Bevorzugung der Germanen war nicht ohne Grund. Denn gerade unter diesen fand er seine tüchtigsten Generale. So war seine

---

6) Man kann hierher beziehen Claud. VI. cons. H. 107:
　　Thracum venientem finibus alter (Alarich)
　　Hebri clausit aquis,
trotzdem Richter De Stilichone et Rufino Diss. Hal. 1860 p. 44 und 45 Note 47 wahrscheinlich zu machen sucht, dass dieses Ereigniss ins Jahr 386 zu setzen ist. Dadurch würde die späte Ankunft des Theodosius noch eine weitere Erklärung finden. Das „tot Augustos fugavi" des Alarich De bello Get. v. 524 hat hier ebenfalls Geltung, da Honorius bei Theodosius war.

7) Corp. Inscr. Lat. III. 1, 735. Es trug die Inschrift:
　　Haec loca Theudosius decorat post fata tyranni
　　Aurea saecla gerit qui portam construit auro.
Der Tyrann kann nur Maximus sein, da Theodosius nach dem Tode des Eugenius selbst bald starb.

8) Denn weiter wird es nichts sein, was den Zos. IV. 50 zur Verdächtigung des Charakters des Theodosius treibt.

9) Prud. contra Symm. I. 617 u. f. Liban. am Schluss der Rede ὑπὲρ τῶν ἱερῶν.

nächste Umgebung aus Männern der verschiedensten Nationalität [10]
und des Glaubens zusammengesetzt. Leider aber hatte Theodosius, trotzdem er als Privatmann hinreichend die Bestechlichkeit
und Verworfenheit der Beamtenwelt kennen gelernt hatte, im
Glanze seines Thrones es allmählich verlernt, mit derselben Schärfe
wie im Beginne seiner Regierung das edle Metall vom falschen zu
unterscheiden. So konnte es kommen, dass auch unedle Elemente
sich zu Ansehen und Rang an seinem Hofe emporschwangen.

Zu seinen verdientesten Generalen gehörte der Franke
Richomer. Seit 379 stand er in den Diensten des Theodosius,
bis dahin in denen Gratians. Er zeichnete sich in den nächsten
Jahren so aus, dass der Kaiser ihn 384 durch das Consulat ehrte.
Richomer war ein eifriger Verehrer der Götter und der helleni-
schen Bildung, stand mit Libanius in engen Beziehungen. Auch
Symmachus rühmte sich seiner Freundschaft, aber Richomer scheint
ihn wie viele andere entweder gar nicht oder nur selten einer
Antwort gewürdigt zu haben. — Nicht minder als Richomer hatte
sich Promot den Kaiser verpflichtet. 386 besiegte er die Greo-
thungen, im Kriege mit Maximus befehligte er die Reiterei und
jetzt eben hatte er Theodosius und sein Heer dem Verderben
entrissen. Er stand dem Kaiser sehr nahe, denn seine beiden
Söhne wurden mit den kaiserlichen Prinzen zusammen erzogen. [11]
Er war mit der Zeit reich geworden, seine Treue aber gegen
Theodosius war tadellos. [12] Auch ihn zählte Libanius zu seinen
Freunden. Er rühmt ihn als Hasser der „Tyrannis“ und der
„Hybris,“ als Patrioten und Schützer des Gesetzes. [13] Symmachus
weiss seine Tugend und sein liebenswürdiges Benehmen nicht
genug zu preisen. Nach seinen Briefen erscheint Promot als eine
Art Mäcen für Redner und Gelehrte. [14] — Von Timasius wird
ausdrücklich bezeugt, dass er ein Römer war. [15] Auch er be-
kleidete hohe Posten in der Armee. Auf dem Zuge gegen Maxi-

---

10) Auch übergetretene Perser dienten im Heere des Theodosius.
Vgl. Sievers, Leb. d. Lib. p. 149 Anm. 88.

11) Zos. V. 3.

12) ib. IV. 51.

13) ep. 786.

14) ep. III. 74—80 sind an Promot gerichtet, vgl. II. 16. Richter d.
W. Rch. p. 653.

15) Joh. Ant. Frg. 187.

mus befehligte er die Infanterie, 389 war er mit Promot zusammen Consul und wurde später noch höher befördert. Er hatte schon unter Valens gedient und war ein leidenschaftlicher Soldat. Ehre, Ruhm, Reichthum erschienen ihm als das erstrebenswertheste auf Erden. Stolz und gar Uebermuth werden ihm nachgesagt und ein Hang zum Trunke. [16])

Aber mehr als diese Generale war der Vandale Stilicho [17]) durch seine eigene Befähigung und seine nahen Beziehungen zur Kaiserlichen Familie berufen, in die Geschicke des Reichs einzugreifen. Etwa 360 geboren folgte er dem Berufe seines Vaters, der unter dem Kaiser Valens einige Reiterschwadronen nicht unrühmlich geführt hatte. Schon als gemeiner Soldat erregte er durch sein festes, gerades Auftreten, seine stolze hohe Gestalt, seinen ruhigen Blick Aufsehen. Noch ziemlich jung wurde ihm eine Gesandtschaft nach Persien anvertraut [18]), wo der schöne Germane wohl mehr durch seine körperlichen Fähigkeiten sich Achtung errang, als durch seine diplomatischen Künste. Seit 385 gehörte er zu den Feldherrn des Theodosius. [19]) Die Kriege mit den Gothen gaben ihm hinreichende Gelegenheit sich auszuzeichnen. Seine Kühnheit und Tapferkeit gepaart mit Ruhe und Besonnenheit lenkte das Auge des Kaisers auf ihn. Dieser mit richtigem Blick die einstige Bedeutung des Mannes erkennend suchte ihn durch ein besonders enges Band seinem Hause verbindlich zu machen und an ihm demselben eine mächtige Stütze zu gewinnen. Er gab ihm nämlich Serena, die jüngere Tochter seines verstorbenen Bruders, die er adoptirt hatte, zur Frau. Ihre häuslichen Tugenden und ihre Klugheit weiss ein Zeitgenosse nicht mehr zu ehren, als dass er sie über Penelope und Tanaquil stellt. Es war eine grosse Auszeichnung, die dem Stilicho zu Theil wurde. Denn Serena war mit Theodosius sehr vertraut, sie allein besass

16) Frg. 70 des Eunap.

17) Richter diss. cap. 11. Für die Bemerkungen über Stil. ist Hauptquelle Claud. in Ruf. I. und II. De nupt. H. et M. De laud. Stil. I. und II. Laus Ser. vgl. Eun. Frg. 53. Zos. V. 34. Soz. VIII. 28. Symm. ep. IV, 1—14 sind an Stil. gerichtet. Olymp. 2. Orelli 1133 und 1134.

18) Doch ist das bezweifelt worden, weil er vix primaevus, wie ihn Claud. de laud. St. I. 51 bei dieser Gelegenheit nennt, Vorsteher der Gesandtschaft nicht gut sein konnte. Vgl. Sievers Stud. p. 330. Joh. Laur. Lyd. de mag. III. 52 und 53.

19) Zos. V. 34.

den Muth und die Kraft, dem Kaiser, wenn er im Zorn war, entgegenzutreten und durch ihre Rede zu besänftigen. Ihre Ehe
war mit 3 Kindern gesegnet, von denen zwei Töchter später durch
Vermählung mit Honorius auf den kaiserlichen Thron erhoben
wurden. Unter diesen Verhältnissen hätte man erwarten sollen,
dass gerade Stilicho dem Kaiser am nächsten gestanden und sein
erster Rathgeber gewesen sei. Indess einmal war Stilicho nur
selten in Constantinopel und gewöhnlich im Felde, andererseits
mochte ihm die Gewandtheit der Rede und ein einschmeichelndes
Wesen abgehen. Denn zumal in dieser Zeit hatte ein Anderer
sich in die höchste Gunst des Kaisers zu setzen gewusst.

Rufin [20]) war ein Gallier aus Elusa in Aquitanien. Wollte
man dem Hofdichter des Honorius und dem Schützling des Stilicho
glauben, so war Rufin eines der verworfensten Individuen, welches
die Menschheit je erzeugt hat. Dann war er von den Furien
selbst herangebildet, um die Ordnung, Ruhe, Glückseligkeit, welche unter Theodosius Regierung im Reiche herrschten, zu unter-
graben. Allein, was uns sonst von ihm überliefert ist, zeigt, dass
diese Schilderung von der Parteilichkeit dictirt und desshalb übertrieben ist. Er besass allerdings die Gabe der Verstellung und
Verschlagenheit, galt für habsüchtig und grausam. [21]) Aber gerade
das letztere wird auch von Stilicho berichtet. Dazu hatte Rufin
ein angenehmes Aeussere, eine männlich schlanke Gestalt, und
ein lebhaftes Feuer glühte in seinen Augen. Mit Hülfe solcher
Eigenschaften war es ihm gelungen, sich von Stufe zu Stufe em-
porzuarbeiten bis zu den höchsten Stellen der Verwaltung. 390
erschien er als magister officiorum und soll damals den Kaiser zu
jenem strengen Vorgehen gegen Thessalonich veranlasst haben.
Aeussere wie innere Vorzüge machten ihn bei Theodosius beliebt,
und so kam der Kaiser bald dahin, ihm in Allem zu vertrauen.

Aber wie es an Höfen gewöhnlich der Fall ist, dass die

---

20) Richter diss. cap. I. Claud. in Ruf. I. und II. Symm. ep. III.
81—90 sind an ihn gerichtet., vgl. VI 14. Er war Christ. Soz. VIII. 17. —
Theod. V. 18 Phil. XI. 3. Mit Lib. war er sehr bekannt. Vgl. ep. 445,
900, 972, 981, 1025, 1026b, 1029, 1328. Ambrosius nennt ihn 392 Freund
ep. 52.

21) Eun. Frg. 63. 68 Joh. Ant. Frg. 188. Cod. Th. IV. 42, 14 vgl.
Edm. Vogt, Progr. des kath. Gymnas. a. d. Apostelkirche zu Cöln 1870
p. 12, 21.

Gunst und das Vertrauen der Herrscher das Ziel der Hofleute
ist und um diese als um die höchsten irdischen Güter mit Auf-
bietung aller Mittel gekämpft wird — das grössere Vertrauen,
das Theodosius fortan dem Rufin schenkte, erbitterte diejenigen,
auf deren Rath Theodosius bisher am meisten gehört hatte, auf
das heftigste: Timasius und Promot. Hass erzeugt Hass, und so
bedurfte es nur eines geringen Anlasses, um die längst vorhandene
Feindschaft in hellen Flammen emporlodern zu lassen. In einer
gemeinsamen Rathsversammlung [22] liess sich Rufin absichtlich
oder gereizt ein etwas ausfallendes Wort gegen Promot entschlüpfen.
Promot, bei dem der lange verhaltene Groll bei dieser Gelegenheit
zum Ausbruch kam, gab ihm eine Ohrfeige. Rufin eilte sofort
zum Kaiser, und indem er ihm die erfahrene Beleidigung mittheilte,
entzündete er das leicht erregbare Gemüth desselben zu solchem
Zorn, dass er dem Timasius und Promot erklärte, wenn sie nicht
ihren Neid und Hass gegen Rufin fahren liessen, sollten sie ihn
bald als Herrscher kennen lernen. Rufin, der den Character des
Kaisers hinlänglich studirt hatte, schürte das einmal entflammte
Feuer weiter und liess nicht eher nach, als bis Theodosius den
Promot vom Hofe verbannte und in Thracien mit einer Abtheilung
Soldaten Uebungen abzuhalten befahl. Die Barbaren diesseits
und jenseits des Ister bedurften nur eines Winkes, um das römische Gebiet von neuem zu verheeren. Man muss es nun unentschieden lassen, ob die geringe Anzahl der Mannschaft des Promot sie lockte oder Rufin ihnen im Geheimen einen Anstoss gab.
Genug, Promot wurde von den Bastarnen überfallen, und eines
Tages überrachte die Hauptstadt die Kunde, dass einer der bedeutendsten Generale des Kaisers durch Barbarenhände sein Leben
verloren habe. Allgemein nannte man den Rufin, der für 392
zum Consul ernannt worden war, den Mörder. [23]

---

22) Zos. IV. 51 berichtet allein diesen Vorfall.

23) Der Tod des Promot fällt ins Jahr 391, da Zos. IV. 52 nach
dem Bericht darüber sagt, Rufin sei zum Consul ernannt. Mit Recht
macht Edm. Vogt De Cl. Claudiani carminum quae Stiliconem praedicant
fide historica. Diss. Bonn. 1863 p. 12 und Progr. d. kath. Gymnas. a. d.
Apostelkirche zu Cöln, 1870 p. 22, darauf aufmerksam, dass Claud., der
doch sonst dem Rufin alle Schandthaten vorzuwerfen sich Mühe giebt,
ihm nicht den Tod des Promot zuschiebt. — Zos. zeigt in seiner Darstellung nur die Absicht, den Kaiser zum Mitschuldigen zu machen.
Vgl. besonders den Schluss c. 57 und Anf. c. 52. Das Gerücht, dass

Aber Promot hatte ebenfalls seine Freunde am Hofe gehabt, zu denen vor allen Stilicho gehörte. Er drang so lange in den Kaiser, bis es ihm gestattet wurde, den Tod des Promot an den Barbaren zu rächen.[24] Diese waren in Folge ihres Sieges über Promot an Zahl gewaltig gewachsen und durchstreiften übermüthig und plündernd Thracien. Stilicho brachte ihnen eine Niederlage bei und schloss den Rest an dem Ister mit Wall und Graben ein. Nun aber erhoben sich im ganzen nördlichen Thracien gemischt Alanen, Chunnen, Sarmaten, Gothen, um den Bastarnen Hülfe zu bringen. Trotzdem war Stilicho bereits im Begriff auch diese zu vernichten, da kam ein Befehl vom Kaiser, der die Feindseligkeiten verbot und Unterhandlungen anzuknüpfen gebot. Inzwischen nämlich hatte Rufin aus Furcht, Stilicho könne durch seine Siege zu mächtig werden und ihn aus der Gunst des Kaisers verdrängen, den überdies gern zur Schonung germanischer Völkerschaften geneigten Kaiser überredet, dass ein gütlicher Vergleich mit den Barbaren dem Reiche viel mehr Nutzen und Ruhe bringe als eine augenblickliche Vernichtung. Somit hatte die Schlauheit des Rufin die Tapferkeit des Stilicho besiegt. Aber wie seit der Ermordung des Promot, so wuchs besonders seit dieser Zeit der Hass zwischen beiden, der späterhin für das Reich zu so unheilvollen Ereignissen führte.

Noch immer bekleidete Rufin (392) die wenig einflussreiche Stellung eines magister officiorum. Zwar war er in diesem Jahre von Theodosius durch das Consulat geehrt. Aber diese Ehre war nur eine vorübergehende und gewährte keinerlei Macht. Sein Sinn stand vielmehr zunächst dahin, das höchste Civilamt, das

---

Rufin an dem Tode des Promot Schuld sei, konnte nach dem Vorangegangenen sehr leicht entstehen. Vgl. v. Wietersheim IV. p. 142 und 143.

24) Vgl. Richter diss. p. 13 und 14. Dort finden sich die Belege. Es sind dies wahrscheinlich die Ereignisse, von denen Sulpitius Alex. IV. redet, wo er die Ermordung Valentinians berichtet. Doch hat Richter sich nicht darüber ausgesprochen, wie er sich zu Claud. Lib. I. in Ruf. 305 und f. stellt; Claud. schiebt in diesen Versen dem Rufin offenbar die Absicht unter, sich mit Hülfe der Barbaren zum Tyrannen aufzuwerfen. Hierin geht er aber entschieden zu weit, da Theodosius nach der Besiegung des Maximus mehr als je auf die Treue seiner Soldaten rechnen konnte, die Zeit also für ein derartiges Unternehmen höchst ungünstig war.

des praefectus praetorio des Orients in seine Haud zu bringen. In dieser Stellung war er dem Kaiser an Bedeutung und Gewalt am nächsten. Und das Glück war ihm darin günstig, dass die Amtsverwaltung des bisherigen Präfecten mancherlei Handhabe zu einer Anklage und zum Sturze bot.

Es war Tatian [25]). Dieser hatte bereits unter Valens Aemter inne gehabt: Er war 367 praefectus augustalis von Egypten, 374 comes Sacrarum Largitionum, später comes orientis gewesen. Auch sein Sohn Proclus hatte nach ihm diese Würde bekleidet. Aber beider Amtsführung wird von Libanius mit Nichten gerühmt. Proclus war sogar genöthigt worden, sein Amt niederzulegen, und als er die Provinz verliess, da schien es dem Libanius, „als ob die Seelen der von ihm Hingemordeten ihn wie bellende Hunde verfolgten." Ihm wie auch Tatian warf Libanius vor, den Dekurionen Schläge, die den Tod herbeiführten, ertheilt zu haben. Aber weder des Libanius Lob noch sein Tadel darf als historisch glaubwürdig hingenommen werden. Denn wenigstens was Proclus anbetrifft, so hatte er persönlich den Sophisten gegen sich aufgebracht, und andererseits beurtheilte der wetterwendische Redner ganz anders und umgekehrt die gescholtenen, als sie zu neuem Ansehen gelangt waren. Ebenso wenig darf man aber dem Lobe eines anderen Berichtes trauen, das aus dem Munde eines eifrigen Götteranbeters kommt, der natürlich auf Heiden, welche Tatian und Proclus waren, nichts kommen lässt [26]). Nach ihm hätten sie ihr Amt ganz unbestechlich und tadellos geführt. Dass aber ihre Amtsverwaltung keine so himmelschreiende war, geht aus der Thatsache hervor, dass Theodosius den Tatian, als er nach dem Tode des Cynegius sich nach einem geeigneten Nachfolger umsah, zum praefectus praetorio ernannte. Am 16 Juni 388 erscheint er zuerst in seiner neuen Würde [27]). Die Gunst, die der Vater bei Theodosius genoss, war die Veranlassung, dass auch Proclus wieder zu Gnaden angenommen wurde. Er wurde zum praefectus urbi von Constantinopel ernannt und erscheint als solcher zuerst am 23. Januar 389 [28]). Sie waren während der

25) Vgl. Sievers, Leb. d. Lib. Beil. AA. ferner p. 156 u. f. Vogt Diss. pag. 53.
26) Zos. IV. 45.
27) Cod. Th. XVI. 6, 2.
28) ibid. IV. 4, 2.

dreijährigen Abwesenheit des Theodosius ohne Aufsicht gewesen und mochten diese Gelegenheit benutzt haben, durch eine laxere und willkürliche Amtsverwaltung mehr für ihre eigene Kasse als für das Wohl der Unterthanen zu sorgen. Freilich wollte man jetzt den Libanius hören, so hatten sie sich, seitdem er seine letzten Reden gegen sie gehalten, merkwürdig verwandelt. Jetzt weiss er in seinen Briefen nur rühmliches von ihnen zu berichten: Unter Tatians Präfectur beginnt der Rath in Antiochia wieder aufzuathmen, Tatian hört nicht auf, diese Stadt mit Gebäuden zu schmücken, die Provincialen glücklich zu machen und Niemand zu schädigen ist sein Ziel, das er durch die Wahl trefflicher Beamten zu erreichen trachtet. Nicht minder schmeichelt er dem Proclus als einem Manne, der da versteht, „die grossen Städte zu heben und zu erhalten"[29]). Indess trotz Libanius stellt sich die Wahrheit doch so heraus: die Hände des Tatian blieben bei den Proscriptionen nicht rein, und Verurtheilungen Unschuldiger erfolgten. Gewiss ist ferner, dass er in der Erhaltung der Thermen zu Antiochia eine Aenderung herbeiführte und dass er zum Schaden des Staatssäckels der Bauwuth ergeben war[30]). Proclus hatte sich vieles bei der Ernennung der Prätoren, bei der Besteuerung der senatorischen Besitzungen, beim Uebertritt der Dekurionen in den grossen Senat (in Constantinopel) zu Schulden kommen lassen.[31])

---

29) ep. 770, 771, 790, 791, 793, 824, 871, 1041, 1046, 1129.

30) An die Schuld des Tatian und Proclus zu glauben, bestimmen mich zwei Gründe: 1) auf Zos. Urtheil als eines Glaubensgenossen ist nichts zu geben; 2) Claudian würde, wenn sie wirklich so unschuldig waren, nicht blosse Andeutungen gemacht haben, wie er es thut in Ruf. I. v. 232 u. f.

31) Cod. Th. IV. 42, 12 und 13. XI. 1, 23. In diesen 3 Gesetzen muss übrigens überall Januar statt Juni in der Datirung gesetzt werden, weil sie viel allgemeineren Inhalts sind als die anderen, welche Tatians Massnahmen aufheben und (nach ihrem Wortlaut) das gen Himmel schreiende Unglück, das Tatian über viele Familien gebracht haben soll, beseitigen wollen. Cf. d. Comm. des Gothofr. und Hänels Noten. — Die sieben auf Tatian und Proclus bezüglichen Gesetze vom 27. Febr. 392 sind mehr specieller Natur I. 1, 3, VI. 3, 1, VI. 4, 26, XII. 1, 130 und 131, XV. 1, 29 und 30 (vgl. zu diesen beiden letzten Lib. ep. 1041). Ueber die Frage, an wen sie gerichtet waren, vgl. Goth. zu XII. 1, 131. — Ambr. ep. 52 ad Titianum kann nicht an Tat. geschrieben sein, denn da Rufin den Tatian stürzte und Ambr. das wusste, konnte

Somit boten sich in ihrer Amtsführung einem gewiegten und schlauen Manne, der mit der Miene des Bedauerns und der Wahrheit zu übertreiben verstand, starke Punkte dar, welche eine Anklage möglich machten. Rufin aber war ganz der Mann dazu. Das nächste war, dass Tatian sein Amt niederlegte [32]) und vor Gericht gezogen wurde. Und noch während die Verhandlungen schwebten, wurde der Ankläger Tatians bereits zu seinem Nachfolger ernannt. Ja, was am meisten zeigt, wie sehr Theodosius dem ersten Anstoss des Zornes zu folgen pflegte und wie sehr sein früher so scharfer Blick für Menschenwerth getrübt war, Rufin war, wenn auch noch andere bestellt wurden, selbst Richter und hatte das Urtheil damit in der Hand. Wie einstmals die Gunst des Vaters den Sohn hob, so wäre es unausbleiblich gewesen, dass die Anklage des Tatian auch die des Proclus nach sich zog. Allein Proclus, der dies voraussah, floh noch zu rechter Zeit. [32]) Das aber war dem Rufin höchst unangenehm, denn er kannte die Thatkraft und den Unternehmungsgeist des Mannes und musste fürchten, dass dieser die Zeit abwartete, bis Theodosius Zorn verraucht sei, den Kaiser milder stimmte und die ganze Angelegenheit in anderem Lichte darstellen werde. Da galt es, ihn um jeden Preis unschädlich zu machen, desshalb wandte er sich an den Tatian, suchte ihm auseinander zu setzen, dass Proclus völlig grundlos geflohen sei und versicherte ihm hoch und theuer, dass ihm nichts geschehen solle, er möge nur wiederkommen. [33])

So brachte er es wirklich dahin, dass Tatian einen Brief an Proclus absandte, in dem er ihn von den guten Aussichten in Kenntniss setzte und einlud zurückzukehren. Proclus folgte dem Rufe. Kaum aber hatte er sich sehen lassen, so wurde er ins Gefängniss geworfen. Nach zahlreichen Sitzungen erfolgte die

er unmöglich an den gestürzten Tatian schreiben: Quam gaudeo vel illi ut amico quia honore auctus, invidia levatus est, vel tibi ut filio. Vgl. Till. V Note 49 sur Th.

32) Zos. IV. 52. Er erscheint zuletzt in seinem Amte 30. Juni 392. Cod. Th. XII. 1, 127. Rufin zuerst 26. Aug. VIII. 6, 2. Proclus zuletzt 25. Juni XIV. 17, 10.

33) Zos. IV. 52 folgt hier dem Eunap., wie das Frg. 59 zeigt. Beide berichten ausserdem, dass auch der Kaiser dem Tatian die grössten Ehren und Vergessenheit des Geschehenen versprach. Aber es scheint mir unmöglich, dass der edle Charakter des Theodosius sich zu einer so niedrigen Handlungsweise hätte hinreissen lassen.

Verurtheilung beider: Tatian kam mit der gelinderen Strafe davon; er wurde nach Lycien, seinem Vaterlande, verbannt. Proclus dagegen wurde zum Tode verurtheilt. Doch Blut wollte Theodosius nicht fliessen sehen. Als er das Urtheil vernommen hatte, schickte er sofort einen Boten ab, die Begnadigung zu überbringen. Aber dieser wurde von Rufin bestochen und kam so erst an, als die Hinrichtung bereits vollzogen war, die überhaupt absichtlich sogleich nach dem Richterspruch mit der grössten Eile ausgeführt zu sein scheint. Das geschah in der Vorstadt Sycae in Constantinopel am 6. Dec. 392. [34])

Nun konnte Rufin sich ruhig dem Genusse seiner Stellung hingeben. Auf sein Betreiben erfolgte im Laufe des folgenden Jahres eine ganze Reihe allgemeiner und specieller Bestimmungen, welche das Verfahren des Tatian und Proclus geisseln und in besonders gesuchten Ausdrücken der von ihnen wie es hiess verletzten Humanität Rechnung tragen sollen. Nach diesen Ver- fügungen allerdings hätte Tatian unverantwortlich gewirthschaftet und mit der grössten Grausamkeit Proscriptionen und Superin- dictionen verhängt. Und so wird auch Rufin dem Kaiser die Amtsthätigkeit seines Vorgängers geschildert haben. Denn sonst lässt sich nicht verstehen, wie Theodosius die Bestrafung der beiden Männer so weit ausdehnen konnte, dass auch ihr Vaterland Lycien für „infam" erklärt, alle Lycier ihrer Aemter und Würden beraubt, der öffentlichen Schmähung und Verachtung ausgesetzt wurden. [35]) Erst als Tatian sein Leben in Gram und Ehrlosigkeit nach einigen Jahren [36]) geendet hatte und Rufin gestürzt war, hob

34) Dieses Datum bringt das chron. pasch., aber um ein Jahr zu spät. Vgl. Clint. F. Rom. I. p. 526. Joh. Hermann Ney Vindiciae Claud. Diss. Marburg 1865 p. 16.

35) Cod. Th. IX. 38, 9. Pagi crit. in ann. Bar. hat die Vermuthung aufgestellt, dass in diesem Gesetz nicht von dem praef. praet. Tatian, sondern von einem gelehrten Lycier desselben Namens die Rede sei. Goth. dagegen und Till. ihm folgend, glauben, dass Tatian hier gemeint sei. Ich schliesse mich ihnen an, indem mir diese harte Bestrafung nicht auffälliger erscheint als das Blutbad von Thessalonich. Die frag- liche Stelle des Gesetzes lautet: Nec unius viri illustris Tatiani tantum valuerit temporalis offensio taeterrimi judicis inimici, ut adhuc macula in Lycios perseveret, vgl. dazu Sievers Leb. des Lib. Beil. AA. Dass Ruf. Richter des Tatian war, deutet auch Claud. in Ruf. I. 238 an. Vgl. Corp. I. L. III. 1, 737.

36) Cod. Th. IX. 38, 9. Aster. hom. in fest. Kal. am Ende.

Arcadius jene grausame Bestimmung wieder auf, eine Bestimmung, die sich nur dem Blutbad von Thessalonich würdig an die Seite stellen lässt.

---

4. Die Ermordung des Valentinian und die Tyrannis des Eugenius.

Mitte Juli 391 hatte sich Valentinian von Theodosius getrennt und war nach Gallien gegangen, um selbstständig fortan den Westen zu beherrschen. Er hatte sich inzwischen vollkommen von dem Einfluss der arianischen Lehre losgemacht. Das war das Verdienst des Theodosius.[1] Denn schon damals, als Valentinian auf der Flucht vor Maximus war, hatte er ihm einen Brief geschrieben, in dem er ihm vorhielt, sein Loos sei nicht wunderbar, da er die „Frömmigkeit" bekämpfe, welche Maximus beschütze, und als er dann in Thessalonich mit ihm zusammen gekommen war, hatte er zuerst seine Sorge der Seele des Valentinian zugewandt und die Krankheit der Gottlosigkeit daraus vertrieben.[2] Seitdem hatte Valentinian fortwährend in der Umgebung des Theodosius gelebt und da dieser sich Monate lang in Mailand aufhielt, wird der hl. Ambrosius nicht verfehlt haben, den letzten Rest von Ketzerei aus der Brust des jungen Kaisers zu vertreiben. Valentinian fasste allmählich eine so grosse Zuneigung zu ihm, „dass er ihn, den er vorher verfolgte, liebte, den er vorher als Feind zurückstiess, jetzt als Vater betrachtete."[3]

Und in der That bewies Valentinian bald, dass er ein ebenso eifriger Nicäner geworden sei wie Theodosius. Denn er war noch nicht lange in Gallien, da erschien wiederum eine Gesandtschaft des Senats mit der alten Bitte um Erneuerung des heidnischen Cults. Aber Valentinian, der schon in jüngeren Jahren mit Daniels Geiste ein solches Ansinnen von sich abgewiesen hatte, schlug auch diesmal die Bitte ab.[4]

---

1) Ambr. ep. 53.
2) Theod. V. 15.
3) Ambr. ep. 53.
4) ep. 57. Paul. vita Ambr. 26 wirft die Gesandtschaft mit der vom Jahre 384 zusammen.

Wenn Theodosius nunmehr dem Valentinian das Reich allein anvertraut hatte, so war das einmal wegen der veränderten religiösen Gesinnung desselben geschehen, ausserdem aber glaubte er ihm in Arbogast, einem seiner tüchtigsten Generale, eine treffliche Stütze gegeben zu haben. Arbogast[5]) war ein Franke von Geburt. Er hatte bereits unter Gratian nach Bautho die nächste Stelle im Armeebefehl eingenommen. Klugheit im Kriege zeichnete ihn aus, ein kühner, energischer Geist beseelte ihn, wie flammendes Feuer erschien er den Römern, und was ihn besonders bei den Soldaten beliebt machte und von den Heiden gerühmt wird, er hasste die Bestechlichkeit und machte sich die strengste Uneigennützigkeit zum Princip. Nur das Rauhe und Eckige in seinem Wesen verrieth seine barbarische Abkunft.

Er war, wie wir wissen, nach der Besiegung des Maximus nach Gallien geschickt worden, um es in Besitz zu nehmen. Er hatte diese Aufgabe mit Glück gelöst, ohne Blutvergiessen die Provinz eingenommen. In der Abwesenheit des Valentinian hatte er die oberste Leitung des Kriegswesens inne gehabt und mit den Franken die alten Verträge erneuert. Nun kam Valentinian selbst ins Reich. Trotz des langen und vertrauten Verkehrs mit Theodosius hatte er sich doch eine Maxime desselben nicht zur Richtschnur genommen: Theodosius bevorzugte die Germanen, Valentinian liebte die Römer. Daher wollte er den Arbogast in seiner Oberbefehlshaberstelle, welche er sicherlich verdient und factisch bereits bekleidet hatte, nicht bestätigen. [6]) Doch Arbogast, der da wusste, dass er das ganze Heer, so weit es aus Germanen bestand, hinter sich habe, wich nicht aus seiner Stellung und zwang den Kaiser zur Nachgiebigkeit. Desshalb war von vornherein Misstrauen und Feindschaft zwischen beiden.

Valentinian fuhr fort die Römer zu begünstigen; sie bildeten seine Rathgeber und trachteten sicherlich im Geheimen danach,

---

5) Claud. III. c. H. 66. IV. c. H. 74. Zos. IV. 33 und 53, 54, 55 (Quellenübersicht p. 9. Anmerk. 20). Eun. Frg. 53. Socr. V. 25. Phil. X. 8. XI. 2. Paul. vita A. 30. Ambr. ep. 61. Oros. VII. 35. Marc. Com. unter dem Consulat des Arcadius und Rufinus hat den Orosius wörtlich abgeschrieben. Vgl. Neues Arch. f. a. d. Gsch. 1877 II. p. 57. Joh. Ant. Frg. 187.

6) Für das Folgende sind Quelle Zos. IV. 52 und Joh. Ant. Frg. 187. vgl. v. Wietersh. IV. p. 143 und 144.

wie sie den Kaiser von einem so lästigen Diener befreien könnten. Arbogast andererseits merkte ihre Absicht und suchte ihr dadurch zu begegnen, dass er alle Mühe aufwandte, seine Hauptfeinde aus dem Wege zu räumen. Es gelang ihm. Den Taurus, der früher Consul gewesen, trieb er zum Selbstmord, sein Sohn Harmonius wurde unter dem Purpurmantel des Kaisers, zu dem er hülfesuchend geflohen war, gemordet. In solcher Weise fuhr Arbogast fort, die kaiserliche Autorität mit Füssen zu treten. Er wusste, dass das Heer an ihm hing und dass er sich auf dasselbe verlassen könne. So schaltete und waltete er nach Belieben, ohne auf den Kaiser Rücksicht zu nehmen, bis dieser die Klugheit vergessend sich zu einem Schritte hinreissen liess, welcher das gespannte Verhältniss ganz offenkundig machen und endlich sein eignes Verderben herbeiführen musste. Denn vor versammeltem Consistorium überreichte ihm Valentinian finsteren Angesichtes seine Entlassung. Als aber Arbogast das Dekret gelesen, fuhr er „wie ein Löwe" auf: „Du hast mir das Amt nicht gegeben, rief er dem Kaiser zu, du wirst es mir auch nicht nehmen können." Mit diesen Worten zerriss er die Verfügung, warf sie auf den Boden und verliess die Hand am Schwertgriff klirrend den Saal. Vielleicht war es auch bei dieser Gelegenheit, dass Valentinian in heftigem Zorn entbrennend einem Trabanten das Schwert entriss und den Arbogast tödten wollte. [7] Der Trabant aber hinderte ihn daran, und später behauptete Valentinian, er habe sich selbst tödten wollen, weil er, obwohl Kaiser, nichts von dem, was er wolle, thun könne. Seitdem aber dachte natürlich jeder von beiden, wie er den andern verderbe.

Arbogast hatte die Macht in den Händen. Er begann eine Verschwörung gegen das Leben und die Herrschaft des Valentinian anzuzetteln, zu der er, da er auf das Heer fusste, die übrigen höheren Beamten leicht überredete, und er sah sich bereits nach einem geeigneten Mann um, den er an die Stelle Valentinians auf den Thron erheben könne. Valentinian war in seinem Palaste zu Vienne wie abgeschlossen von der Welt und in die Lage eines Privatmannes versetzt. Die Sorge für das Militairwesen wurde Franken anvertraut. Auch die Civilbehörden fielen vom Kaiser ab, und es wurde Keiner unter ihnen gefunden, der sich durch seinen Diensteid verpflichtet fühlte oder gewagt hätte, mit dem Kaiser

---

7) Phil. XI. 1. vgl. Ruf. II. 31. Soz. VII. 22.

sich in ein Gespräch einzulassen oder gar seinem Befehle Folge zu leisten.[8]) Trotzdem aber gelang es Valentinian häufig Briefe an Theodosius zu schicken um Hülfe, in denen er erklärte, falls diese nicht bald einträfe, werde er sich seiner unrühmlichen Lage durch die Flucht zu entziehen suchen.

Aber Theodosius war zu fern, näher war Ambrosius; vielleicht konnte der helfen. Valentinian verlangte oft nach ihm und erklärte, er wolle von ihm getauft werden, und als sich das Gerücht verbreitete, Ambrosius komme nach Vienne, war seine Freude gross. Grade damals bedrohten Barbarenschwärme die Grenzen Italiens. Ambrosius wurde vom Praefecten Italiens und den sogenannten „Geehrten" (Honorati) desshalb gebeten, nach Vienne zu gehen und Valentinian aufzufordern, für die Abwehr der Feinde Massregeln zu ergreifen. Ambrosius fügte sich nach einigem Sträuben in die Bitte und beschloss zu reisen. Da kam aber den nächsten Tag ein kaiserlicher Brief mit der Aufforderung, die Stationen auf der Strasse zwischen Mailand und Vienne mit allem nöthigen zu versehen und die sonstigen Vorbereitungen zu treffen, da Valentinian selbst in Person Italien von den Barbaren befreien wolle.[11])

Aber diese Reise war entschieden nicht nach dem Sinne des Arbogast, denn, wenn Valentinian einmal in Italien war, konnte er seinen schwarzen Plan nicht zur Ausführung bringen. Desshalb hinderte er den Kaiser an der Abreise. Valentinian erkannte daran, dass jetzt die Katastrophe nahe, und dass, wenn nicht ein Wunder eintrete, sein Leben bald ein Ende erreicht haben würde.[12]) In seiner Angst sandte er einen geheimen Boten an Ambrosius ab, mit der Bitte, ohne Verzug zu ihm zu eilen und sein Bürge bei Arbogast zu sein. Er solle nicht etwa denken, dass es sich

---

8) Sulp. Alex. IV.

9) Zos. IV. 53 (vgl. Joh. Ant. Frg. 187).

10) Ambr. ep. 53. de ob. Val. 23.

11) ib. 24.

12) Die dunkele Stelle ib. 37 Quam in me ipsum eos recepissem, (a) quibus ille (Arb.) se timere dicebat! wird etwas erleuchtet durch 35. Pro omnibus se obtulit (Val.) dicens quod frustra innoxii in invidiam vocarentur, quod frustra propter se alii periclitarentur. Die Erklärung könnte diese sein: Arbogast suchte einige Vertraute des Valentinian zu tödten, indem er annahm, sie hätten den Valentinian zu seiner Absetzung überredet. Valentinian aber sagte, sie seien unschuldig, er habe aus eigenem Antriebe gehandelt.

um eine Synode der gallischen Bischöfe handele, sondern Eile sei
dringend nothwendig.[13]) Allein der Rettungsversuch schlug fehl.
Denn kaum überstieg Ambrosius die Alpen, da erreichte ihn die
Nachricht von dem Tode Valentinians.

Am dritten Tage, nachdem der Bote abgegangen war, hatte
Valentinian noch gefragt, ob er schon zurück sei, ob Ambrosius
schon käme.[14]) An demselben Tage gab sich Valentinian nach
dem Mittagsessen am Ufer der Rhone der Ruhe hin, kein Diener
war wegen der Mahlzeit zugegen. Diese Stunde hatten die von
Arbogast gedungenen Mörder sich ausgewählt. Sie erwürgten den
wehrlosen Kaiser, legten ihm sein Schweisstuch um den Hals und
hingen ihn an einem Baume auf, als ob er sich selbst getödtet
habe. So wurde er später gefunden, und Arbogast konnte daher
mit scheinbar vollem Recht behaupten, der Kaiser habe sich in
einer Anwandlung von Schwermuth selbst entleibt. In der That
hat das Geheimnissvolle des Mordes[15]) dahingeführt, dass die Zeitgenossen nicht nur auch dieses Märchen als ein anderes Gerücht
auftischen, sondern es auch wirklich als wahr hingenommen haben.

---

13) ib. 25 vgl. 79.

14) ib. 26.

15) In dem Berichte über die Ermordung Valentinians folge ich
Philost. XI. 1. — Zos. IV. 54 lässt ihn vor den Mauern Viennes und vor
den Augen der Soldaten getödtet werden. Aber da die so verschiedenen
Gerüchte auf eine geheime That deuten, so ziehe ich Philost. Erzählung vor.

1) Dass Valentinian durch Arbogast ermordet wurde, sagen:
   Zos. IV. 54. Phil. XI. 2. Oros. VII. 35. Tiro Prosp., Idac. chr. und
   fast. Marc. com.

2) Dass er sich selbst entleibte, nimmt an:
   Prosp. Aquit., vgl. Ruf. II. 31. Soz. VII. 22.

3) Dass Eunuchen es gethan auf Anstiften des Arbogast:
   Socr. V. 25. Soz. VII. 22.

4) Dass es Eugen war:
   Aur. Vict. epit.

5) Es schweigen über die Art des Todes:
   Ambr. de ob. V. und Theod. V. 24.

6) Ganz unentschieden drückt sich aus:
   Aug. de c. D. V. 26.

7) Joh. Ant. Frg. 187 lässt die That in einem kleinen ital. Städtchen,
   Βίρνα, Statt finden. Vgl. Jac. Gothofredi de Valentiniani
   junioris caede dissertatio in seiner Ausgabe des Philostorg.
   p. 429 seq.

Aber wenn man die ganze Entwickelung des blutigen Dramas in
seinen Gründen verfolgt, kann man keinen Zweifel aufkommen
lassen, dass Arbogast der Mörder des Kaisers war. Es ist merkwürdig! die übermässige Bevorzugung der Germanen hatte einst
Gratians Sturz und Tod herbeigeführt. Bei Valentinian war es
grade das Gegentheil. Beide Ereignisse aber zeigen auf das
schlagendste, ein wie wichtiger Factor das Germanenthum im
römischen Reich allmählich geworden war.

Die Ermordung Valentinians erfolgte am Sonnabend
vor Pfingsten den 15. Mai 392.[16]) Nicht ein volles Jahr hatte
er selbständig auf dem Thron gesessen. Die Trauer war eine allgemeine. Denn trotz des jugendlichen Alters (er war ins 21. Jahr
getreten) hatte Valentinian doch mancherlei Proben eines männ-
lichen und zum Regenten tauglichen Sinnes gegeben. Man rühmte
ihm nach, er habe grosse Aehnlichkeit mit seinem Vater.[17]) Dieselbe Energie zeichnete ihn aus, aber auch dieselbe Neigung zum
Jähzorn besass er. Der Hl. Ambrosius rühmt seine Enthaltsamkeit,
seine Mässigkeit und Milde. Andersgläubige warfen ihm seinen
Hang zu Thierhetzen vor. Aber, wenn man dem Ambrosius glauben darf, so liess er desswegen alle Thiere tödten. Er nahm
aufmerksam an den Berathungen des Consistoriums Theil, und wo
Greise zögerten, gab er eine geziemende und verständige Ansicht
kund. Seinen reinen Sinn konnte die gefeierte Schönheit einer
römischen Schauspielerin nicht reizen. Der Reichthum seiner
Unterthanen lockte ihn nicht zu Verbrechen, und er duldete keine
ausserordentlichen Steuerauflagen. Er verheirathete sich nicht
lange vor seinem Tode. Denn seine beiden Schwestern Justa und
Grata liessen ihn die Gattin nicht vermissen. Gegen sie zeigte er
sich höchst brüderlich und liebenswürdig.[18])

---

16) Goth. chron. p. 127. Tillem. V. Note 47. Clint. F. R. p. 254.
Sie fussen dabei auf Epiphanius περὶ μέτρων καὶ σταθμῶν tome 2 p. 177
(vgl. Sievers Stud. p. 318) und emendiren deshalb die Angabe des Marcell.
com. *Idib. Mart.* in *Majis* vgl. Mommsen der Chronograph von Ravenna
zum Jahre 391. — Valentinian hatte 16 Jahre 6 Monate den kaiserlichen
Titel getragen. Vgl. Clint. II. p. 123. Cohen VI hat unter Valentinian
(No. 59) eine Münze, auf deren Rückseite steht: *Vot. XX. Mult. XXX.*
Darnach möchte es scheinen, als ob Valentinian 20 Jahre regiert hätte.
Cohen klärt diesen Widerspruch auf V. p. 384.

17) Soz. VII. 22.

18) Ambr. de ob. V. vgl. Phil. XI. 1. Ueber seine Schwestern vgl.
Socr. IV. 31.

Arbogast trug äusserlich eine officielle Trauer zur Schau, er stand nicht an, die Leiche in feierlichem Zuge nach Mailand zu schicken, wo Ambrosius das Begräbniss in die Hand nahm. Es zog sich allerdings, weil Ambrosius erst die Verhaltungsmassregeln des Theodosius abwarten musste, noch über den Juli hinaus. Erst Anfang August wurde die Leiche in einem marmornen Gewölbe beigesetzt. [19]

Der Hl. Ambrosius hielt die Leichenrede in Gegenwart der Schwestern. [20] Es ist eine Lobrede [21] im Gewande der Trauer. Er tröstet die Zurückbleibenden mit dem Bibelwort, dass das Leben der Heiligen nicht auf dieser Erde sei. Er rühmt die Frömmigkeit des Verstorbenen für die wahre Religion, überhaupt seine christlichen Tugenden. Aller Groll, den er einst gegen Valentinian gehegt hatte, ist verschwunden, Valentinian ist sein theures „Pfand." Es ist nicht zufällig, dass Ambrosius mit keinem Worte erwähnt, dass das Ende Valentinians ein gewaltsames war. Er wusste noch nicht, wie Theodosius sich zu Arbogast stellen werde, und desshalb verzichtete er lieber darauf, seinem Abscheu Worte zu verleihen, als die politische Vorsicht zu verletzen.

Nach der Ermordung Valentinians stand kein General auf, der ihn zu rächen gesonnen war, kein höherer Beamter legte seine Würde nieder, um nicht unter einem Unwürdigen zu dienen, das Heer erregte keinen Aufstand. So trefflich war von Arbogast vorgearbeitet, so klug waren die Stimmungen geprüft worden. Alles verhielt sich ruhig [22], denn Arbogast konnte unbeschränkt über das Heer verfügen. So nahm man es denn auch ohne Murren

---

19) Theodosius schrieb auf die Nachricht vom Tode Valentinians an Ambrosius. Ambr. ep. 53. Es heisst da ob. Val. 49 von den Schwestern: Duorum mensium curricula in fraterni funeris cotidiano clausistis amplexu. Desshalb haben die Benediktiner II. p. 1171 die Beerdigung Mitte Juli angesetzt. Dann aber bedürfen die Worte in Ambr. ep. 53: *Vix enim superiorem aestatem transegimus* einer Erklärung, welche die Benediktiner mit *peractam aestivorum calorum partem* gegeben haben. Aber diese Erklärung ist gezwungen. Desshalb nehme ich an, dass die Schwestern nicht in Vienne waren, sondern in Mailand, und dass sie hier also Valentinian 2 Monate beweint haben. Dann ist eine Erklärung der Worte des Ambr. unnöthig.

20) Ambr. de ob. Val. 39.

21) St. Ambrosii de obitu Valentiniani consolatio.

22) Zos. IV. 54. vgl. Abschn. 3. Anm. 1.

hin, dass er einen Mann zum Nachfolger erhob, der sich bisher
durch keine kriegerische oder politische That ausgezeichnet hatte,
dessen Character aber dem Arbogast die Gewähr gab, dass er
selbst unter dem Namen des Oberbefehlshabers der Truppen der
eigentliche Gebieter des ganzen Reiches sein werde. [23]) Vielleicht
verschmähte er es aus Stolz, sich selbst auf den Thron zu setzen,
vielleicht, weil er die Abneigung der Römer gegen einen Barbaren
kannte, oder weil er nicht das Gerücht, dass er der Mörder
Valentinians sei, zur Gewissheit erheben wollte.

Eugenius [24]), der nunmehrige Augustus, war ein Römer, er
hatte fleissig die Alten studirt, war sehr gelehrt und hatte sich
bereits als Lehrer der Beredtsamkeit einen Namen erworben. Als
solcher war er mit Richomer, als dieser noch am Hofe Gratians
lebte, bekannt geworden. Schon seit 384 stand er ihm bestimmt
nahe. Richomer war es auch, der angezogen von des geistreichen
Mannes einnehmendem Wesen ihm eine Stellung am Hofe verschaffte. Als aber Richomer nach der Besiegung des Maximus
mit Theodosius in den Orient zurückkehrte, empfahl er den Eugen
dem Arbogast auf das lebhafteste, indem er dabei hinzufügte,
dass die hingebende, treue Natur desselben ihm einmal von Nutzen
sein könne. Durch Arbogast war Eugen in den Hofämtern emporgekommen; vielleicht war er Vorsteher der kaiserlichen Kanzlei. [25])
Wir können das Lob eines heidnischen Historikers, der seinen
reinen Charakter rühmt, als wahr hinnehmen, da selbst die christlichen Berichte ihm keinen Makel anzuhängen versuchen. [26]) Auch
mit Symmachus war Eugen bekannt. Diesen Mann, der sich em-

---

23) Oros. VII. 35. Arb. Eugenium Tyrannum mox creare ausus est legit-
que hominem, *cui titulum Imperatoris imponeret ipse acturus imperium.*

24) Zos. IV. 54. Socr. V. 25 (Sievers Stud. p. 318 lässt den Eugen
irrthümlicherweise aus Klein-Gallien stammen auf Grund dieser Stelle;
er verwechselt ihn mit Arbogast). Phil. XI. 2. Soz. VII. 2. Symm. ep. III.
60 und 61 nennt ihn dominus und frater meus. — Nach den Münzen bei
Coh. VI. hatte Eugen ein ernstes, bärtiges Gesicht mit gebogener Nase.

25) Phil. XI. 2 nennt ihn bloss $\mu\acute{\alpha}\gamma\iota\sigma\tau\rho\sigma\varsigma$; Socr. V. 25 $\dot{\alpha}\nu\tau\iota\gamma\rho\alpha\phi\epsilon\grave{\imath}\varsigma$
$\tau\sigma\tilde{\upsilon}$ $\beta\alpha\sigma\iota\lambda\acute{\epsilon}\omega\varsigma$, vgl. v. Wietersh. IV. c. 8 Anm. 30.

26) Selbst Claud. weiss ihm nur seine Abhängigkeit von Arbogast
vorzuwerfen. III. cons. H. v. 67:

Barbarus Hesperias exsul possederat urbes,
Sceptraque dejecto dederat Roma clienti.

IV. cons. H. v. 74:

Hunc sibi germanus famulum delegerat exsul.

pfahl durch einen unbescholtenen Namen und seinen Ruhm als Gelehrter, hatte Arbogast daher schon, bevor er den Valentinian aus dem Wege räumte, zu überreden gesucht, den Thron anzunehmen. Aber die Erwägung, dass das Schicksal aller sogenannten Tyrannen fast immer ein Ende mit Schrecken genommen habe und eine gerechtfertigte Scham des Eugenius, liessen den Arbogast nur nach langem Mühen zum Ziele kommen. [27]) Dann war Valentinian ermordet worden, und Eugen wurde mit Zustimmung des Heeres auf den Thron gesetzt. Er schmeichelte sich mit der Hoffnung, Theodosius werde einen zweiten grossen Entscheidungskampf nicht wagen, zumal derselbe wusste, dass ihm diesmal ein bedeutendes Feldherrntalent in Arbogast gegenübertreten werde. So erkannte er denn seinerseits den Theodosius als Kaiser an und nannte sich mit ihm zusammen als solchen in officiellen Urkunden [26]), und während Theodosius sich und den Abundantius für das folgende Jahr zu Consuln bestimmte, ernannte sich Eugen auf eigene Hand zum Collegen des Theodosius im Westen. [29])

Eugen war Christ [30]); aber schon seine frühere Beschäftigung und dann die nahen Beziehungen zu so eifrigen Götteranbetern wie Richomer und Arbogast lassen die Aufrichtigkeit seiner Ueberzeugung in zweifelhaftem Lichte erscheinen. Dadurch dass er sich von Arbogast zum Augustus hatte erheben lassen, gerieth er in grosse Verlegenheit. Denn er musste, um seine Herrschaft auf die Dauer zu stützen, sich eine feste Partei zu gründen suchen, entweder bei den Christen oder bei den Heiden. Da er aber von Anfang an sich von Arbogast leiten liess, so war die Frage von vornherein leicht zu beantworten. [31]) Eugen schrieb an den Ambrosius, natürlich, um dessen gewichtige Stimme für sich zu gewinnen. Ambrosius aber antwortete nicht und als ein neuer Brief Erwiederung forderte, sagte er: „Ich fürchte, es (die Erlaubniss zur

27) Zos. IV. 54.

28) Orelli 1128. Bei Coh. VI. nennt er sich auf allen 12 Münzen Augustus; auf der Rückseite von No. 3 sind zwei Kaiser, offenbar Eugen und Theodosius, den Globus haltend, abgebildet. Vgl. dazu No. 4 und 10.

29) Orelli 5591.

30) Phil. XI. 2 nennt ihn einen Heiden; dagegen erscheint er bei Soz. VII. 22 und Paul. 26 als Christ. Der sicherste Beweis ist die ep. 57 des Ambr. an Eugen.

31) Für das Folgende ist die Hauptquelle Ambr. op. 57, vgl. Paul. 26.

Wiederaufrichtung des Heidenthums) wird ihm abgezwungen werden."

Ambrosius hatte ganz richtig vorausgesehen. Alles, was sich noch zum heidnischen Glauben bekannte oder von ihm Vortheil erwartete, setzte seine ganze Hoffnung auf Arbogast und auf den nicht weniger eifrigen Heiden Flavian. Dieser — Virius Nicomachus Flavianus — hatte bereits eine Reihe hoher Staatsämter bekleidet.[32]) Unter Gratian war er zum ersten Mal Praefectus praetorio gewesen und war es jetzt grade wieder für Italien, Illyrien und Afrika. Er blieb es unter Eugen.[33]) An der Verschwörung Arbogasts scheint er keinen Antheil gehabt zu haben, sondern wohl nur der Gedanke an ein Wiederaufleben des heidnischen Cults, für den er mit seinem Freunde Symmachus[34]) lebhaft begeistert war, trieb ihn dem Usurpator in die Arme. Denn er wird stets mit Arbogast als derjenige genannt, welcher den Eugen zum Verrath an seinem Glauben bestimmte. Wahrscheinlich erschien wieder eine Gesandtschaft des Senats, noch als Eugen in Gallien war, in Vienne, und nach dreimaligem Sturm gelang es ihr, mit Arbogasts undFlavians Unterstützung durchzudringen. Die Wiederaufrichtung des Altars der Victoria in der Curie, die Zurückgabe der Staatszuschüsse und des Einkommens der Tempel und Priestercollegien wurde genehmigt, allerdings nur in Bezug auf die Bittsteller. Aber diese Halbheit wurde in Wirklichkeit weder geachtet noch war sie von Eugen ernst gemeint. Er wollte nur seinem gepeinigten Gewissen ein Hinterpförtchen zur Rettung offen lassen. Nunmehr begann man, wo immer noch Heiden waren, wieder Altäre zu errichten, Weihrauch zu brennen, Opferthiere zu schlachten, aus den Eingeweiden die Zukunft zu weissagen, und der Senat konnte wieder zu den Füssen der Victoria seine Sitzungen halten. Mit Trauer berichten die christlichen Quellen, dass besonders Flavian sich hierbei hervorthat, dass er vor allen den Haruspex machte und dem Eugen eine gesegnete Regierung und für den muthmasslichen Krieg mit Theodosius gewissen Sieg verkündete.[35]) Selbstverständlich durfte Eugen nun

---

32) Prosogr. Cod. Th. Gothofr. Tillem. V. p. 339.

33) Paul. 26 und 31. Ruf. II. 33.

34) Vgl. Symm. ep. II.

35) Rufin ibid. nennt ihn *eruditus admodum vir.* Soz. VII 22: ἀνὴρ ἐλλόγιμος καὶ περὶ τὰ πολιτικὰ ἐχέφρων εἶναι δοκῶν. Vgl. Orell. 1188.

nicht mehr auf irgend welche Zuneigung und Unterstützung des
Ambrosius rechnen. Der Bischof wies seine Geschenke für die
Kirche als die eines Abtrünnigen zurück und zeigte ihm später noch
durch die That, wie sehr er seine Handlungsweise verabscheue.

Unterdessen hatte die Ermordung Valentinians und die Erhebung des Eugen am Hofe zu Constantinopel grossen Kummer und
grosse Bestürzung hervorgerufen [36]), wenn auch nach den Briefen
des Valentinian an Theodosius die Nachricht so ganz unerwartet
nicht mehr kommen konnte. Besonders Galla, die Schwester des
Gemordeten, erfüllte den Palast mit ihrem Wehklagen. Aber auch
Theodosius wurde von Betrübniss ergriffen, weil ihm sein Mitregent
und Schwager in so jugendlichem Alter entrissen war. Dazu eröffnete sich ihm die Aussicht auf einen neuen grossen Krieg, und
diesmal war er desshalb schwerer, weil das feindliche Heer von
einem General geführt wurde, der nicht nur die Liebe der Soldaten, sondern auch die Fähigkeit besass, den erprobten Feldherrn
des Theodosius entgegenzutreten. Dennoch sah er die Nothwendigkeit desselben ein und begann sofort zu rüsten. Trotzdem ihm
die Freundschaft des Eugen mit Richomer bekannt war, beschloss
er ihn doch über die Reiterei zu setzen, da er seine Tüchtigkeit
hinreichend kannte. Aber gerade da starb dieser verdiente Germane, und nun musste Theodosius zu einer neuen Wahl schreiten.

Während der Kaiser darin schwankte, erschien eine neue Gesandtschaft des Eugen. Sie wollte wie einst die des Maximus erkunden,
ob Theodosius gesonnen sei, Eugen als Kaiser anzuerkennen.
Ein Athener Rufinus stand ihr vor. Auch Priester hatten sich ihr
angeschlossen und entblödeten sich nicht, die Unschuld des Arbogast vor Theodosius mit ihrem Worte darzuthun. [37]) Da es diesem
nur darauf ankam, Zeit zu gewinnen, so gab er den Gesandten
nicht sofort eine Antwort, er hielt sie mit leeren Redensarten eine
Zeitlang hin, beschenkte sie, versicherte sie seines Wohlwollens.
Als er sie aber entliess [38]), konnten sie nur aus seiner unbestimm-
ten Antwort folgern, dass er durchaus nicht den Thronräuber als
legitimen Augustus anzuerkennen gedenke. So war es denn stillschweigend ausgemacht, dass die Würfel des Krieges die Entscheidung bringen sollten.

---

36) Zos. IV. 55 (und Joh. Ant. Frg. 187) vgl. Ambr. ep. 53.
37) Ruf. II. 31.
38) Zos. IV. 57.

Schon im Kriege mit Maximus hatten die barbarischen Hülfsvölker eine bedeutende Rolle gespielt.[39]) Nur durch sie konnten
die Heere des Theodosius und Maximus zu einer so erheblichen
Zahl anwachsen. Auch für diesen Kampf musste sich der Kaiser
die Barbaren geneigt zu erhalten suchen. Er wird mit Recht ein
Freund der Gothen genannt. Einen grossen Theil derselben hatte
er schon vor mehreren Jahren in sein Reich aufgenommen und
zu Foederaten gemacht. Er zog die Führer in seine Umgebung,
ehrte sie hoch, lud sie häufig zur Tafel. Dennoch konnte er
nicht hindern, dass der grössere Theil der Gothen eine Verschwörung unter sich anstiftete, welche auf nichts geringeres hinauslief,
als nach Besiegung des Theodosius einen Kaiser auf den Thron
zu setzen, den sie vollständig leiten könnten. Diese Partei der
Gothen war gewiss arianisch und glaubte somit an den noch
zahlreich in der Gegend von Constantinopel vertretenen Arianern
eine Stütze zu haben. Ihr gegenüber stand die geringere Partei
der heidnischen Gothen [40]), welche ihre ganze Hoffnung allein
auf Theodosius naturgemäss setzten. An der Spitze der ersteren
stand Eriulphus, an der der letzteren Fravitta. Wie weit das
Lob, das eine heidnische Quelle ihm spendet, auf Wahrheit beruht,
muss dahin gestellt bleiben. Er war dem Kaiser sehr ergeben
und hatte eine Römerin zum Weibe. Unter den beiden Parteien
herrschte eine grimmige Feindschaft. Sie kannten ihre gegen-
seitigen Absichten, aber verriethen sie nicht. Allein bei einem
Gastmahl, das Theodosius gab und an dem die Führer und Vertreter der beiden Richtungen Theil nahmen, löste der Wein die
Zungen, und zu seinem grössten Erstaunen und Schrecken erkannte
der Kaiser, in welcher Gefahr er schwebe. Das Gastmahl löste
sich mit Lärm und Verwirrung auf, draussen kam es zum Hand-
gemenge, in dem Eriulph durch Fravittas Hand ums Leben kam.
Ob eine weitere Bestrafung der Rädelsführer erfolgte, wissen wir

---

39) In der Darstellung dieses Ereignisses folge ich Eunap. Frg. 60,
der ausführlicher ist als der ihm nacherzählende Zos. IV. 56. Richter
d. W. Rch. p. 656 hat die Verschwörung kurz vor Beginn des Krieges
mit Maximus zum Ausbruch kommen lassen, ohne einen Grund für die
Umstellung anzugeben. Vgl. Martin de fontibus Zosimi diss. Berol.
1866 p. 21.

40) Ich folge in dieser Auffassung Köpke „Anfänge des Königthums
bei den Gothen" p. 116. vgl. v. Wietersh. L p. 124.

nicht. Jedenfalls sorgte Theodosius dafür, dass derartige Parteiungen und Absichten ihn in seinen Massnahmen für den Zug gegen Eugen nicht hemmen konnten. Er fuhr fort sich zu rüsten.

Ebenso suchte Eugen sich zum Entscheidungskampfe gebührend vorzubereiten. Noch im Winter 392/393 [41]) rückte er, um den angrenzenden germanischen Völkerschaften Achtung einzuflössen, mit einem zahlreichen Heere über den Rhein; erschreckt erneuerten die Alamannen und Franken die Bündnisse und sagten ihm ihre Hülfe zum Feldzuge zu. Im Sommer 393, nachdem in Gallien die Verhältnisse so geordnet und gesichert waren, rückte er endlich in Italien ein. [42]) Auch hier hatte sich Niemand seiner Erhebung widersetzt, und so scheint es, als ob ausser Africa der ganze Westen ihm ohne Widerstand zufiel. [43]) Für die Anhänglichkeit an die Dynastie Valentinians und Theodosius' ist das allerdings ein schlimmes Zeichen. Aber die Ansichten über Legitimität und Illegitimität waren in damaliger Zeit von den unsrigen weit verschieden. Eugen rückte auf Mailand, um hier die übrige Zeit vor dem Kriege zu verleben und die nöthigen militärischen Massregeln zu treffen. Sein Nahen vertrieb den Ambrosius. [44]) So lange hatte er bei seiner Gemeinde ausgeharrt, aber mit demjenigen, der seinen eigenen Glauben im Stich gelassen und das Heidenthum wieder erneuert hatte, konnte er unmöglich dieselbe Luft einathmen. Wie einst vor Theodosius, so entwich er auch jetzt wieder von Mailand und hielt sich, so lange Eugen in Mailand war, hauptsächlich in Florenz auf. [45])

Um aber dem Usurpator zu zeigen, aus welchen Gründen er so handele, sandte er ihm einen Brief, der wiederum einen tiefen Blick in das Verhältniss von Kaiser und Bischof dieser Zeit thun lässt. In Bezug auf die äussere Form unterscheidet sich der Brief nicht von denen an Theodosius. Auch Eugen erhält dieselben

---

41) Sulp. Alex. IV. In welche Zeit das bei Paul. 30 erzählte fällt, lässt sich nicht feststellen.

42) Till. note 48 sur St. Ambr.

43) Socr. V. 25. vgl. Or. 5591. Africa blieb treu. Denn am 27. März 393 erliess Theodosius an Silvanus dux et corrector limitis Tripolitani eine Verfügung Cod. Th. XII. 1, 133; am 30. Dec. an Gildo Comes et mag. utr. mil. per Afr. IX. 7, 9.

44) Ambr. ep. 57.

45) Paulin. 27—29.

46) ep. 57.

officiellen Titel, und von der Besitzergreifung des Thrones heisst
es: „Als deine Milde die Lenkung der Regierung ergriff." Aber
der Ton des Briefes ist ein anderer als in den an Theodosius
gerichteten, selbst als in dem nach dem Blutbad von Thessalonich
geschriebenen. Ueberall trat in diesem die Rücksicht auf die Frömmigkeit und auf den legitimen Herrscher hervor. Davon ist hier
keine Spur. Es wird nur ganz kalt dem Eugen seine Schuld vor
Augen gerückt, von einer Aufforderung zur Reue und einem
Wiedergutmachen ist keine Rede. Ambrosius tritt uns hier als
der strenge Richter über ein begangenes Verbrechen entgegen,
und in den letzten Worten liegt die Drohung versteckt: Hüte
dich vor der Strafe Gottes, den du verlassen hast!

Aber wenn auch die würdige Haltung und der strenge Ton,
den Ambrosius dem Eugen gegenüber anschlägt, mit Bewunderung
erfüllt, so macht sich andrerseits der Gedanke geltend, ob denn
Ambrosius hier wirklich so gesprochen habe, wie ihm Eugen
gegenüber ums Herz war. In einem späteren [47] Briefe nämlich
nach der Besiegung des Eugen nennt er ihn einfach einen „unwürdigen Usurpator" und musste ihn demgemäss auch jetzt dafür
halten. Dann begreift man aber nicht recht, warum er, der doch
dem Theodosius mit so grosser Leidenschaftlichkeit sein Vergehen
vorwarf, und mit so starkem Trotze den Widerruf jenes Edictes
forderte, in so verhältnissmässig ruhigem Tone sich gegen Eugen
wendet. Vor Allem aber nicht, warum er als Diener Gottes zu
sagen berechtigt und verpflichtet — und wie oft betont er das —
was ihm recht scheint, dem Eugen nicht einfach erklärte, er sei
ein Tyrann und habe sich durch Annahme des Thrones zum Mitschuldigen am Morde des Valentinian gemacht. In der That würde
dieser Vorwurf den Ambrosius treffen, wenn er wirklich nur
Priester war. Allein seine Stellung war eine doppelte. Er war
nicht bloss Bischof, er war zugleich politische Person, Staatsmann.
Und wenn er auch als Bischof den Eugen verwerfen musste, so
konnte er als Staatsmann sich dem Factum seiner Erhebung nicht
entziehen. Drängte er aber die Gefühle des Abscheues, die in
dem Bischof aufstiegen, als Politiker zurück, so haben wir damit
den Beweis des Gedankens, dass die Kirche damals das unver-
änderliche Recht der Dynastie nicht gelehrt hat. [48]

---

47) ep. 62.　48) vgl. Richter d. Westr. Reich p. 290 u. 291.

---

5. Die Schlacht am Frigidus. Der Tod des Theodosius.

Das Jahr 393 verstrich, indem Theodosius wie Eugen die umfassendsten Vorbereitungen zum Kriege trafen. Theodosius bot den ganzen Osten auf, vom Euphrat, Niphates und aus Arabien zog er Kriegslustige herbei. Die Barbaren, welche zum Theil bereits feste Wohnsitze in Thracien hatten, und ihre Stammesgenossen jenseits des Ister stellten bereitwillig als Bundesgenossen ihre Schaaren: Alanen, Hunnen, Gothen. [1] Eugen dagegen zog die Franken und Alamannen als Hülfstruppen heran. [2] Das Knie, welches das Adriatische Meer durch sein tiefes Eindringen ins Land bildet, war wegen der bequemen Uebergänge über die Julischen Alpen der einzige Weg, auf dem Theodosius in die oberitalische Ebene gelangen konnte. Es war ein bereits beim Zuge gegen Maximus für Theodosius gefährlicher Ort. Auch jetzt liess Eugen ihn fest verrammeln [3]), und wie um zu zeigen, unter welchen Auspicien seine Partei den Krieg wage, wurden auf den Höhen vergoldete, weithin sichtbare Jupiterstatuen aufgestellt. [4]

Eugen, Arbogast und Flavian hielten sich bis zum Beginn des Krieges in Mailand auf, zum Schrecken der dortigen christlichen Priester und Mönche. Gegen diese scheint sich der Hass

---

1) Claud. III. cons. II. v. 68 seq. De bello Gild. v. 240 seq. De laud. Stil. I. v. 148 seq. Socr. V. 25. Soz. VII. 24. Ruf. II. 33. Jordan. de reb. Get. 28 erwähnt, dass über 20,000 Gothen den Zug gegen Eug. mitmachten. vgl. Joh. Ant. Frg. 187. Gildo, der militärische Statthalter Africas, folgte dem Befehle des Theodosius nicht und sandte ihm keine Truppen. Cl. De bello G. 240 seq. VI. cons. H. 108—110. (Sievers Stud. p. 334 weiss nicht, was De bello Gild. v. 240 *in primo genitore* bedeutet. Es ist das einfach dichterisch für *primum in genitore* gesagt.) vgl. Marc. Com. zum Jahre 398.

2) Sulp. Alex. IV. Claud. De laud. Stil. v. 159 sagt von dem Heere des Eugen nur:

Hic Rhadani procera cohors, hic miles alumnus oceani.

Dass es sehr zahlreich war, bezeugen Socr. V. 25. Soz. VII. 22. Oros. VII. 35: Arbogastes .... contraxit undique immensas invictasque copias vel Romanorum praesidiis vel auxiliis barbarorum alibi potestate, alibi cognatione subnixus. Aug. de c. d. V. 26.

3) Claud. in Olybr. et Prob. cons. v. 105 seq. III. cons. II. v. 69 seq. IV. cons. H. v. 101 seq. 637. Soz. VII. 22.

4) Aug. ibid.

der Heiden besonders gerichtet zu haben.[5] Ihr müssiges, von den Ausschreitungen menschlicher Leidenschaften nicht immer freies Leben mochte daran Schuld sein. Ambrosius hatte trotz seines gespannten Verhältnisses mit Eugen, um sie vor Unbilden zu schützen, getreu seiner Pflicht für sie bei Eugen gebeten.[6] Nun, wo er fern war, hatten sie dafür zu leiden, dass er den Eugen so hart von sich gewiesen. Und als Arbogast und Flavian ausrückten, da drohten sie, bei der Rückkehr nicht nur die Mailänder Kirche in einen Stall zu verwandeln, sondern auch die Mönche selbst zu mustern und die tauglichen unter das Heer zu stecken.[7] So spitzte sich der Krieg zu einem religiösen zu. Der Fall des Eugen war gleichbedeutend mit dem vollständigen Siege des Christenthums, die Niederlage des Theodosius mit dem gewaltsamen Aufleben des Heidenthums. Nur war dabei das merkwürdige, dass auf der Seite der Heiden Christen, auf der der Christen Heiden mitfochten.

Noch im Jahre 393 am 20. Nov.[9] ernannte Theodosius den Honorius in der Nähe von Constantinopel an demselben Ort, wo früher den Arcadius, zum Augustus. Ebenso sandte er noch vor dem Aufbruch nach Italien seinen vertrauten Verschnittenen Eutrop, einen Mann, der aus der Hefe des Volks nach den schimpflichsten Geschäften und Lagen endlich an den Hof und dann durch Abundantius Gunst weiter emporgekommen war, denselben, der späterhin der Nachfolger Rufins wurde und dem Reiche so grosses Unheil brachte, nach Aegypten, um den Thebäischen Einsiedler

---

5) Vgl. Ambr. ep. 41 am Ende. Eun. vita Aed. Liban. ὑπὲρ τῶν ἱερῶν.

6) Ambr. ep. 57.

7) Paul. 31.

8) Bilder des Hercules sollen die Feldzeichen des Eugen gewesen sein. Theod. V. 24. Cedren I. p. 568. Das Heer des Theodosius focht unter dem Zeichen des Kreuzes. ibid. vgl. Prud. contra Symm. I, 464 seq.

9) Die Frage über die Zeit der Erhebung des Honorius ist erörtert bei Till. V. note 52 zur Th. Clint. F. R. 1. p. 528. Sievers Stud. p. 324. Für mich war entscheidend 1) Socr. V. 25, der den 10. Jan. angiebt, lässt dennoch den Theodosius sogleich nach dem Westen aufbrechen, was sicherlich unrichtig ist. 2) Die Darstellung bei Phil. XI. 2. 3) Nach Claud. IV. cons. H. v. 370 seq. fällt die Erhebung nach dem 9. Sept. 393 4) Er sowohl wie Prosp. Aq. und Marc. com. sagen, dass dabei eine Finsterniss eintrat. Eine Sonnenfinsterniss aber fand am 20. Nov. 393 statt.

Johannes [10]), dem Gott die Kraft der Prophetie nach der Behauptung der christlichen Zeitgenossen verliehen und der sich auch
durch sonstige wunderbare Gaben einen bedeutenden Ruf erworben hatte, über den Ausgang des Krieges zu erforschen. Eutrop
brachte die Antwort zurück, Theodosius werde, allerdings nach
schweren Verlusten, siegen und dann in Italien sterben. Nachdem
der Kaiser diese günstige Botschaft erhalten hatte, zog er von
allen Seiten seine Heeresschaaren zusammen.

Ueber die römischen Truppen erhielt Timasius als der ältere
und nach ihm Stilicho den Befehl [11]). Von den Führern der barbarischen Bundesgenossen werden uns Gainas, Saul, Alarich und
Bacurius genannt [12]). Alarich befehligte die [14]) Gothen. Bacurius [15]),
früher Häuptling der Iberer, welche im heutigen Georgien wohnten, war Christ und hatte bereits unter Valens gedient. Dux limitis
Palaestinae war er gewesen und bekleidete jetzt vielleicht die
Würde eines comes domesticorum. Heiden wie Christen wussten
viel rühmliches an ihm zu preisen. Seine Furchtlosigkeit und
Tapferkeit, seine Liebe zur Wissenschaft rühmten die Heiden,
seine Glaubenstreue die Christen.

Kurz bevor der Kaiser aus Constantinopel auszog, kam seine
Gemahlin Galla nieder und starb im Wochenbette [16]). Aber in
dieser vielbeschäftigten Zeit konnte der Kaiser sie nur „nach
homerischer Weise auf einen Tag betrauern", die Pflicht rief ihn
vorwärts zum Kampfe. Denn es galt, nachdem er überhaupt
seine Rüstungen mit der grössten Genauigkeit und Emsigkeit be-
trieben hatte, nunmehr durch Schnelligkeit den Feind zu über-
rumpeln. Seine beiden Söhne liess Theodosius in Constantinopel

---

10) Ueber Johannes und die Sendung des Eutrop berichten Soz.
VI. 28. VII. 22. Ruf. II. 19 u. 32. Theod. V. 24. Aug. de. c. D. V. 26.
vgl. Acta S. III. p. 692 seq. Prosp. Aq. Tiro Pr. Claud. I. in Eutrop.
312—318. praef. II. in Eutr. 37—40. vgl. Stuffken p. 15.

11) Zos. IV. 57. Anders Joh. Ant. frg. 187.

12) Vgl. Oros. VII. 37.

13) Zos. ibid.

14) Zos. V. 5. Socr. VII. 10.

15) Amm. Marc. XXXI. Liban. ep. 950. vgl. 963 u. 964. Ruf. I. 10.
II. 33 vgl. über ihn Sievers Leben des Lib. p. 271. Stud. p. 325
vgl. Oros. VII. 37.

16) Eun. Frg. 61. Zos. IV. 57.

zurück[17]). Dem Arcadius, der die Regierung führen sollte, wurde die erfahrene Hand des Rufin zur Unterstützung gegeben[18]).

Ende Mai oder Anfang Juni[19]) rückte der Kaiser mit seinem Heere aus. Der Weg von Thracien bis zum Busen von Triest ist, wie ein Blick auf die Karte zeigt, ein äusserst beschwerlicher, zumal für ein Heer mit seinem Train. Der Marsch dauerte etwa 3 Monate, so dass sich Theodosius in den ersten Tagen des September den gefährlichen Pässen näherte. Dennoch war er von den Feinden so früh nicht erwartet worden[20]). Die nöthigen Vorkehrungen waren noch nicht getroffen, die bestimmte Anzahl Truppen noch nicht an Ort und Stelle, genug bei der ersten Annäherung des Theodosius wurden die Pässe[21]) ohne bedeutenden Kampf genommen und damit bereits ein Vortheil gewonnen. Flavian, der vergeblich der Flucht seiner Truppen hatte Einhalt zu thun gesucht, wurde von dem Verluste der Pässe so tief ergriffen, dass er am Siege des Eugen überhaupt verzweifelnd sich den Feinden entgegenwarf und so noch vor der eigentlichen Schlacht sein Leben verlor. Sein Tod wurde nicht allein von den Heiden tief betrauert, selbst ein christlicher Historiker spricht ihm verstohlen seine Achtung aus. Auch Theodosius hätte ihn gerne erhalten gesehen[22]).

Doch Arbogast gab wegen dieses ersten Verlustes die Hoffnung auf Sieg noch keineswegs auf. Er war von dem grössten

---

17) Soz. VII. 24. Phil. XI. 2. Claud. III. cons. II. v. 83 seq. IV. cons. II. v. 385 seq. VI. cons. II. v. 88 seq. III. cons. II. v. 110 seq. Nur Zos. IV. 58 berichtet, Theodosius habe den Honorius mitgenommen.

18) Zos. IV. 57.

19) Till. note 54 sur Th. Clint. F. R. I. p. 530.

20) Zos. IV. 58. Theodosius zog wahrscheinlich auf der Strasse von Aemona (Laibach) heran. Denn von dort führte längs des Frigidus eine solche nach Aquileja. Vgl. Carl Freih. v. Czoernig das Land Görz und Gradisca p. 162.

21) Vielleicht war es die Station ad Pyrum (bei Hruschizza), der niedrigste Pass des Birnbaumerwaldes in den Julischen Alpen. Vgl. C. von Czoernig a. a. O. p. 162.

22) Ruf. II. 33 vgl. Till. V. p. 376. Flavian war in diesem Jahre Consul. Or. 5593 in der officiellen Urkunde, welche zeigt, dass die Ehre seines Namens zu Gunsten seines Sohnes 431, der damals praef. praet. war, wiederhergestellt wurde, wird sein Consulat nicht erwähnt. Dagegen in der Familienurkunde bei Or. 1185 und 7219. In Bezug auf die während der Tyrannis des Eugen ernannten Consuln heisst es Cod. Th. XV.

Kampfesmuth beseelt. Am 5. September begann die Schlacht[23]), deren Ausgang erst der 6. entschied. Nicht weit von Aquileja an den Ufern des Frigidus[24]) fand sie Statt.

Theodosius begann den Angriff. Er verwandte dazu, um die Schlagfertigkeit und den Geist der Gegner zu erproben, die bundesgenössischen Barbaren. Aber wie ein Wetter fuhr Arbogast unter ihre berittenen Bogenschützen und ihr Fussvolk. Nichts half ihre Tapferkeit, nichts die Aufopferung des Bacurius, sie wurden vollständig geschlagen. Von den Gothen allein sollen 10,000 das Schlachtfeld bedeckt haben. Damit war der erste Schlachttag zu Ende, und schwere Besorgniss ergriff den Theodosius. Seine Generale selbst riethen von einem weiteren Kampfe ab und meinten, ein neuer Feldzug mit grösseren Kräften im nächsten Frühjahr unternommen sichere einen günstigen Ausgang. Aber Theodosius sah richtig, dass hier allein die Entscheidung des ganzen Krieges liege. Bei seinem festen Glauben an das Evangelium ver-

---

14, 9: (Gesetz des Honor. 395) Funestorum consulum nomina jubemus aboleri. Siev. Stud. p. 323 vermuthet mit Henzen auf Grund der Inschrift Or. 5593, dass sein Sohn zum praef. urb. von Eugen ernannt wurde. Or. 5593 vgl. Ambr. de ob. Th. 4.

23) Das Datum giebt Socr. V. 25. Die Berichte über die Schlacht sind sehr verwirrt. Man muss sich begnügen aus der Fülle der widersprechendsten Nachrichten das Wahrscheinlichste auszuwählen und daraus ein Bild von ihr zu geben versuchen. Bei Siev. Stud. p. 326 u. f. findet man eine genaue Zusammenstellung der Belege. Ich mache daher nur noch auf einige übereinstimmende Punkte aufmerksam: 1) Die barbarischen Hülfsvölker des Theodosius werden geschlagen. Zos. IV. 58. Oros. VII. 35. Theod. V. 24. Ruf. II. 33. Socr. V. 25. Nur Soz. VII. 24 weiss nichts davon. 2) Den Hinterhalt berichten Soz. Oros. Ambr. psalm 36,24. 3) Zwei Schlachttage nehmen an: Zos. Theod. Oros. (?) Einen Tag Ruf. Socr. Soz. 4) Den Sturm erwähnen: Theodor. Ruf. Socr. Soz. Oros. Aug. V. 26. Claud. III. cons. II. v. 93. Zos. redet von einer Sonnenfinsterniss am ersten Tage. 5) Von Wundern reden Tiro Pr. Ambr. ep. 62. 6) Vom Gebet des Theodosius Theod. Oros. — Ruf. Socr. Soz. 7) Bacurius zeichnet sich aus bei Ruf. Socr. Er fällt zugleich bei Zos. Vgl. v. Wietersh IV. 146 seq.

24) Socr. Phil. XI. 2. Claud. III. cons. II. v. 99. Corp. J. L. V. 1. p. 75: Frigidus fluvius is est qui nunc dicitur *Wippach*. Der Freih. v. Czoernig giebt in dem oben citirt. Werke p. 178 seq. eine Darstellung der Schlacht, welche er in der Nähe von Heidenschaft (auf dem rechten Ufer der Wippach vgl. seine Karte), wo sich ein römisches Standlager befand, Statt finden lässt.

traute er darauf, dass der Gott der Christen seine eigene Sache nicht im Stich lassen werde, und manch' heisses Gebet stieg während der Nacht aus seinem Herzen zum Himmel empor.

Mit neuem Muthe rückte er am nächsten Morgen zum Kampfe aus. Ein Bergrücken entzog den Feind seinem Blicke. Er musste überstiegen werden. Aber gerade dort hatte Arbogast einen Hinterhalt gelegt, um dem Kaiser, wenn er vorüber sei, in den Rücken zu fallen. Zum Glück bestanden die Feinde aus Barbaren. Aus welchen Gründen der Befehlshaber derselben, Arbitrio sich getrieben fühlte, seine Treue gegen Eugen zu brechen und auf Theodosius Seite überzutreten, ist ungewiss. Ueberliefert ist, dass er mitsammt seiner Abtheilung die Partei des Arbogast verliess und so den Theodosius von einer grossen Gefahr befreite. Nach Ueberschreitung der Höhe breitete sich eine weite zum Kampfe ausgezeichnet geeignete Ebene in einem Bergkessel aus. Hier hatte Arbogast seine Truppen mit Geschick vertheilt und aufgestellt. Die Schlacht begann. Auf beiden Seiten wurde mit der grössten Tapferkeit gekämpft und das Treffen schien unentschieden zu bleiben. Da aber kam ein in diesen Gegenden nicht ungewöhnlicher Wind, eine gewaltige Bora, dem Theodosius zu Hülfe. Plötzlich fuhr er über die Berge daher und stürzte sich auf die Schlachtlinie des Eugen mit furchtbarer Gewalt. Dieser Umstand erhöhte einerseits den Muth des christlichen Heeres, das in ihm eine Schickung Gottes sah, und beraubte andererseits die Gegner des klaren Blickes, sie wichen, wurden zersprengt und in die Flucht geschlagen. Die Soldaten des Theodosius ihnen auf den Fersen erwischten auch den Eugen, der sich bereits der Siegeshoffnung sorglos überlassen hatte. Die Hände wurden ihm auf dem Rücken zusammengeschnürt, rauhe Fäuste stiessen ihn bis vor Theodosius. Dieser hielt ihm sein Vergehen vor und gab dann den Befehl ihn zu tödten. Sofort wurde ihm das Haupt abgeschlagen und auf eine Stange gesteckt über das Schlachtfeld getragen, besonders zu dem Zweck, um den Rest seines Heeres zum freiwilligen Uebertritt zu bewegen. Die noch übrigen Eugenianer eilten, als sie das Haupt sahen, zu Theodosius, riefen ihn als Augustus an und baten um Verzeihung, die der Kaiser ihnen gerne gewährte. Später wurde das Haupt des Tyrannen durch Italien getragen und endlich den Köpfen der übrigen Tyrannen beigesellt, welche bereits ausserhalb Karthagos ausge-

stellt waren [25]). Arbogast war entkommen. Zwei Tage irrte er
im Gebirge umher. Als er aber sah, dass die Verfolger ihm hart
auf den Fersen waren, gab er sich selbst den Tod.

So war der Ausgang der Schlacht, welche mit so vielem Geschick von Arbogast eingeleitet und im Anfang von entschiedenem
Glück begleitet gewesen war. Hatte Maximus ohne Vorsicht sich
mit seinen Schaaren aus den Pässen hervorgewagt und durch die
Ausdehnung seiner Massen dem Gegner mehr Gelegenheit ihn an-
zufassen gegeben, so hatte Eugen auf Arbogasts Rath sich klug
hinter den Pässen gehalten, eine vortheilhafte Stellung sich ausgewählt und den Angriff des Theodosius abgewartet [27]). Wenn
trotzdem Theodosius unter der Gunst unberechenbarer Ereignisse
in Verbindung mit seinem eigenen Genie den Sieg davon getragen
hatte, so schien den christlichen Zeitgenossen die Hand Gottes
sichtbar eingegriffen zu haben [28]). Nicht nur in den historischen
Darstellungen, in Briefen und Predigten wurde die Güte Gottes
gepriesen, der die Frömmigkeit und den wahren Glauben nie zu
Schanden werden lasse.

Auch nach diesem Siege zeigte der Kaiser seine Seelengrösse.
Das erste, was er that, war, dass er an den Hl. Ambrosius einen
Brief schickte, in dem er ihm den Sieg mittheilte und bat, Gott
für denselben zu danken. In seiner Antwort stellte Ambrosius
mit Recht das Betragen anderer Kaiser nach solchen Siegen dem
des Theodosius gegenüber.

---

25) Olymp. bei Müller Frgm. hist. Graec. IV. p. 61.

26) Socr. V. 25.

27) Claud. III. cons. II. v. 89 seq.:

> Te (Honor.) propter et Alpes
> Invadi faciles, *cauto* nec profuit hosti
> Munitis haesisse locis. Spes irrita valli
> concidit et scopulis patuerunt claustra revulsis.

ib. IV. cons. H. v. 75 seq. werden Maximus und Eugen einander gegen-
übergestellt:

> Ausus uterque nefas, domini respersus uterque
> Insontis jugulo. Novitas audere priori
> Suadebat cautumque dabant exempla sequentem
> Hic nova moliri praeceps, hic quaerere tuta
> Providus; hic fusis, collectis viribus ille;
> Hic vagus excurrens, hic intra claustra reductus.

28) Vgl. Anmerk. 23, 2 u. 5.

29) Ambr. ep. 61.

Theodosius verzieh grossmüthig den Anhängern seines Gegners und bedauerte nur, dass nicht alle an der Verzeihung Theil
nehmen könnten, sondern so viele sonst so bedeutende Männer
durch ihren Tod daran gehindert seien[30]). Eine Proscription trat
nicht ein. Er verhängte nur geringe Strafen[31]). Doch trugen
die, welche unter Eugen ein Amt verwaltet oder unter ihm gedient hatten, zuerst den Makel der Infamie. Erst Honorius nahm
ihnen denselben wieder, indem er dabei dem Wunsche seines
Vaters folgte[32]). An die Soldaten, auch an die übergetretenen,
vertheilte Theodosius freigebig Ehren und Geld, um sich ihrer
Treue zu versichern[33]). An dieser Milde des Kaisers hatte Ambrosius wieder einen grossen Antheil.

Er war am 1. Aug. 394, als Eugen Mailand verlassen hatte,
dahin wieder zurückgekehrt.[34]) Dort hatte ihn der eben erwähnte
Brief des Theodosius getroffen. Der Kaiser hatte in demselben
die Vermuthung ausgesprochen, Ambrosius habe wahrscheinlich
an seinem Siege gezweifelt und sei desshalb dem Eugen ausgewichen. Ambrosius aber antwortete ihm, nur die Gegenwart
des mit dem Sakrileg befleckten Eugen hätte er vermeiden wollen.
Und am Schlusse seines Briefes[35]) wünschte er dem Theodosius Milde
gegen Unschuldige, besonders gegen die, welche noch nicht in den
Fall des Maximus verwickelt waren, und Freisprechung der Schuldigen. Einen anderen Brief sandte er durch den Diakonen
Felix an den Kaiser, damit er an seiner Stelle seine Pflicht erfülle
und für die bitte, welche in das Asyl der Kirche in Aquileja
geflohen waren. Zu ihnen gehörten auch die Söhne der hervorragendsten Anhänger des Eugen, welche nicht schon ohne Befehl
des Theodosius dem Schwerte zum Opfer gefallen waren. Sie

---

30) Ambr. de ob. Th. 4.

31) Claud. IV. c. II. 111 seq.

32) Cod. Th. XV. 14, 11 und 12 vom 18. Mai und 17. Juni 395.
11: fas est sequi nos paternae dispositionis arbitrium. 12: Sie erhielten
die vor der Tyrannis bekleideten Würden wieder. Zu diesen gehörte
auch der Sohn des Flavian. Vgl. Prosogr. des Cod. Th. Gothofr.

33) Claud. IV. cons. H. v. 116 seq. Doch die zusammengewürfelten
Massen konnten nicht recht Frieden halten. Claud. de bello Gild. v. 292
seq. Alarich scheint bei den Belohnungen übergangen zu sein. Zos. V. 5.
Vgl. Socr. VII. 10 und Richter Diss. p. 27 n. 11.

34) Ambr. ep. 61. Paul. 31.

35) Aug. de c. D. V. 26. Vgl. Siev. Stud. p. 329.

wurden bei dieser Gelegenheit auf seinen Wunsch Christen. [35]
Nach dem Felix sandte Ambrosius noch den Notar Johannes, den
späteren (412 oder 422) praefectus praet., nach Aquileja, um für
die in die Kirche geflohenen ein Wort einzulegen. [36] Dann eilte
Ambrosius selbst dorthin. Er erlangte leicht Verzeihung für sie.
Denn Theodosius bezeugte vor ihm selbst, dass er nur erhalten
sei durch Ambrosius Gebete und Verdienste. [37]

Der Kaiser hielt sich die nächste Zeit nach dem Siege in
Orten auf, welche dem Schlachtfelde nahe lagen. [39] Die Ordnung
und Ruhe, welche unter den aus allen Weltgegenden zusammengewürfelten Schaaren zu schaffen war, machten seine Gegenwart
nothwendig. Nach Rom entsandte er den Pasiphilus, um dort die
Beamten des Eugen abzusetzen und als praef. urbi die alten Verhältnisse wieder herzustellen. In dieser Zeit erschien eine Gesandtschaft aus Rom beim Kaiser, welche ausser den Glückwünschen
des Senats auch die Bitte überbrachte, den Olybrius und Probinus
zu Consuln zu ernennen. [40] Sie wurde gewährt. Vielleicht gab
aber Theodosius der Gesandtschaft damals seinen Unwillen kund
über den Eifer, mit dem der Senat die Sache des Heidenthums
ergriffen und den Altar der Victoria wieder aufgerichtet hatte.
Jedenfalls richtete er noch vor seinem Tode ein officielles Schreiben
an den Senat, in dem er zwar sein Bedauern über den Tod
manches trefflichen heidnischen Mannes aussprach, der dem Vaterlande noch von grossem Nutzen hätte sein können, zugleich aber
auch seinen festen Willen zu erkennen gab, dem Götterdienst in
Rom ein Ende zu machen. Der missglückte Versuch des Eugen,
der mit so viel Begeisterung unternommen und dem von den
Schauern der Eingeweide ein glücklicher Erfolg verkündet war,
hatte sicherlich eine grosse Muthlosigkeit in die heidnischen Kreise
gebracht und war die Veranlassung, dass besonders in Rom viele
zum Christenthum sich bekehrten. [41]

---

36) Ep. 62.

37) Paul. 31.

35) Claud. in Ol. et Prob. cons. v. 113 seq. Sie waren Christen
Prud. contra Sym. I. v. 551 seq.

39) Orelli 6478 vgl. die Bemerkung des Herausgebers dazu. Cod.
Th. II. 1, 5.

40) Claud. in Ol. et Pr. cons. v. 124 seq.

41) Dass Theodosius nach der Schlacht am Frigidus nach Rom gegangen sei, wird berichtet 1) von Zos. IV. 59. V. 30. 2) Prudentius

Die Anstrengungen des letzten Krieges waren die Ursache, dass Theodosius bald nach der Schlacht am Frigidus in eine Krankheit verfiel, welche sich zur Wassersucht entwickelte.[42] Dauernde Erdbeben erschütterten um diese Zeit einen grossen Theil Europas, heftige Regengüsse riefen Ueberschwemmungen hervor. So schienen später den Zeitgenossen die Elemente selbst den Heimgang des grossen Kaisers geahnt und angedeutet zu haben.[43] Theodosius verliess Aquileja und begab sich nach Mailand, wo Ambrosius bereits einen Tag früher eingetroffen war.[44]

contra S. I. 3) lässt es sich aus Theod. V. 23 folgern, wenn er die Ereignisse des Jahres 369 erzählend sagt: χρόνου δὲ σιχνοῦ διελθόντος εἰς τὴν Ῥώμην ἀφικόμενος πάλιν ὁ βασιλεύς. Dagegen hat bereits Till. V. note 57 sur Th. triftige Einwände gebracht. Siev. Stud. p. 331, der sich dem Till. anschliesst, fügt noch hinzu, dass nach dem Briefwechsel zwischen Theodosius und Ambrosius zu urtheilen „noch eine Zeit zwischen jenem Siege und der Ankunft des Theodosius in Mailand verflossen sein müsse". Gegen Henzen zu Orelli 5593 note 13 macht er geltend, dass die Worte quae.... meministis in derselben auch in einer an den Senat geschickten Rede stehen könnten. Endlich macht er darauf aufmerksam, dass auch sonst die Besiegung des Eugen und Maximus verwechselt werde, vgl. Cedren p. 568 und Soz. VII. 25. — Dagegen glaubt Jeep in der praefatio p. XIV. an die Reise des Theodosius nach Rom, aber ohne Honorius und Stilicho, auf Grund der Worte in Zos. IV. 59. ... ἐπίτροπον καταλιπὼν τῷ παιδί. Dieses Wort καταλιπὼν hätte keinen Sinn, wenn gemeint sei, Theodosius habe den Stil. in Rom zurückgelassen. Er verändert desshalb ἐπιδημήσας in ἐπιδημήσων. Doch ist dagegen einzuwenden: 1) Das folgende συγκαλέσας κ. τ. ε. würde alsdann des rechten Anschlusses an das vorhergehende entbehren; man würde bei vorangehendem particip. fut. entweder ein Wort wie ἀφικόμενος δέ oder ein ἐκεῖ oder ähnliches bei συγκαλέσας erwarten. 2) καταλιπὼν kann so erklärt werden, dass Zos., als er es schrieb, bereits die Rückkehr des Theodosius nach Constantinopel im Auge hatte. Ich glaube, da zuviel gegen eine Anwesenheit des Kaisers in Rom spricht — besonders auch der Umstand, dass die Kirchenhistoriker von einem so wichtigen Ereigniss (wie es Zos. und Prud. schildern) völlig schweigen — dass Theodosius eine Aufforderung an den Senat nach Rom geschickt habe. Diese Aufforderung war jedenfalls nach der Besiegung des Eugen viel mehr an ihrer Stelle als 369. Denn jetzt war das Heidenthum neu aufgelebt, und es war ein Kampf des Heidenthums gegen das Christenthum gewesen. Ob indess jene Aufforderung den Erfolg, den Prudent. berichtet, gehabt hat, muss bezweifelt werden.

42) Phil. XI. 2. Idac. chron.
43) Ambr. de ob. Th. 1.
44) Paul. 32.

Sein bedenklicher Zustand liess es dem Kaiser wünschenswerth erscheinen, einen seiner Söhne in seiner Krankheit um sich zu haben. Da aber Arcadius den Orient nicht verlassen durfte, so rief er den 11jährigen Honorius aus Constantinopel herbei. Serena, die Gemahlin Stilichos, führte ihn in die Arme des Vaters.[45] Dieser, der wegen des grossen Blutbades in der Schlacht sich selbst bis dahin vom Gottesdienste ausgeschlossen hatte, wohnte mit ihnen zum ersten Male wieder demselben bei.[46] Die Krankheit hatte sich bei der Ankunft des Honorius so weit gelegt, dass der Kaiser Circusspiele zur Feier des Sieges veranstaltete[47] und ihnen noch am Vormittage zusah. Aber nach dem Essen trat sie mit erneuter Gewalt auf, und der Zustand des Kaisers wurde immer bedenklicher.[48] Er dachte an die Weissagung des Johannes und liess den Ambrosius rufen. Noch auf seinem Sterbebette zeigte er sich mehr um das Wohl der Kirche besorgt, als um seine eigene Todesgefahr. Seine Kinder hatte er bereits dem Stilicho, dem nächsten anwesenden Anverwandten, empfohlen.[49] Ein Testament zu hinterlassen hatte er nicht die Zeit. Die Thronfolge wurde so bestimmt, dass Arcadius den Orient, Honorius den Occident beherrschen solle. Allerdings wünschte der Kaiser sehnlichst, dass die Brüder in Eintracht leben, gewissermassen gemeinsam das ganze Reich regieren sollten, und eine endgiltige Theilung lag weder in seinem Sinne noch fassten die Zeitgenossen das Verhältniss so auf.[50] Vielleicht hoffte er, dass die starke Hand des Stilicho bei der Jugend seiner Söhne beide Reiche vor Gefahren schützen werde, und hatte ihn besonders darum gebeten. Jedenfalls machte Stilicho das später geltend.[51] Ausserdem aber hinter-

---

45) Ruf. II. 34. Phil. XI. 2. Socr. V. 26. Soz. VII. 29. Claud. VI. cons. II. v. 88 seq. III. cons. H. 110 seq. Dagegen sprechen nur Theod. V. 25 und chron. pasch., vgl. note 56 des Till. V. Wenn Ambr. de ob. Th. 5 von *filii* redet, so versteht er offenbar den Arc. und Hon. darunter. Es folgt aber nicht daraus, dass Arcadius zugegen sein musste. Ambr. hätte ganz dieselben Worte gebraucht, wenn keiner von beiden in Mailand war. De ob. Th. 30 dagegen und Paul. 32 sind Honor. und Serena gemeint.

46) Paul. 32.

47) Socr. V. 26. Soz. VII. 29.

48) De ob. Th. 35.

49) ib. 5 nisi ut eos (filios) praesenti commendaret parenti.

50) Richter diss. p. 3 und 4. Sievers Stud. p. 337 und 338.

51) Vgl. Richter diss. p. 18. Ney diss. p. 19.

liess er seinem Sohne die Aufgabe, das von ihm begonnene Werk
der Milde gegen seine Gegner, die verheissene Erleichterung vom
Steuerdruck, zur Ausführung zu bringen. [52]) So noch in den
letzten Augenblicken die nöthigsten Anordnungen treffend und
dabei der Leiden gedenkend, die dem Ableben eines Herrschers
zu folgen pflegen, entschlief er sanft in der Nacht des 17. Januar
395 [53]) in einem Alter von 50 Jahren und nach einer Regierung
voller Kriege und Unruhen von 16 Jahren. [54])

Nach vierzig Tagen [55]) fanden die Leichenfeierlichkeiten
Statt. Honorius und das Heer waren zugegen. Ambrosius hielt
die Leichenrede. Er vermied in derselben jede bestimmte An-
spielung auf das Verhältniss, das fortan zwischen den beiden
Reichen herrschen sollte. Nur wies er das Heer auf die Treue
gegen Arcadius und Honorius hin: Zahlet den Söhnen, was ihr
dem Vater schuldet! rief er ihm zu. Dann rühmte er ausführlich
und mit eigener Rührung die Tugenden des Theodosius, dem er
ja so nahe gestanden hatte. [56]) Zum Schluss tröstete er den Honorius, dass er den Vater nicht selbst nach Constantinopel geleiten
könne, weil die Sorgen der Regierung ihn zu sehr in Anspruch
nähmen.

Noch im Jahre 395 wurde die Leiche nach Constantinopel
übergeführt und dort am 8. Nov. feierlich beigesetzt. [57])

---

52) Ambr. de ob. Th. 5. Hon. kam dem nach Cod. Th. XI. 28, 2
u. f. Vgl. Claud. IV. cons. H. 496 seq. und besond. Symmach. ep. IV. 7.

53) Socr. V. 26 chron. pasch. (aber zum Jahre 394) vgl. Till. note 58.

54) Clint. 1. p. 532. Vgl. Siev. Stud. p. 292.

55) Ambr. de ob. Th. 3.

56) Vgl. v. Wietersheim a. a. O. IV. p. 159 seq.

57) Socr. V. 1. chron. pasch. am 9. Nov. Vgl. Zos. IV. 59. Marc.
com. Aur. Vict. epit. Er wird „divus" genannt Or. 1133 und 1134. Als
Sternbild erscheint er bei Claud. in Ruf. I. v. 1—3. III. cons. II. v. 158
seq. bes. 172 seq.

Schlussbetrachtung.

Der Hofdichter des Honorius Claudian und der schmeichlerische Redner Symmachus sind voll des Lobes der guten Zeit
unter der Regierung des Theodosius. Jenem scheint unter ihm „das
goldene Zeitalter" wieder aufgelebt zu sein [1]), und in Dieses Briefen
ist „das Glück der Zeiten" eine stehende Wendung. [2]) Aber auch
auf Münzen wie Inschriften [3]) und in Gesetzen [4]) ist sie zu finden.
Dem gegenüber stehen allerdings die Berichte des Eunap und
Zosimus [5]), welche im Gegensatze dazu uns ein äusserst ab-
schreckendes Bild von dem Zustande des Reichs entwerfen. Allein
die Quellenübersicht hat uns bereits gelehrt, misstrauisch gegen
diese Schilderungen zu sein. So befänden wir uns wirklich in
grosser Verlegenheit, wenn nicht glücklicherweise die im Codex
Theodosianus überlieferten Verfügungen der Jahre 379 — 395 im
Stande wären, Licht in die Dunkelheit zu bringen.

Bei Jedem, der erst beginnt sich in das Verständniss dieses
Gesetzbuches einzuarbeiten, wird es Verwunderung erregen, dass
sehr häufig, wenn dem höchsten Beamten eine Strafe bei Ueber-
tretung des betreffenden kaiserlichen Rescripts angedroht wird,
zugleich seinem Dienstpersonal (officium) entweder die gleiche
oder eine geringere in Aussicht gestellt wird. Das lässt sich nur
so erklären, dass einmal das Dienstpersonal oft eigenmächtig ohne
Wissen des Chefs vorging, und andererseits die höheren Beamten
so schnell wechselten, dass sie sich mit dem Geschäftsbetrieb nicht
so bald vertraut machen konnten und daher vieles ihren Unterbeamten überlassen mussten. [6])

Aber schon die Bemerkung, dass in den Dekreten so häufig
für die Provincialstatthalter (judices, rectores provinciae) eine
Strafandrohung beigefügt ist, lässt, wenn man dabei einen Blick
auf unsere Beamtenverhältnisse wirft, sofort die Vermuthung auf-
steigen, dass die römischen Beamten dieser Zeit äusserst unzu-
verlässig waren. Und in der That geht aus einer Reihe von

---

1) In Ruf. I. v. 45 seq. IV. cons. v. 41 seq.
2) I. 40. II. 31. IV. 12. X. 19 u. a. a. O.
3) Orelli 68, 6579, 6478.
4) Cod. Th. X. 10, 19 u. a.
5) Vgl. den betr. Abschnitt der Quellenübersicht.
6) Walter, Gesch. d. röm. Rechts I. p. 585.

Gesetzen hervor, dass die Unbestechlichkeit eine seltene Tugend unter ihnen war. Nicht nur, dass die kaiserlichen Befehle nachlässig oder überhaupt nicht ausgeführt wurden[7]), dass die Statthalter träge ihren Amtspflichten oblagen[8]) und sich lieber an Schauspielen und Circusspielen ergötzten[9]), sondern vor allen Dingen litt die öffentliche Rechtspflege unter ihrer Käuflichkeit.[10]) Nicht nach Wahrheit und Gewissen, sondern nach Gunst oder Ungunst, nach dem Range und dem Vermögen, oft nicht einmal in öffentlicher Gerichtsverhandlung, sondern im Innern der Wohnung[11]) urtheilten sie über die Freiheit, den Besitz oder das Leben der mitunter fälschlich Angeklagten ab. War aber die Schuld zu schwer oder zu sonnenklar, als dass der Verbrecher freigesprochen werden konnte, da gab es noch den Ausweg ihn entschlüpfen zu lassen und dann an den Kaiser zu berichten, er sei dem Dienstpersonal durch die Mönche entrissen oder wolle appelliren[12]), während doch im Grunde nur das Gold des Schuldigen sein Entkommen herbeigeführt hatte. Wir besitzen zwei Reden des Libanius, welche gegen derartige Missstände gerichtet sind. In der einen[13]) wendet er sich dagegen, dass Manche aus ungenügenden Gründen, nur Andern zu gefallen, von den Magistraten ins Gefängniss geworfen seien und klagt besonders über die üble Behandlung der Gefangenen: In engem Raum würden sie eingepfercht und ungesunde Nahrung würde ihnen verabreicht. In der andern[14]) dagegen, dass die Magistrate fast den ganzen Tag von den Bittstellern oder deren Anwälten sich belagern und begleiten lassen, dadurch oft die Gerechtigkeit verletzen, Bösewichter frei ausgehen lassen, Unschuldige quälen und ihrer Güter berauben.[15])

Dieselbe Habsucht aber, welche die Statthalter bestechlich machte, trieb sie, durch deren Hände so viel Geld ging, die damit betraut waren, die Steuerablieferungen zu überwachen, natürlich

7) Cod. Th. VII. 18, 4.
8) I. 5, 9.
9) XV. 5, 2. vgl. I. 16, 9.
10) IX. 27, 6.
11) I. 16, 9.
12) IX. 40, 15.
13) περὶ τῶν δεσμωτῶν. Vgl. IX. 2, 3. IX. 3, 6 und 7: die Gefangenwärter werden corrupti carcerum custodes genannt. IX. 11, 1.
14) κατὰ τῶν προσεδευόντων τοῖς ἄρχουσι und κατὰ τῶν εἰσιόντων.
15) I. 16, 13.

häufig zu Handlungen, welche ein Gesetz[16] furta et scelera nennt. Sie wurden einfach zu Dieben, wenn sie das zu gemeinsamen Zwecken zusammengekommene Geld der Landschaft zu eigenem Bedürfniss verwandten. Und das thaten sie nicht nur mit dem Gelde der Gemeinden, sondern auch das für den Fiscus eingelaufene erblickte oft nicht die Kasse des Comes Sacr. Largit. oder Rei Priv. in Constantinopel.[17] Doch das war noch nicht das schlimmste; sondern für die Provincialen wurde ihre Verworfenheit dadurch so verderblich, dass sie das aurum coronarium Leuten abforderten[18], die es nicht zu zahlen verpflichtet waren, dass sie für das Reich glückliche Ereignisse, wie den Regierungsantritt oder den Sieg des Kaisers, benutzten[19], um den freudigen Unterthanen Geld abzupressen. Auch wurden bei der Uebergabe der Steuern an die Beamten die Quittungen nicht richtig ausgestellt[20], so dass die armen Betrogenen nochmals zahlen mussten. Nur bei dieser Lage der Verhältnisse ist es erklärlich, dass die Provinzialen, um nur die Steuern zu decken, sogar ihre Kinder in die Knechtschaft verkauften.[21] — Eine charakteristische Eigenschaft der judices dieser Zeit ist endlich die Bauwuth. Sie begannen nicht allein selbst neue grosse Bauten auf Staatskosten und liessen die begonnenen wieder liegen, sondern es kam auch vor, dass sie anstatt des kaiserlichen ihren eignen Namen als den des Gründers auf das Vollendete zu setzen wagten.[22]

Und wie die hohen Beamten bestechlich, habsüchtig und eigenmächtig waren, so waren es die niederen ebenfalls.[23]

Hier, dünkt mich, ist die passendste Stelle, um noch den

---

16) IX. 27, 1.

17) XII. 9, 2. X. 24, 3.

18) XII. 13, 5.

19) VIII. 11, 4 und 5.

20) VII. 4, 18. XII. 6, 17 und 18; 20—23. XI. 2, 5. XIII. 11, 5. XI. 1, 19.

21) Schon Constantin der Gr. hatte dem entgegentreten zu müssen geglaubt (XI. 27, 1 und 2), indem er gesetzlich verfügte, so arme Väter unverzüglich mit Nahrungsmitteln und Kleidern zu unterstützen. Er hatte noch den förmlichen Loskauf solcher Kinder für nöthig befunden (V. 8, 1), Theodosius aber verfügte, dass „alle Kinder, welche der Eltern traurig Loos in die Knechtschaft gebracht habe", der alten Freiheit ohne Zahlung zurückgegeben würden. III. 3, 1.

22) XV. 1, 20—31.

23) VIII. 4, 15. IX. 40, 14. IX. 27, 7.

Bericht des Eunap-Zosimus [24]) über diese Verhältnisse mit einem
letzten Worte zu würdigen. Nach der eben gegebenen Schilderung
des römischen Beamtenthums der Zeit des Theodosius könnte es
geradezu scheinen, als ob sie nur das, was jene Quelle behauptet,
bestätige. Allerdings, muss man zugestehen, liegt diesem heidnischen Bericht ein bedeutender Kern von Wahrheit zu Grunde,
aber ebenso wenig wie das vorstehende den Anspruch erheben
darf, die damaligen Zustände ganz so, wie sie in Wirklichkeit
waren, vor die Augen gerückt zu haben, weil es geschöpft ist aus
einer sehr grossen Zahl von Verordnungen, die aber zu den verschiedensten Zeiten (innerhalb 16 Jahren) gegeben wurden und
sich auf die verschiedensten Gegenden des weiten römischen Reichs
beziehen, ebenso wenig darf das jene heidnische Schilderung.
Auch sie trägt den Fehler in sich, dass sie das Elend der Provincialen, den Uebermuth der Statthalter, der einmal hier, dann
da und bald zu dieser, bald zu jener Zeit besonders stark her-
vortrat, zu einem immerwährenden, ganz gleichmässig, allgemeinen
Uebel umgewandelt hat, während es doch sicherlich Statthalter
gegeben hat, die nur in geringerem Grade von der Zeitkrankheit
der Beamtenwelt angesteckt waren und unter deren Verwaltung
die Provinzen bessere Tage sahen. Endlich trägt doch die Bemerkung des Eunap, dass die Provincialen sich gefreut hätten, wenn
die Römer von den Barbaren einmal besiegt waren, zu sehr den
Stempel des Hasses und der Uebertreibung an sich, als dass man
ihr weitere Beachtung schenken dürfte. Vor allem aber haben
Eunap und Zosimus dadurch gesündigt, dass sie Theodosius selbst als denjenigen bezeichnen, der an dem
ganzen Unglück der Unterthanen allein Schuld sei und
dass sie für seine sonstige historische Bedeutung abso-
lut kein Verständniss haben.

Die Zeit, da das römische Heer noch ein Bürgerheer war,
wo ein Jeder verpflichtet und bereit war, seinen Arm der Vertheidigung des Vaterlandes zu weihen, war längst vorüber. Die
Elemente, aus denen sich das Heer zusammensetzte, waren immer
gemischtere, unedlere geworden. Auch unter Theodosius Regierung scheute der entnervte Römer den Kriegsdienst. Es kam
während der thrakischen Kriege vor, dass sich junge Leute an

---

24) Vgl. die Quellenübersicht.

der Hand verstümmelten, um dem Soldatenhandwerk zu entgehen.[25] Sclaven durften eigentlich von den Provincialen nicht gestellt werden, es geschah aber doch, ebenso wie auch Individuen aus den niedrigsten Volksklassen sich einzuschleichen wussten.[26] Wie sollte man da noch die Liebe zum Vaterlande erwarten? Desertionen kamen häufig vor.[27] Die alte Disciplin konnte dabei ebenfalls nicht blühen[28], standen doch die militärischen Beamten nicht minder als die civilen in dem Rufe, dass sie die Armeegelder veruntreuten und nicht richtig anwendeten. In der Rede $\pi\epsilon\varrho\grave{\iota}$ $\tau\tilde{\omega}\nu$ $\pi\varrho\sigma\sigma\tau\alpha\sigma\iota\tilde{\omega}\nu$ klagt Libanius über die Unsitte, dass Dorfschaften sich den Schutz und die Hülfe militärischer Befehlshaber erkauften, um den armen Dekurionen die Steuern zu verweigern oder um sich von den Verpflichtungen gegen den Gutsherrn frei machen zu können. Endlich forderte der Soldat gern mehr von seinem Quartiergeber als ihm zukam und brachte ihm eheliehen Unfrieden ins Haus.[29]

Für den Zustand des Reichs unter Theodosius ist mit am charakteristischen die Lage der Curiales.[30] Früher eine angesehene Körperschaft, wurde dieser Stand im Laufe der Jahrhunderte, besonders seit dem Ende des zweiten, der unglücklichste von allen, die es im Staate gab. Denn ihnen lag ausser der sonstigen Verwaltung und Vertretung der Gemeinde das Geschäft ob, die Steuern einzutreiben. Somit waren sie nicht allein von Seiten derer, von welchen sie die Steuern erheben sollten, den grössten Unbilden ausgesetzt, sondern sie waren auch dem Judex gegenüber mit ihrem Leibe und Vermögen dafür verantwortlich, dass sie richtig zusammen kamen. Mit Knute und Folter wurden sie vom Statthalter gestraft, und vergeblich war ihr Versuch, durch Uebertritt in andere Stände, in den Senat, ins Heer, ins officium eines Beamten u. s. w. sich ihren unseligen Verpflichtungen zu entziehen. Denn wie ein Gesetz bezeichnend sagt: *Decurio for-*

---

25) VII. 13, 10: Qui spurca amputatione digitum declinat usum armorum etc.

26) VII. 2, 1. VII. 13, 8, 9 und 11.

27) VII. 18, 2—8.

28) VII. 1, 12.

29) VII. 4, 18. VII. 9, 3. IX. 7, 9.

30) XII. 1, 80—139. Vgl. Walter, Gesch. d. r. Rechts I. p. 573 seq. Marquardt, Röm. Staatsverf. 1. p. 510 seq. Endlich Rüdiger, De curialibus imp. Rom. post Contantinum M. Vratislaviae 1838.

*tunam quam nascendo meruit, suffragiis atque ambitione non mu-
tet.* Desshalb wurden sie ihrer Curie stets wieder zugeführt, der
auch ihr Besitz zu eigen blieb. Von allen Seiten belästigt sowohl
von den Civil- wie Militär-Beamten suchten sie sich häufig durch
die Flucht ihrem traurigen Loose zu entziehen, und andere Kasten
mussten herangezogen werden, um die verödeten Curien zu bevölkern. Wie ein Hohn erscheint es, wenn ihnen, nachdem sie
im Amte ergraut, allen ihren Verpflichtungen nachgekommen waren,
vom Kaiser die ex comitibus dignitas, „auch wenn sie sie nicht
repräsentiren wollten,“ verliehen wird, und wenn überhaupt in den
Worten der Gesetze ihr Stand so behandelt wird, als wäre er wie
vordem noch ein äusserst ehrenvoller und dem Dienste des Vaterlandes geweihter. [31]) Theodosius verfolgte ihnen gegenüber das
Princip, vor allem den Stand der Curialen und ihren Besitz zu
erhalten, zu heben und soweit es diese Aufgabe erlaubte, dem
einzelnen Curialen möglichst viele Vortheile zu gönnen.

Für alle die hier berührten inneren Schäden nun suchte der
gute Wille des Kaisers Abhülfe zu schaffen, aber die Anzahl der
Verfügungen, welche dasselbe immer wieder verbieten oder nur
neue Uebel aufdecken, ist so beträchtlich, dass eine durchgreifende
Besserung der Verhältnisse gewiss nicht statt gefunden hat. Auch
unter Theodosius Regierung, muss man demgemäss annehmen,
herrschte dieselbe Bestechlichkeit, Grausamkeit, Verworfenheit der
Beamten, dieselbe zunehmende Entleerung der Curien, dieselbe
Verödung fruchtbarer Landstriche [32]) und ungesunde Vertheilung
von Geld wie früher, und ich muss Ney [33]) desshalb ganz entschieden entgegentreten, wenn er behauptet, nie seien die Völker
des römischen Reichs glückseliger gewesen als unter Theodosius.

Allerdings milderte das Elend der Provincialen im Gegensatz
zur früheren Zeit der Gedanke, dass ein Kaiser in Constantinopel
herrsche, der Jedem zugänglich und, wo immer er nur konnte, für
ihn zu sorgen bemüht sei. Denn, um von Theodosius selbst noch
ein Wort zu sagen, eine seiner hervorragendsten Eigenschaften

---

31) Vgl. XII. 1, 93. 108. 109. 122 heisst es von ihrem Amte velut
dicati infulis mysterium perenne custodiant; sit illis piaculum inde dis-
cedere.

32) Steuererlasse wurden nothwendig. Ambr. de obit. Th. 5., vgl.
Cod. Th. XI. 28, 2 u. f.

33) p. 17 vgl. Cod. Th. IX. 4, 1.

ist seine grosse Herzensgüte, welche nicht nur von heidnischen wie christlichen Schriftstellern mit Eifer bezeugt, sondern
auch durch einige Gesetze[34]) des Codex bestätigt wird. Doch
muss man zugeben, dass er in den letzten Jahren, obwohl im
Privathause geboren und durch Verfolgung und Unglück hindurch
zum Throne gelangt, etwas von dem klaren Blick, mit dem er
früher Menschenwerth zu erkennen vermochte, verlor, sonst wären
derartige Intriguen und Palastumwälzungen wie die Namen des
Promot, Tatian und Proclus sie andeuten, nicht möglich gewesen.
Ebenso büsste er gerade in der letzten Zeit seiner Regierung viel
von seiner früheren Mässigung ein und liess sich zu Thaten hinreissen, wie sie nur eines Tiberius und Caracalla würdig waren.
— In Bezug auf seine religiösen Massnahmen blieb er sich stets
treu.[35]) Vollkommen eingenommen von der Wahrhaftigkeit des
Nicänums liess er keine Stimme in sich aufkommen, welche seinen
einseitigen Blick erweiterte und erleuchtete. So war die höchste
Intoleranz in Glaubenssachen sein Princip.[36]) Aber eben diese
Einseitigkeit hat auch etwas grosses in sich, denn durch sie zeigt
er, dass er die dem Christenthume (und speciell dem Nicänum)
innewohnende siegreiche Kraft deutlich erkannt hatte. Ausserdem
darf man nicht vergessen, dass allen Männern dieses Zeitalters
eine gewisse Starrheit wie eine Art Krankheit anhaftet — ich
erinnere an Ambrosius — und dass desshalb auch Theodosius
milder beurtheilt werden muss. — Im Kampfe mit der staatlichen
Natur der Kirche unterlag er. Das ist nicht wunderbar. Denn

---

34) IV. 4, 2. Theodosius schlägt alle Vermächtnisse von Seiten
der Unterthanen aus, welche ihm oder seiner Familie nur durch codicilli
aut epistolae zugewandt werden. Das möge unter Privaten gelten.
Solche Vermächtnisse überlässt er den Kindern oder nächsten Anverwandten der Verstorbenen. Was ihm dagegen durch regelrechte Testamente (testamenti scriptura vel nuncupatio) vermacht wird, will er
gern annehmen. Ueber dieses Rescript äussert er sich Symm. ep. I. 13:
Verum haec recens sanctio de fideicommissis et codicillorum commodis
ab optimo principe in aeternum repudiatis tantum claritudine egroditur
lucem superiorum quantum augustius est Regenti sibi quam subditis
modum ponere. IX. 4, 1 zeichnet sich durch den giltigen, väterlichen
Ton aus, mit dem Theodosius die Schmähungen auf den Kaiser und die
schlechten Zeiten verzeiht. Vgl. VIII. 11, 4 und 5. Tillem. V. art. 85
bis 90.

35) XVI. 1, 2. XVI. 5, 6 seq. XVI. 10, 7 seq.

36) Vgl. Stuffken p. 175.

wenn Theodosius seinerseits kein Bekenntniss und keinen Glauben neben dem christlich-nicänischen aufkommen liess und keine Kritik und keinen Angriff der Vernunft auf das Dogma duldete, so musste auch er selbst, wo immer das Wort Gottes ihm entgegentrat, sich beugen und so freilich Mitbegründer einer Idee werden, welche das ganze Mittelalter beherrschte und noch heute Völker entzweit und Staaten verwirrt.

Die christlichen Zeitgenossen gaben ihm den Namen des „Grossen" wegen seiner Siege über Barbaren und Tyrannen, dann besonders wegen seines Eifers gegen Heiden und Ketzer und endlich wegen seiner grossen Milde. Wenn wir nun aber dem Theodosius den Namen des Grossen lassen, so thun wir es nicht allein, weil er zuerst auf dem Throne nicht bloss Hörer, sondern wirklich auch Thäter des Worts war [37]), sondern, weil er mit starker Hand die christliche Religion zur Staatsreligion erhob und so vollendete, was Constantin der Grosse begann, weil er ebenso klar die Nothwendigkeit einer Aufnahme der Germanen in das morsche Reich einsah, durch sie die vergifteten Säfte des Römerthums zu reinigen und zu stärken suchte und zwar ohne dabei selbst, wie es später geschah, die Zügel der Herrschaft über sie zu verlieren. In diesen beiden Punkten liegt die welthistorische Bedeutung des Theodosius.

37) Vgl. v. Wietersheim IV. p. 115.